リーダーシップ・エッセンシャル

個人、人間関係、チーム、そして組織へと広がる
コヴィー・リーダーシップの全貌

スティーブン・R・コヴィー 著
フランクリン・コヴィー・ジャパン 編

Leadership Essential

キングベアー出版

本書を推薦します

　優れたリーダーは、苦境においてぶれずに勢いを失わない、佳境においても浮かれることなく深い内省ができる。そういう人は、リーダーシップを身につけることと、人間としての成長、次世代のリーダー育成にも注力している。それゆえ、自分がリーダーシップを発揮するだけでなく、より若いリーダーを育むリーダーとなる。優れたリーダーは、持論（コヴィー博士の言う原則）を言語化するだけでなく、言行一致の人でもある。

　私は長年のリーダーシップ研究を通して、持論＝原則に沿って行動できるリーダーが、行動面だけでなく、育成面や倫理面においても卓越していることに注目してきた。また、若いときから、原則をもって生き、自分を導き、次世代のリーダーを導く生き方こそ、賞賛に値する生き方だという考えに至り、いっそうコヴィー博士が展開するリーダーシップの視点に惹かれている。

『7つの習慣』においても、セルフ・リーダーシップという面に加えて、他人との関係性の中のリーダーシップが含意されていた。本書は後者にはっきりと光を当てることによって、リーダーシップの育成は一人の個人として人間の発達の問題であることに気づかせてくれる。また、すでにリーダーシップを発揮している人、リーダーシップを育成する立場にある人に対しては、リーダーシップには個人、人間関係、チーム、組織という四つのレベルがあり、リーダーシップとは他の人たちのリーダーシップを導くものであることにも気づかせてくれる。

こうしたリーダーシップの四つのレベルを踏まえ、本書が提示する原則に基づく生き方というアプローチを、個人の発達だけでなく、大切な人との関係性の発展、チームレベルでの発展、組織レベルでの発展にも活かしていくことが大切となる。

神戸大学社会科学系教育研究府長・経営学研究科教授（兼務）　金井壽宏

スーパーヒーローでもカリスマリーダーでもない小さな個人の小さな一歩が、結果として創発的パワーを発揮するのだ。コヴィー博士が説く、親和的で創発的な考え方こそ、いまの日本に一番求められているのではないか。

一橋大学イノベーション研究センター教授　米倉誠一郎

リーダーは常に選択を迫られます。誰もができる決定は誰にでもできます。誰もが迷うことを決めて責任を負うのがリーダーです。どうしたら人は育つのかと聞かれますが、自ら責任を持って意思決定する訓練を繰り返すしかないのです。人は命令されて従うのではなく、失敗から学んで育つのです。一人ひとりが自ら取り組み実行すれば、組織は元気になるに違いありません。

株式会社ドリームインキュベータ 代表取締役会長　堀 紘一

一〇年後には「我が国の頭脳労働者市場は外国からの有能な人材で埋まり、職場の隣近所は外国人だらけ」になる。貴方はどうする？　自己変革はもう待ったなしだ。組織を変革するリーダーは自分自身がまず自己変革をしてチームに働きかけることだ。相手を変えられなくても自分は変えられる。そして影響力を発揮することができる。本書にはあの『7つの習慣』の著者コヴィー博士のリーダーシップに関する教えがぎゅっと凝縮されている。

株式会社イノベーション研究所 代表取締役社長・インテル株式会社 元社長　西岡郁夫

地球環境、エネルギー、安全保障、少子高齢化、ＩＴ社会の進展といったさまざまな分野における急速かつ重大な変化を鑑みれば、現代は少なくとも過去の延長線上に単純に未来が来るような時代ではなくなっている。そんな単純系から複雑系に、確実性から不確実性へと混迷の度を深める世の中を生き抜くには、不動の座標軸を持たねばならない。コヴィー博士が人類の叡智を結晶させた著書を常に思考と行動の原点にしていただきたい。

千葉商科大学教授・政策情報学部長　宮崎　緑

コヴィー氏の著書は、まさに我々に光明を見出させてくれるものである。この変化の時代において、既成概念に囚われることなく、あらゆる可能性を追求する姿勢こそが、さまざまな局面におけるベストソリューションへの近道となるであろう。

森ビル株式会社 副社長執行役員　森 浩生

今こそリーダーシップのスタイルの変革が必須な時代だと思う。従来の管理職のイメージとは違う、危機管理下で結果を出せるリーダー。ビジョンを描いて仮説を立て、自ら陣頭指揮をとってチャレンジできるリーダー。世界観と大局観を持って、戦略的に思考できるリーダー。

そのすべてを支える土台となるのが、小手先ではない本質的な型を取得することだ。本書の内容を何百回と実践することで、一生ものの武器を手に入れてほしい。

テラモーターズ株式会社 代表取締役社長　徳重 徹

世界中で起こっている諸問題は、もはや過去のケーススタディーをもって解決できないところまで来ているのは周知の事実だ。日本においても、あらゆるところが未解決のまま時を経ている。パラダイムシフトがスピードを持ち、解決すべき道を迷走しているかのごとくだ。コヴィー博士は迷走している道を、むしろあえて外れてみることで新たな解決の糸口があると言う。博士は、過去に一度も評価されなかった新たな日本のポテンシャルがこれからの最大の武器になることを教えてくれる。

株式会社バルス 代表取締役社長　高島郁夫

誰もが自分の価値と可能性を発揮した人生を送りたいと願っている。リーダーシップはこの願いを叶える鍵だ。リーダーシップは人を幸せにする。どうすればリーダーシップを発揮できるのかについての、コヴィー博士の叡智はこの本の中にあります。あとは、行動するだけです。

株式会社ジョブウェブ 代表取締役会長　佐藤孝治

はじめに

このリーダーシップ・エッセンシャルでお伝えしたいこと

「リーダーシップ」

今、日本のビジネス・パーソンにもっとも必要なコンピテンシーであると言われて久しいにもかかわらず、相変わらず、世界の各国と比較するともっとも欠けている能力であるという評価にも変わりがありません。

しかしながら、この言葉ほど定義があいまいで、各個人によって解釈が異なる言葉も少ないでしょう。ビジネス領域やさまざまな生活シーンにおける具体的な考え方や行動、態度が、実際にはどういうものなのか不明瞭なのです。

今、「リーダーシップとは何か」と一〇〇人に問えば、おそらく一〇〇通りの解釈が存在するのではないでしょうか。

実際に、過去の知識人もさまざまな定義を提唱しています。たとえば、「リーダーシップ」の研究で著名なウォーレン・ベニスは、マネジメントはなすべきことをやらせる。リーダーシップはなすべきことをやりたい気持ちにさせる。

マネージャーは押す。リーダーは引く。

マネージャーは命じる。リーダーは伝える。


とし、ベストセラー作家のC・カーター・スコットは、次のように語ります。


マネージャーは管理する。リーダーは革新する。

マネージャーは一つのコピーである。リーダーはオリジナルである。

マネージャーは維持する。リーダーは発展させる。

マネージャーはシステムや構造に焦点を合わせる。リーダーは人に焦点を合わせる。

マネージャーは規制に頼る。リーダーは信頼を促す。

マネージャーは短期的な見方をする。リーダーは長期的な展望を持つ。

マネージャーはいつ、どうやってと尋ねる。リーダーは何をなぜと尋ねる。

マネージャーは純益に目を向ける。リーダーは総益に目を向ける。

マネージャーは真似る。リーダーは新しいことを始める。

マネージャーは現状を受け入れる。リーダーは現状を変える。

マネージャーは古典的ないい兵士である。リーダーは独立独歩である。

マネージャーはことを正しく行う。リーダーは正しいことを行う。

また、アメリカ合衆国の政治家だったジョン・W・ガードナーは、リーダーの条件として、リーダーは少なくとも六つの点で、総務的なマネージャーとは異なると語っています。


一．長期的に考える。

二．自分が率いる集団について考えるとき、より大きな現実との関連を把握する。

三．管轄外、領域外の構成員にも手を伸ばし、影響を与える。

四．ビジョンや価値観、モチベーションなどの目に見えないものにも重きを置き、リーダーと構成員の相互作用の中にある非合理で無意識のものも直感的に理解する。

五．多重構成員のぶつかり合う要求を取り扱う政治的能力を持っている。

六．再新という観点から考える。マネージャーはリーダーよりも強く組織に結びついている。実際、リーダーは組織を一切持たないこともあり得る。


経営学の神様と称されるピーター・ドラッカーも、リーダーシップについて次のように語っています。

リーダーにとっての試練は、その人が何を達成するかではない。場を去ったときに何が起こるか、である。そのあとも続くかどうかが試練なのだ。カリスマ的な素晴らしいリーダーが去った瞬間、企業がつぶれるなら、リーダーシップにはならない。それは——あからさまに言うなら——まやかしである……。リーダーシップは責任だと、私は常々強調してきた。リーダーシップは説明義務である。リーダーシップはなすことである……。

いずれの定義も、そのとおりだと納得するものばかりであり、異を唱えることなどできません。そして、リーダーシップ、あるいはリーダーシップを発揮するリーダーの重要性も、深く理解することができます。

しかしながら、どうすればこうしたリーダーシップを発揮することができるのか、この問いに関して答えてくれるものではありません。

「リーダーシップとは何か」に続く、さらなる大きな問いは、「組織の中で、リーダーシップを発揮する（あるいは発揮してもらう）にはどうすればいいのか」ではないでしょうか。この問いは、現在のあらゆるビジネス・リーダーにとって大きなテーマとなっています。

なぜか。

スティーブン・R・コヴィー博士は、『第8の習慣』の中で、次のように語ります。

今日の経済は主に知識労働に基づいている。つまり、富の源泉はお金や物から人に移ったのだ——知的資本の場合も、社会資本の場合もだ。実際、私たちは知識労働者に最大の金銭的投資をしている。知識労働が秘める潜在的可能性は算数のレベルからいわば幾何級数的、幾何学的に拡大した。そしてこの種の知的、社会的資本はその他すべての投資の活用と最適化の鍵を握っている。

さらに言えば、産業時代の管理・統制型のマネジメントスタイルや、人を「経費」として計上するシステムは、新たな市場の競争的な力によってますます時代遅れとなり、機能しなくなっている。また、人間の次元、とりわけ信頼のレベルこそがあらゆる問題の根源にあるという意識も芽生えている。人的なソフト面がもっとも困難な問題となっているのだ。誰もがそのことに気づき始めている。

だからこそ、リーダーシップはすべての技の最高位にあると言えるのだ。リーダーシップは人の力を引き出す技なのである。

景気が悪いとき、最大の資本は「第3の案」である解決法を思いつく人の創造力だ。ただし、自然な傾向として、人は命令と管理という産業時代の古いモデルに戻ろうとする。長い目で見れば、これでは生き延びられない。短期の危機的状況では、生き残るという共通の目的が生まれ、権威的なアプローチでとりあえずその場をしのぐことができるかもしれない。だが、重要な変化を維持していくためには、やがて全員が深く関与することが必要となる。これには、信頼された道徳的権威を有するリーダーシップが欠かせない。

リーダーシップ論で著名なジョン・コッターも、昨今におけるリーダーシップの重要性について次のように語ります。

リーダーシップは変化に取り組むことである。近年、リーダーシップがとみに重要となった理由の一つは、ビジネス界がいっそう競争的になり、一触即発になり始めたからである。目まぐるしいテクノロジーの変化、激しさを増す国際競争、市場の規制緩和、資本集約型産業の過剰生産、不安定な石油コントロール、ジャンクボンドを用いた企業乗っ取り、労働力人口の変化も、このような移り変わりに寄与する多くの要因の一つとなっている。結局のところ、昨日やっていたことをやったり、五％上手にやっても、もはや成功の処方箋とはならないのである。この新しい環境で生き残り、競争にうまく勝っていくために、大規模な変化がますます必要とされている。変化が激しいほど、リーダーシップの需要も高まるのが常である。

知見溢れるビジネス・リーダーたちは、こうしたリーダーシップの重要性に気づき、組織の中にリーダーシップの文化を育てようと必死に取り組んでいます。しかし、それが簡単ではないことは、リーダーシップを発揮するための処方箋的なハウトゥ本や、リーダーシップ（似て非なるものも多いですが）のスキル・テクニックを紹介する書籍が、書店に行けば所狭しと並んでいることを見ても明らかです。

スティーブン・R・コヴィー博士は、一九八九年に、『7つの習慣　成功には原則があった！』（二〇一三年八月に、より原書に忠実に訳した『完訳　7つの習慣　人格主義の回復』を発刊）を発刊し、すでに、全世界で三〇〇〇万部以上の販売を記録しました。そして、いまだに多くの方々が『7つの習慣』によって、原則に対して忠実に生きること重要さを理解し、大切な人間関係の中でよりよい人生を生きることに、情熱をもって決意し続けています。

それは、効果的な人生を歩むために凝縮され体系化された「7つの習慣」が、突き詰めれば「リーダーシップとは何か」「リーダーシップを発揮するにはどうすればいいのか」という、この現代における根源的な二つの問いに対して、自分なりの答えを見出すことへの大きなヒントになってくれるからではないでしょうか。

「7つの習慣」では、リーダーシップを、自らの中にあり自分自身を導くための「セルフ・リーダーシップ」と「人間関係におけるリーダーシップ」の二つに大別しています。

さまざまなリーダーシップの定義がある中で、「リーダーシップとは自分自身の中からスタートする」ことに焦点をあてているものは少なく、ここに、コヴィー博士のリーダーシップに関する大きな価値の一つがあります。

だからこそ、「7つの習慣」は、「自ら動き、変化する」ことへの大きなパラダイムシフトをもたらし、多くの人々を人生の勝者へと導いたのです。

知っていてやらないのは、知らないのと同じである。新しい重要な知識やスキルに一時的に鼓舞され、勇気づけられたとしても、それを実践しない限り、本当に知ったことにはならない。組織の構造やシステムがそれらを適用する気にさせてくれなければ、あなたは適用しないだろうし、本当に知ることもないだろう。結果的にそういう経験は逆効果となり、組織・企業文化全体に冷笑的な雰囲気が芽生えてしまう。

変化を求める努力や新しいマネジメントのキャッチフレーズはいずれも綿あめのようなものになってしまう。一瞬おいしくても、すぐに消えてしまうのだ。学習したことがあれば、それを教え、話し合い、組織化することが重要だ。そのためには、日々の仕事のやり方や報酬の仕組みなど、日常的な業務プロセスの中に学んだ基本原理をしっかり組み込むことである。

このように、コヴィー博士は、自らが変化し、システムに働きかけることの重要さを数多くの書籍の中で、繰り返し述べています。

本書は、『7つの習慣』をはじめとする、コヴィー博士がこれまでに記したあらゆる書籍からリーダーシップに関する叡智を集め再編し、まとめたものです。

コヴィー博士ならではの、「セルフ・リーダーシップ」から始まり「人間関係のリーダーシップ」へ。そして「チームにおけるリーダーシップ」「組織におけるリーダーシップ」へと、人としての成長に伴ったリーダーシップの発達のプロセスとしてまとめています。

本書をお読みいただければ、コヴィー博士が提唱していた考えは、実はすべて「リーダーシップ」であったことがわかるはずです。

「リーダーシップ＝スティーブン・R・コヴィー」とも言えるコヴィー博士のリーダーシップに関する叡智をじっくりとお楽しみください。

二〇一四年二月吉日

フランクリン・コヴィー・ジャパン
竹村富士徳

目次

第4章　人間関係におけるリーダーシップ　175

第6章　組織のレベルにおけるリーダーシップの原則　347

第7章　日常にある偉大さを果たす Everyday Greatness　399

第8章　スティーブン・R・コヴィー博士　著書系譜　419

第1章
リーダーシップとは何か？

リーダーシップとは誰のものか?

リーダーシップとは、誰のものだろうか。会社のCEOや副社長、事業部長、社会的な団体であれば、代表や指導者のことを指すのだろうか。あるいは、もっと小さな組織、職場でいえばプロジェクト・チームや一つの部署やユニットなど、複数の人たちが集まるところにリーダーシップは存在するのだろうか。

辞書によると、「リーダーシップとは、指導者たる地位または任務、指導者としての資質、能力、力量、統率力」とある。

稀代の社会学者である、ピーター・ドラッカーはリーダーシップを次のように語る。

「リーダーシップとは、組織の使命を考え抜き、それを目に見える形で明確に確立することである。リーダーとは、目標を定め、優先順位を決め、基準を定め、それを維持する者である」(『プロフェッショナルの条件』)

いずれもリーダーシップとは、組織やチームをあるべきところへ導くという意味であるが、私は、リーダーシップをもう少し大きな概念でとらえてみたい。私は世界中の企業・組織と四〇年以上にわたって仕事をしてきた。そして有能な研究者たちの素晴らしい研究成果からも多くを学んできた。その結果気づいたのは、企業や組織に古くから根づいた文化を転換させるという偉業、つまり長期的な成長と繁栄、そして世界に対して貢献し続ける偉大な組織をつくり上げるような変革は、ほとんどの場合ある一人の選択から始まったということである。

もちろんそうした大きな変革は、職務上、地位としてのリーダー（CEOや役員）の選択によって起きるケースもある。しかしむしろ、ある専門職の一人や現場のリーダー、プロジェクトメンバーなどの選択から始まったという場合のほうが多い。

なぜそういうことが可能なのだろうか。彼らはどのようにして大きな変革をすることができたのだろうか。

職位や地位を問わず、彼らはまず、自分自身を内面から変えるインサイド・アウトの変化から始めた。自らの人格に目を向け、信頼性を築いていった。その信頼性は模範となり、徐々に周囲に対して影響を与え始めていったのだ。そして彼らの人格、能力、率先力や前向きなエネルギーが、他の人々を鼓舞し奮起させた。彼らの職位や地位ではない、道徳的な権威が周囲を動かしたのだ。

つまり、彼らはまず自分のアイデンティティをしっかりと見極め、自分の長所や才能を発見し、それらを活用することで周囲や市場のニーズに応え、結果を出した。周囲もそれに気づき、評価し、認められ、彼らはより大きな責任を与えられた。するとその新たな責任に応えるために自らの才能や影響力をさらに押し広げ、彼らは再び結果を出した。いっそう多くの人々が目をとめた。組織のトップにいる人たちも彼らの行動や考えについて知りたがった。どうすればそんなに大きな成果を達成できるのかと。

このようにして、彼ら自身とそのリーダーシップによって、組織全体が影響を受け、変革を起こしたのである。

私は、自らの人格に目を向け、信頼性を築くプロセスを「セルフ・リーダーシップを発揮する」と呼んでいる。このセルフ・リーダーシップとは、人間関係や組織においてリーダーシップを発揮するために必要不可欠なものであり、すべてのリーダーシップの基幹となるものだと信じている。一般的にはリーダーシップを発揮するのに、直接周囲に働きかけようとすることが多い。しかし、このセルフ・リーダーシップを忘れているために、リーダーシップを発揮するどころかむしろ信頼を失ってしまう場合のほうが多いのは、何とも皮肉なことだ。

このセルフ・リーダーシップは、私が「インサイド・アウト」と呼ぶパラダイムに基づいている。誰も直接的に他人の考えや行動を改めることはできない。できるのは自分自身のパラダイムや行動だけである。あらゆる場面において、自分が変わることでしか、周囲が影響を受け、変化を起こすことはできないのである。

私たちに必要なのは、はっきりとしたビジョン、明確な目的地である。そしてその目的地に到達するためには、ロードマップよりもコンパス（方向を示す原則）が要る。地形が実際にどうなっているのか、あるいは通れるのかは、その場その場で判断し問題を解決するしかない。しかし、自分の内面にあるコンパスを見れば、どんなときでも正しい方向を示してくれるのである。

主題に戻ろう。リーダーシップとは、誰のものだろうか。

誰もがリーダーシップを発揮する権利を持っている。間違っても職位や地位、役職、肩書きに依存するものではない。セルフ・リーダーシップを発揮することで、たとえ職位がはるかに上の人であろうが、組織であろうが動かすことができるのである。

リーダーシップとは選択である

誰もがリーダーシップを発揮する権利を持っていると述べたが、実際に発揮した人は何を行ったのだろうか。彼らは自分の中にあるコンパスに従い、組織の進むべきビジョンを自らの中に描き、組織に変革をもたらすことを「選択」したのだ。

職位や地位が持つ権威、力に頼ることなく、自らの意志を選択したのだ。

そうした選択によるリーダーシップを発揮するような人たちは、組織内のネガティブで侮辱的でやる気を削ぐような影響力に飲み込まれたり、無用な圧力にいつまでも押しつぶされていたりはしない。しかし、彼らの組織が他に比べて特に優れているわけでもない。どんな組織でも、多かれ少なかれ欠陥を抱えているものだ。組織に変革をもたらす選択をする人たちは、上司や組織、あるいは市場が変わるのを待ってはいられないということに気づくのだ。誰もが同じ道を歩み、流れゆくままに凡庸な人生を歩む人々の中においても、彼らはひときわ光り輝く卓越した存在になる。そして、その卓越性が周囲の人々にも影響を与えるのである。

現在、個々人の生活におけるリーダーシップの欠如は、もっと深刻な問題である。

多くの人々は、自分自身の価値観や人生の目的を明確にすることなく、能率的な自己管理や目標達成ばかりを気にして生活している。他人や外部の状況に大きく左右され、自分では身動きがとれない状態にある。他人の意見や指示がすべて自分の行動に反映されるので、達成感や本当の喜びを味わえない。

つまり、私の言うセルフ・リーダーシップが完全に欠如しているのだ。

一方、リーダーシップを発揮することを選択できる人々は、ビジョンと自己抑制力を持ち、外的な状況に左右されるのではなく、自主的な判断に基づいた生活を送っている。彼らは事を自分から起こす人間、つまり主体的な人間なのである。永遠の原則や普遍的な基準に基づいて、状況に対する自分の反応を選択する。そして自分の行動や考えはもちろん、その態度、気持ち、感情に対しても責任を持つのである。

つまり、セルフ・リーダーシップとは責任であるとも言える。責任とは「自分の反応を選択する能力」のことだ。言い換えれば、周りの状況や条件づけがどうであれ、主体的に行動できる力なのである。つまり、選択こそがリーダーシップなのだ。

私たちが責任を果たすとき、約束は一時的な感情や環境条件よりもはるかに強いものとなる。約束を必ず守り、決意を貫く能力が生まれる。たとえば、朝、気持ちのいい寝床から無理矢理起き出ること、これは誰にとっても辛い。しかし、いつもより早い時間にベッドから飛び起き爽快に朝を始めれば、その日を第一の勝利と共にスタートすることになる。このような毎日の私的成功は、自分自身との戦いに勝ったという誇りを心の中に生むものだ。私的成功の蓄積は私たちを公的成功へと導いていく。新しい課題に挑戦し、主体的に乗り越えていく努力を続ければ、私たちは自分の中に眠る能力を解き放ち、それを未知の次元へと高めていくことができるのだ。

リーダーシップとは役割である

組織において、人はプロデューサー、マネージャー、リーダーのいずれかの役割を担っている。どの役割も組織の成功には欠かせない要素である。もしプロデューサーがいなければ、素晴らしいアイデアと解決策があったとしても、実行することはできない。仕事をする人間がいないからだ。マネージャーがいなければ、社員の役割があいまいになり摩擦が生じるだろう。確立されたシステムも手法もないまま、誰もがばらばらに働くようになるからである。そしてもしリーダーがいなかったら、ビジョンと方向性が失われ、社員は自分たちの使命を見失ってしまうだろう。

どの役割も組織にとって重要であるが、もっとも大切なのはリーダーである。もし戦略的リーダーシップが欠けていたら、従順な社員が「成功の梯子」を登っていって最後の段に手をかけた瞬間、それは間違った壁に掛けられた梯子であったと気づくような事態が起こりかねない。

ピーター・ドラッカーによると、組織が設立されて数年も経つと、その使命や根本的な役割が忘れ去られて、効果性や仕事の内容よりも、手段や効率、正しいやり方などに注意が向けられるようになることが多いという。どうも我々は過去の成功体験に固執して、時代遅れになっているにもかかわらず、こうした遺物を現在や未来にまで適用しようとする傾向があるようだ。伝統的な手法や習慣は本当に変えにくいものである。

だからこそリーダーの役割は継続的成功に欠かせないのである。リーダーシップの役割は方向性を決める、つまり梯子が間違った壁に掛けられていないかを確認することである。一方マネジメントが扱うのはスピードである。しかしスピードが二倍になっても、間違った方向に到着するのであれば愚の骨頂である。また、使命を念頭に置きつつビジョン、効果性、結果を扱うのもリーダーシップの役割である。マネジメントは、その結果を達成するために組織の構造やシステムを確立する。これは能率、コスト分析、ロジスティクス、方法、手段、方針に焦点を当てて行われる。

リーダーシップは目標に焦点を置き、マネジメントは結果に主眼を置く。リーダーシップに力を与えるのは、正しい原則と価値観である。マネジメントは資源を組織化して、目標や結果を達成できるようにする。

もちろんマネジメントとリーダーシップがそれぞれ独立しているわけではなく、リーダーシップはマネジメントの最上位の構成要素であるとも言える。リーダーシップは二つの役割に分類することができる。

一つは、ビジョンと方向性、価値観と目的に関連する部分。もう一つは、共通のビジョンと目的を持って働けるように、社員を鼓舞することである。ビジョンを持ちながらもチームづくりの能力に欠けるリーダーもいれば、反対に社員にやる気を出させるのは上手だがビジョンに欠けるリーダーもいる。

チームをつくる者として、リーダーは、機能不全を引き起こす摩擦があれば、これを改善しなければならない。また補完的なチームにおいては、多様性が強さの源になっていることを認識しなければならない。したがって、社員を均質化する必要もなければ、自分のイメージに合うように変える必要もないのである。社員が同じ目標を抱いている限り、役割の違いは重要ではない。社員がお互いを尊敬していれば、違いというものは上手に活用されるはずである。それは弱点ではなく、組織の強みとなるのだ。

リーダーの基本的な役割とは、チーム内の人間がお互いを尊重し、それぞれの長所が活かされ、弱点を補えるようなチームをつくることである。マネージャーの本質的な役割は、プロデューサーの力を効率良く使って、何倍もの成果を生み出すことである。プロデューサーは袖をまくり、問題を解決し、結果を得るためになすべきことをやるのである。

プロデューサー・マネージャー・リーダーという三つの役割のうち、どの仕事が社員の好みやスタイルに合うのかを研究することは、もっとも有益で興味深い作業である。たとえば、マネジメントの資質を要求されるような職種に就いている社員の私生活を見てみると、マネージャーよりもプロデューサーに向いた嗜好やスタイルを持っていることがある。言うまでもないが、仕事内容と個人の嗜好が異なれば、本人にとってフラストレーションの種となるだけでなく他人からの非難も招くことになる。また自分の仕事の中で、三つの役割のうちどの側面が重要なのか、同僚や上司と見解の相違がある場合、問題はさらに深刻になるだろう。

多くの個人や組織が、間違ったジャングルに迷い込み、間違った壁に梯子を掛け、間違った方向へ歩んでいる。しかし戦略的リーダーシップが発揮されれば、組織から間違った方向性を排除し、もう一度組織を立て直すことが可能となる。

戦略的リーダーであれば、方向性とビジョンを示し、愛情を持って社員を鼓舞し、互いの敬意に基づいた補完的なチームをつくり上げることができるだろう。ただし効率よりも効果を重視し、方法、手段、システムよりも方向性と結果を重視する姿勢が大事だ。

ジャングルの中で、手斧で道を切り拓いている作業チームを考えてみれば、リーダーシップとマネジメントの違いがすぐにわかるだろう。作業チームは生産に従事し、現場で問題を解決する人たちだ。彼らは実際に下草を刈って道を切り拓いていく。マネジメントの役割はその後方にいて、斧の刃を研ぎ、方針や手順を決め、筋肉強化トレーニングを開発し、新しいテクノロジーを導入し、作業スケジュールと給与体系をつくる。つまり、リーダーシップとは役割でもあるのだ。

リーダーシップとは変革である

変革のリーダーシップは、変更のリーダーシップとは趣きを異にする。前者は、自分たちの価値観とアイデアにできるだけ合致するように、置かれた現状や環境を変えていこうという取り組みである。後者は、変化する現実と効果的に関わっていこうという試みである。変革のリーダーシップは「目標」に焦点を当てており、原則中心である。変更のリーダーシップは「結果」に着目していて、成り行き中心である。ここで、この二つのリーダーシップスタイルを比較してみよう。

二種類のリーダーシップは両方とも組織には必要なものである。しかし、変革のリーダーシップは親であり、変更のリーダーシップに基礎となる考え方を提供する。変更のリーダーシップにおける戦略的境界線は、その基礎となる考え方に沿って立てられるべきなのである。

企業に必要な変革について、はっきりした展望を持っていない経営者やマネージャーは、社会的・政

変革のリーダーシップ	変更のリーダーシップ
・意味の追求に根ざす。 ・目的、価値観、モラル、道徳を中心に置く。 ・日々の雑事を超越している。 ・人類の価値観と原則を損なうことのない、長期目標達成に向けた歩み。 ・原因と症状を分けて考える。予防策に力を入れる。 ・成長の基盤として、利益を評価。 ・主体的、触媒的、忍耐強い。 ・ミッション中心、戦略はミッションを達成する道具。 ・ヒューマン・リソースの完全活用。 ・新しい才能の発掘と育成に力を入れる。 ・有意な貢献を認知し、報いる体制。 ・意味深くやりがいのある仕事を目指し、内容を策定したり見直したりする。 ・社員の可能性を解き放つ。 ・愛が規範。 ・新機軸を素早く打ち出す。 ・内部構造とシステムを、価値観と目標を包括的に増強するものに整備する。	・生きるためには働かなければならないという人間のニーズに根ざす。 ・権力、地位、政治、特権を中心に置く。 ・日常の雑事に追われる。 ・短期的、(数字などの)データ主義。 ・原因と症状を混同し、予防策よりも対処療法に力を入れる。 ・戦術、駆け引き中心。 ・交流を円滑にするために人間関係に依存する。 ・現状システムの中で、効果的に業務を進める努力をし、期待される役割に応じた責任を果たす。 ・結果を強化し、効率を高め、短期的な利益を保証してくれる、システムと構造を支持する。

治的計画と予定に従って組織運営を行う傾向にあるようだ。

変革のリーダーシップの目標は文字通り、「変革」することである。ビジョン、見識、理解を広げ、目的を明確にし、信念、原則、そして価値観と行動を調和させ、永続的で無際限な、そして推進力となる変化を、組織と人々の心と頭に巻き起こすこと、これが求められているのである。私は、一人の人間が触媒となって変化を誘発することができると確信している。どんな状況下においても、どこの企業であっても「変身ロボット」になれる人間が存在する。このような人物はいわば、小麦粉の塊をたった一つまみでふかふかの大きなパンに膨らませることのできるイースト酵母なのだ。ビジョン、指導力、忍耐力、敬意、持続性、勇気、そして信念が、変革のリーダーには備わっているのである。つまり、リーダーシップとは変革でもあるのだ。

リーダーシップとはパラダイムである

強烈なブレークスルーがもたらされるのは、勇気を持って古い考え方を打ち破ったときだ。科学の分野では、劇的な変化や意識改革、理論の飛躍、古い限界から突然解放されることを「パラダイムシフト」と呼ぶ。パラダイムの転換は、過去から続く問題に対するまったく新しい考え方を私たちに提供してくれる。

「パラダイム（paradigm）」という言葉はギリシャ語「paradigma」に由来している。パラダイムとは現実のいくつかの側面を認識し説明している地図やパターンのことである。新しい技術の開発からは、小さな進歩しか得られない。もし業績の飛躍的進歩や科学技術の大革新を望むなら、新しい地図、新しいパラダイム、そして世界観の変革が必要なのである。

たとえば、約五〇〇年前に流通していた地図は、その時代の人々の世界観を反映していた。勇敢な航海者で海洋探検家のクリストファー・コロンブス（一四五一～一五〇六）が、社会通念に挑戦し、インドへの新航路を求めて西に向かって航海に乗り出すまで世界地図は描き換えられなかった。インドへの新航路の発見は果たせなかったが、彼のアメリカ大陸発見は確実に世界の人々にパラダイムシフトをもたらし地図を描き換えさせた。コロンブスによる伝統の打破は、歴史上もっとも意義深いブレークスルーをもたらしたのである。

大陸発見を果たして帰国したコロンブスは、主賓として宮廷晩餐会に招待された。彼がテーブルの最上席に座っていると、成功に嫉妬した意地悪な出席者が失礼な態度で皮肉を言った。「誰でも西へ行けば陸地へぶつかる。スペインには大陸を発見できる人間がたくさんいるだろう」

コロンブスは答えず、その代わりに卵を手に取り来席の人々に向かって「この卵を立てることができる人はいますか？」と質問した。皆がこぞって挑戦してみたが、ことごとく失敗した。コロンブスは卵の端を軽く叩いて殻をへこませ、テーブルの上に立てて見せた。

「何だ、そんなやり方でいいなら簡単じゃないか！」と周りから文句が出たとき、彼はこう言い返した。「もちろん、やり方を知っていれば簡単です」そして、続けて述べた。「私は新大陸への航路を切り開いた。あなた方は私の示した通りに進めば望む大陸へと着けるでしょう。これ以上簡単なことはありません」
ビジネスの歴史の中でリーダーたちは、マネジメントのためにいろいろなモデルや「地図」を利用してきた。褒美と罰によって生産性を向上させようとする原始的な「アメとムチ」のパラダイムから、人間関係とヒューマン・リソースに重点を置いて、人に働きかけ、影響を及ぼし組織全体を巻き込んでいく戦略といった高度なマネジメント・モデルまである。

私は、ただ単に他の地図を示すだけではなく「原則中心」という新しいコンパスによって、皆さんにパラダイムシフトをもたらす手助けをしたいと思う。まずこのパラダイムを自分のものとしてほしい。そして、価値観の共有、目的の明確化、信念と行動の調和、原則と役割についての共通認識、ゴールへの到達方法を広く組織内に浸透させることによって、すべての社員の意識を内側から変えていくことができるだろう。社員一人ひとりに組織のミッションを深く共有させることによって、会社への貢献意識が高まり、素晴らしい結果を生むことになる。社員の意識変革は、組織の変革へとつながっていくのである。

旧来のパラダイムから離脱しなければ、新しいパラダイムを受け入れることはできない。同様に社員に対する根拠のない憶測を止めなければ、組織の継続的な発展を達成するのは困難となるだろう。ごまかしや小細工で成り立っているマネジメント方法をいくら用いても、社員というヒューマン・リソースの力を増幅することはできないのである。

とはいうものの、この混沌たる時代においてはあっという間に状況が一変し、簡単に混迷の世界へと突入してしまうのも事実である。私たちは往々にして、効率を効果性と取り違え、緊急を重要と混同し、模倣を革新と思い込み、見せかけを個性だと信じ、肩書きを能力だと勘違いしてしまう。

結局のところ、どのようなリーダーシップのスタイルを取り入れるかは、上に立つ人間が持っている「人の性質」に対するコアな考え方や気持ちによって決まってくるのである。すべての人には中心がある。仕事、遊び、友だち、敵、家族、所有物、配偶者、自己、原則、感情、中心に据えるものは人によって違うだろう。しかし生活の中心に置くものが何であれ、中心はその人の認識に深く影響を及ぼしている。その認識によって、その人の信念、性格、態度は決定づけられるのだ。

「私は社員や部下に正しい原則を教える。彼らは自分が自分自身のボスになり、原則を遂行していけばいい」素晴らしい考え方だと思う。これはもっとも効果的なマネジメントとリーダーシップの方法の一つだと言えよう。個人や組織は、打ち破ることのできない普遍的な原則に基づいて、進むべき方向を確立すべきなのだ。原則は自然の法則である。歴史上のあらゆる文明社会の生地の中に深く織り込まれており、洗練された文化における価値観の土台となっている。この普遍的な自然の法則は、人々を満たし、高揚させ、高め、エンパワーし、鼓舞する素晴らしい教えや規範という形になって、あるいは、真の知識や価値観に姿を変え、私たちの目の前に現れるのである。

科学の分野におけるパラダイムシフトと同様に、マネジメントにおいてもパラダイムシフトをしていくことで、社員一人ひとりの世界観に著しい変化をもたらし、ひいては組織全体を生まれ変わらせることにつながっていく。つまり、リーダーシップとはパラダイムでもある。

リーダーシップとは人格である

ドワイト・デイビッド・アイゼンハワー（訳注：米国の第三四代大統領）は、「リーダーシップの究極の資質が誠実さであることは疑問の余地がない。それがなければ、鉄道の保線区班であろうと、フットボール・フィールドや軍隊、オフィスのいずれにおいても真の成功はありえない」と語った。

前向きな性格や個性は、成功には欠かせないことが多いが表面的なものだ。人格よりも性格や個性に注目することは、根がないのに葉を育てようとするようなものだ。

世渡り上手になるためにいつも個性主義のテクニックやスキルを使っていると、重要な人格的土台が削られてしまいかねない。根がないのに果実をつけることなどできるはずがない。私的成功があって公的成功があるのだ。つまり自己管理能力と自己抑制能力が、優れた人間関係の土台となるのである。

二面性や不誠実など人格に根本的な欠陥がありながら、人に影響を及ぼす戦術やテクニックを使って自分の思いどおりに人を動かしたり、もっと仕事の成績を上げさせたり、士気を高めたり、自分を好きにさせたりしようとして一時的にはうまくいったとしても、長続きするわけがない。二面性はいずれ相手の不信感を招き、どれほど効果的な人間関係を築くテクニックを使ったところで、相手を操ろうとしているとしか見えないだろう。どんなに巧みな言葉を使っても、たとえ善意からだとしても、効果は望めない。信頼という土台がなければ、成功は長続きしないのだ。基礎となる人格の良さがあって初めて、テクニックも生きてくる。テクニックだけを考えるのは、一夜漬けの勉強と似ている。一夜漬けで試験をうまく乗り切れることもあるだろうし、良い成績だってとれるかもしれない。だが、日々の積み重ねを怠っていたら、教科をしっかりと習得することはできないし、教養ある人間にはなれない。

農場に一夜漬けは通用しない。春に種蒔きを忘れ、夏は遊びたいだけ遊び、秋になってから収穫のために一夜漬けで頑張る。そんなことはありえない。農場は自然のシステムで動いている。必要な務めを果たし、定まった手順を踏まねばならない。種を蒔いたものしか刈り取れない。そこに近道はないのだ。

この原則は人の行動や人間関係にも当てはまる。人の行動も人間関係も、農場の法則が支配する自然のシステムなのである。学校のように人工的な社会システムの中では、人間が定めた「ゲームのルール」を学べば、一時的にはうまくいくかもしれない。一回限りの、あるいは短い期間だけの付き合いなら、個性主義のテクニックをうまく使い、相手の趣味に興味があるふりをし、魅力をふりまいて良い印象を与えられるかもしれない。短期間だけ効き目のある手軽なテクニックなら、すぐにも身につけられるだろう。しかしそうした二次的要素だけでは、長続きする関係は築けない。真の誠実さや根本的な人格の強さがなければ、厳しい状況に直面したときに本当の動機が露わになり、関係が破綻し、結局のところ成功は短命に終わるのである。

第二の偉大さ（才能に対する社会的評価）に恵まれていても、第一の偉大さ（優れた人格を持つこと）を欠いている人は多いものである。人格こそが第一の偉大さであり、社会的評価はその次にくる第二の偉大さである。同僚や配偶者、友人、反抗期の子どもとの関係など、その場限りでは終わらない人間関係において第一の偉大さを欠いていれば、いずれ関係にヒビが入るのは避けられない。「耳元で大声で言われたら、何が言いたいのかわからない」とエマーソン（訳注：米国の思想家）も言っているように、無言の人格こそ雄弁なのである。

もちろん、人格は素晴らしいのに口下手で、思うように人間関係が築けない人もいる。しかしそうしたコミュニケーションスキル不足が及ぼす影響もまた、しょせん二次的なものにすぎない。

個人の効果性は人間関係の効果性の土台となる。私的成功は公的成功に先行する。強固な人格と自立が、効果的な本物の相互的人間関係の基礎となるのだ。

国連事務総長だった故ダグ・ハマーショルドは、とても意味深い言葉を残している。「大勢の人を救おうと一生懸命に働くよりも、一人の人のために自分のすべてを捧げるほうが尊い」ハマーショルド氏が言わんとしているのは、たとえば私が一日八時間、一〇時間、ことによると一二時間、一週間に五日、六日、もしくはまる一週間ろくに休みもとらずに働いたとしても、妻や難しい年頃の息子、あるいは職場の親しい同僚との間に血のかよった関係が築けなければ、何の意味もないということだろう。仕事に身を入れるあまり、身近な人たちとの関係がぎくしゃくしてしまう人がいる。しかし、その関係を元に戻そうと思ったら、謙虚さ、勇気、精神力に満ちた高潔な人格が要る。世の中の人たちや大義のために働くよりもずっと難しいことなのである。

私はコンサルタントとして二五年間働いてきて、多くの組織と関わったが、その間、この言葉の重みを何度かみしめたことだろうか。組織が抱える問題の多くは、二人の共同経営者、オーナーと社長、社長と副社長の対立など人間関係に端を発している。人間関係の問題に正面から取り組み、解決するには、まずは自分の内面を見つめなくてはならない。だから、自分の「外」にあるプロジェクトや人々に労力をかけるよりも、はるかに人格の強さが求められるのである。

真の成功を達成した人は、攻撃に対して優しさで応え、短気に対して忍耐で応える。また周囲の人間の最高の姿を引き出すために、たとえ非難されても相手を賞賛し、片方の頬を打たれたらもう片方を差し出し、並外れた親切心を示し、過去のことは水に流し、明るく人生を歩んでいこうとする。そして相手の潜在能力を信じ、真実が最後に勝つことを確信している。

もし自分が受けた仕打ちを相手に返し、自己弁護と自己正当化によって自分自身を守ろうとするなら、人は消極的エネルギーのやりとりの中に取り込まれてしまう。自分も敵も同じ船の上にいるなら、闘うか逃げるしかないのだから、策略や暴力、あるいは撤退や無視、あるいは訴訟や争いといった破壊的な行動に走るようになる。

人に愛を与えるとき、私たちはもっと大きな愛を受け取る。人を肯定し、その成長と改善の能力を信じるとき、あるいは自分に非難を浴びせ裁こうとする相手に祝福を与えるとき、私たちは人格と個性において真の成功を築く。つまり、リーダーシップの基礎を築くのだ。

リーダーシップとは傾聴である

私たちは、リーダーシップを発揮したい、つまり周囲に影響を及ぼしたいと思うとき、誰もが陥ってしまうのが、最初から「指導する」行動をとってしまうことだ。

新しいビジネスを開拓したい、顧客をつなぎ止めたい、友情を長引かせたい、態度を改めさせたい、結婚生活をより良いものにしたい、家族の粋を深めたいなど、さまざまな動機があるだろう。

しかし、思いやり溢れる人間関係がないままに影響を及ぼそうとしても、果たしてその人は影響を受けようとするだろうか。人間関係の状況によっては、むしろ拒絶する場合すらあるだろう。影響を及ぼしたいと思うのであれば、まずは自らの態度で模範を示すこと、そして思いやり溢れる人間関係を築くことが必要になるのだ。

人間関係を築くには、まず他人の誠意を信じることだ。他人の誠意を信じれば、素晴らしい結果を生む。他人もベストを尽くしているのだと信じ、その仮定のもとに行動すれば、きわめて強い影響を及ぼすことができる。それは人々の最上の能力を引き出すことにつながる。人は、他人を日ごろから区別し、分類し、検証し、判定を下している。

そうではなく、判定を下す前に信頼してみよう。人は誰でもさまざまな側面と底知れぬ可能性を持っている。はっきりとわかる能力もあるし、眠っている力もあるだろう。個人の潜在能力は、他人からどのような扱いを受けるか、どう思われているかによって表面化する確率が変わってくる。眠れる能力を導き出すには深い信頼が必要なのである。もちろんがっかりする結果に終わることもあるだろう。信頼を逆手に取って利用しようとする者も出てくるに違いない。世間知らずでだまされやすい奴だと思われる可能性もある。

心からの信用は、ほとんどの人の隠された能力を解き放つはずである。数例の失敗が大多数の可能性の妨げにならないように、気をつけなければならない。他人への心からの信頼、そして、その信頼が良い動機と安定した心と共にあるとき、私たちは他人の善良な部分に訴えかけることができるのだ。

次に、人とコミュニケーションしているときには、五感のすべてを使って、本当に集中して共感による傾聴をすることだ。相手の立場から物事を見る努力をし、いわゆる「相手の靴を履く」時間をとること。このプロセスは勇気と非常な忍耐を必要とする。さらに自らの心の安定性も重要になってくる。しかし人は、本当に理解されたと感じない限り、あなたの影響を受け入れようとはしないものである。

相手の話を理解しているということを示すには、相手の感情を反映した答えをすればいい。このような傾聴の姿勢と見せると、三つの素晴らしい結果を得ることができる。

一．相手に対する理解が増し、その人の本当の気持ちと問題が明確に見えてくる。
二．責任ある自立感が成長し、新しい勇気が芽生える。
三．真の信頼関係を相手と築くことができる。

相手の感情を反映した反応は、相手が感情的になり思いをぶちまけているときに非常に効果的である。ただし、この傾聴の方法は上辺だけのテクニックではない。心から相手のことを理解したいと思う気持ちが伝わるような、真摯な態度を伴っていなければだめなのである。もし、裏に隠されたごまかしの思惑を察知すれば、相手は決して心を開いてはくれないだろう。誠意を持って理解しようとする姿勢が重要なのだ。

相手に助言やアドバイスを与えようとする前に、相互理解の関係を構築しなければならない。相手はこう思っている。「私に影響を及ぼしたいのなら、まず私を理解してほしい。私の考え方や立場、状況を本当に理解していなければ、どうやって助言やアドバイスをしていいのか、あなたにわかるはずがない。あなたが私に影響を受けなければ、あなたのアドバイスに影響を受けようとは思わない」

私たちが人から影響を受けたと感じる程度に、人も私たちから影響を受けたと感じているはずである。「あなたがどれだけ知っているかは気にしない。あなたがどれだけ気にしてくれているかが知りたい」という言葉がある。あなたが本気で心配し、独自の感情や問題を理解してくれていると感じられたとき、人はあなたに影響を与えたという気持ちになる。その結果、その人は驚くほどあなたに心を開き、溢れる思いを語ってくれるはずだ。処方された薬を飲む気になるのは、常に医者の診断が終わってからなのである。

他人に変革をもたらし能力を向上させる第一歩は、その人のあるがままを受け入れることである。否定、比較、批判は人をかたくなにし、防衛的な行動へと追い込んでいく。無条件で受け入れられたと感じたとき、そして自分に価値があると思えたとき、人は自分を守る必要から解き放たれ、自然に内側から成長を始めるのである。受容は弱さを容認することではない。他人の意見に常に賛成することでもない。他人を受け入れるという行為は、その人独特の思想と感受性に理解を示すことによって内在的価値を肯定することなのだ。つまり、リーダーシップとは傾聴することでもある。

リーダーシップとはミッション・ステートメントである

個人か組織、どちらにおいてもミッション・ステートメント（個人的な憲法、または信条）は、自分で自分の人生をコントロールする力と、内的安定性を培う力を人々に与える。

ミッション・ステートメントの作成には、すべての社員が参加することが望ましい。私の経験では、組織全体で誠実にこの作業に取り組んだ会社は、大変素晴らしいミッション・ステートメントをつくり出している。人々は皆、何が正しいかを感覚で知っている。したがって、全員がミッション・ステートメントづくりに関われば、一人ひとりが素晴らしいアイデアを出し、優れた文書ができあがるのである。ある組織の人事担当者は、組織のミッション・ステートメントについて次のように語る。

> ミッション・ステートメントを作成してから、私たちは会社で起こっていることすべてに関心を持つようになりました。一人ひとりが経営者のような気持ちで、自分たちの取り決めたミッションと価値観の実現に取り組んでいます。社員のマネジメントも、より効果的に行えるようになりました。なぜなら、私たちの選んだミッションと価値観は、原則に忠実なものだからです。皆が未来は明るく、希望に満ちたものだと感じています。

ミッション・ステートメントは個人のエネルギーを集中させ、方向性、存在、目的に対する意識を刺激する。横道にそれたり、気持ちが緩んだりするのを防ぐ役目や、個人の中にある活力や才能を高める効果もある。人は、自分の価値観にそぐわないことに、時間やお金を費やして努力をしようとは思わないはずだ。自分の存在理由に関係のないことには関心を持つことはない。ミッション・ステートメントは、個人の生活に方向性と一貫性を与えてくれる。ミッション・ステートメントで表明された価値観や目標に基づいて主体的に行動することで、内的な安定性を得ることができるだろう。

もし、人が自分の安定を他人の弱さによって優越感を得ることで成立させようとしているのなら、他人の弱さに支配され、相手に自分をコントロールする権限を与えるのと同じである。反対に、自分のミッション・ステートメントから生まれた価値観、目標、役割に沿った生活は、外的な力に影響されない強さを与えてくれるだろう。自分の価値観やミッションに焦点を合わせることによって、おのずと効果的なライフスタイルが形づくられていくだろう。

ミッション・ステートメントは、考え方や自己管理の枠組みを与えてくれる。それを定期的に読み返し、「ミッション・ステートメントを実現するためにベストを尽くしているだろうか？　問題を予防できているだろうか？」と自問自答していくことが大切なのだ。

長期的に何かを達成したいのなら、中心となる価値観と目標を明確にし、その価値観と目標に調和したシステムを整えなければならない。まず土台をつくることが大切なのだ。盤石な体制を整えること、これがすべての鍵である。

それは家族においても同様だ。本来、家族の中心は不変的かつ普遍的なものだ。家族の絆、基礎、共有化された価値観をミッション・ステートメントで表現すればいいのだ。「私たちは何に価値を置いているのだろう?」「私たちはどういう家族なんだろう?」「私たちにとって大切なものは何だろう?」「私たちの本当のミッションとは何だろう? 私たちの存在理由は?」もう一度考えてみてほしい。大切な目的、共通の価値観、そしてビジョンが確立できれば、どのような問題や変化が訪れても、適切に対処し乗り越えていけるようになる。

ミッション・ステートメントは人々を鼓舞し高めるものだ。問題に立ち向かう勇気と、成熟した理性的な解決策を与えてくれるだろう。夢、ミッション、ビジョンは、組織に浸透し、私たちを正しい方向に導いてくれるのだ。

さらに、ミッション・ステートメントは人々の成功にとって重要な役割を果たす。なぜなら「私は何を達成したいのだろうか?」「私はどうなりたいのだろうか?」などという、根源的な質問の答えを提供してくれるからだ。なりたい人間になり、心からやりたいことをやる、この努力が成功へとつながっていくのである。

組織にも同じことが言える。確固たるアイデンティティを持ち、説得力のあるミッションを掲げていなければ、その組織は本来得られる結果も得られないだろう。物事を達成するには、目的だけあればよいというものではない。企業の生産性を向上させるためには、何を達成したいかだけでなく、どうなりたいかという指針が必要なのである。ゆえに、企業のミッション・ステートメントは、「なぜ」という質問に答えるものでなければならない。

ミッション・ステートメントは、企業にその存在の意味を与える。今日の労働者たちが、仕事にやりがいを見出すためには、意味が必要なのだ。食べるために働く、好待遇だから辞めない、これでは満足できないし、才能を発揮し、自分の能力を解き放ち、企業に貢献していても、まだ十分ではないのだ。人々は、意味を知りたがる。「なぜ?」これがキーワードだ。「意味」は、現代社会においてきわめて重要であり、企業の成功には欠かせないものなのだ。

リーダーシップとはサーバントである

自分自身のボイスを発見し、誰もがそれぞれのボイスを発見できるよう人を奮起させたいという内的な衝動は、何よりも重要で大いなる目的「人々の要求に仕えること」によって燃え上がる。そしてそれは、その両方を達成するための最上の手段でもある。人々の要求に手を差し伸べ、それを満たさない限り、私たちは本来持ち合わせているはずの選択の自由を真に広げ、発展させることにはならない。私たちは他の人々に尽くすとき、個人としていっそう成長するのである。自分の家族や人の家族、組織、地域、その他の人間の要求に対し、人と共に一つになって奉仕しようとするとき、私たちの人間関係は向上し、深まるのである。

組織は人間の要求に奉仕するために築かれる。他に存在理由はない。

知恵とはより高い目的や諸原則を植えつけられた情報であり、知識である。知恵は私たちを教え諭す。すべての人を尊重し、人それぞれの違いを讃え、自己よりも奉仕が先だという一つの倫理観に導かれるようにと。

道徳的な権威こそ「第一の偉大さ」(人格的な強さ)である。形式的な権威は「第二の偉大さ」(地位、富、才能、評判、人気)である。

道徳的権威の興味深いところは、それが第二の偉大さのすべてと矛盾していることである。辞書では権威を表すのに命令、統制、権力、影響力、統治、優位性、主権、支配力、強さ、力といった言葉を用いている。そしてその反意語は、丁重、隷属、弱さ、追随者などである。道徳的な権威とは諸原則に従うことで影響力を得ることである。道徳的な支配はサーバント(従僕)的な役割、奉仕、そして貢献を通して達成できる。力と道徳的な優越性は謙虚さから生まれる。もっとも偉大な者がすべての人の従僕になるのである。道徳的な権威、つまり第一の偉大さは、犠牲を通して確立される。「サーバント・リーダーシップ」運動の現代の生みの親、ロバート・K・グリーンリーフは次のように述べている。

新しい道徳原理が生まれようとしている。それによれば、忠誠を尽くすに値する唯一つの権威は、導かれる者が導く者に自由かつ意図的に付与する権威である。その権威はリーダーがサーバントとしてどれほど目に見える卓越性を示すかに応じて与えられる。この新たな道徳原理に従う者は、既存の制度の権威を安易に受け入れたりはしない。むしろ、サーバントとしての資質が証明され、サーバントとして信頼されているからこそリーダーに選ばれたような個人に対してだけ、進んで対応するだろう。将来この道徳原理が支配的になる限り、主としてサーバントに導かれる制度・組織だけが発展することができるだろう。

私の経験上、真に偉大な組織のトップに立つ人々はサーバント・リーダーである。彼らは誰よりも謙虚で、周りに敬意を払い、心を開いている。そして、誰よりも教えをよく聞き、礼儀正しく、気遣いがある。『ビジョナリー・カンパニー2』（日経BP社）を著したジム・コリンズは、ある組織を単に「優良な」組織から「真に偉大な」組織へと急激に発展させる要素について、五年がかりの研究プロジェクトを行った。コリンズの深遠な結論は、私たちのリーダーシップ観を変えるはずである。

もっとも強力な変革を可能にする重役たちは、個人としての謙虚さと専門家としての強い意志という矛盾した資質を持ち合わせている。彼らは小心だが猛然としていて、内気かつ怖いもの知らずである。彼らは類い稀である――誰も止めることはできない――「優良」から「偉大」への変化はレベル五のリーダーが舵をとっていなければ起こらないのだ。絶対に。

形式上の権威や地位に基づく力（第二の偉大さ）を持つ人が、その権威や権力を最後の手段としてしか使わないとき、その人の道徳的権威は増す。なぜなら自分のエゴや特権的な力を抑え、論理的思考や説得、優しさ、共感といった方法をとろうとしていることが明らかだからである。一言で言うなら、信頼性によって物事を動かそうとしているのだ。

大きな混沌と混乱とサバイバルの時代には、形式上の権威という強権によって物事を本来の道筋に戻し、新たなレベルの秩序や安定をもたらす必要がある場合もある。しかし、形式上の権力を早い段階で使いすぎると、たいていその人の道徳的な権威は下がる。

ここでまた覚えておいてもらいたいのは、地位の力に頼ろうとすれば、三つの弱点を助長するということである。まず自分自身の弱さ、道徳的な権威を伸ばそうとしていないからである。次に他の人々の弱さ、形式上の権力の行使に彼らが共依存するからである。そして人間関係の質、真に心を開くことや信頼が育たないからである。

インドの父、ガンジーのように、高い道徳的権威があっても公的な権威を得ることがなかった偉大な人物もいた。しかし、概して高い道徳的権威のある人物は、後に公的な権威が与えられるようになる。南アフリカの父、ネルソン・マンデラのように。また、形式上の権威を持ちながら、それを原則中心に用いる人は、必ずといってよいほど影響力が幾何級数的に高まる。アメリカ合衆国の父、ジョージ・ワシントンのようにである。つまり、リーダーシップとはサーバントでもある。

リーダーシップとはプロセスである

あらゆる成長と進化は、自然な成長の連続体に沿って一歩一歩進んでいくものである。たとえば、創世記には地球は六日間でつくられたと書かれている。どの一日も重要で、どの一日も同じではなかった。光、大地、植物と動物、そして最後に人間がつくられたのだ。この連続的な発展のプロセスは、生活のすべての面に当てはまる。

・私たちは小さいころ、まず寝返りをうつことを覚えて、次に座ること、はいはいすること、そして歩くこと、走ることを覚える。どの段階も重要で、飛ばすことはできない。

・私たちは学校で代数より先に算数を習う。そして微積分の前に代数を習う。代数を理解してからでないと微積分はできないからである。

・建物を建てるとき、まず強固な基礎をつくってから骨組みをつくり、仕上げをする。

これらの段階的プロセスは、肉体や頭脳を鍛えるときは目に見える形で現れるので、よくわかるし受け入れやすい。しかし人間性や人間関係を向上させようとする場合には、私たちはこの自然なプロセスを省略しようとしがちだ。本質的な問題は置き去りにして、その場しのぎのテクニックを使う。また本当に変わるのではなく、真似をし、人格ではなく外見を整え、本質ではなく型を習得し、力をつけるのではなく力があるふりをしようとする。このように時間と努力を惜しんで大事なステップを飛ばしておきながら、大きな収穫を期待する傾向がある。

「六日間」の成長プロセスの重要な要素を挙げておこう。

成長は自然のプロセスである

蒔いたものしか刈り取れない。代数を学んでから微積分を学ぶ。這うことを覚えてから歩き出す。

私たちは皆、違うレベルに立っている

肉体的、精神的、知的、そして社会・情緒的という四つの側面の成長において、私たちは皆それぞれ違うレベルにある。もし私とあなたが違うレベルにある場合、私が習得すべき事柄をあなたはすでに習得しているかもしれないし、あるいはその逆かもしれない。あなたの四日目が私の二日目かもしれない。

比較をしない

私たちは子ども同士、仕事仲間同士、あるいは顔見知り同士でよく比べ合うが、比較することは不安を生み出す。もし私たちの価値観や安心感がそのような比較からきているのだとすれば、優越感を感じたかと思えば次の瞬間は劣等感に襲われたりと、非常に不安定な精神状態になるだろう。人の意見や習慣、流行などは、気まぐれで常に変化している。変わりゆくものに安定はない。内的な安定は外からは得られないのだ。借りてくる力が自分を内面から強化し支えるものでない場合、かえって自分の内面を弱体化してしまう。さらに、力を借りることや比較することは、自己満足やうぬぼれを生んだり、逆に落胆と自己嫌悪を生んだりする。そして人はますます近道を探し、他人の意見に支配され、外見ばかり

気にして、外から力を借りようとする。

比べるなら自分自身と比較するのが一番いい。私たちの喜びは、他人の進歩によって得られるのではない。自分自身が成長したときだけだ。比較をするときは、その人の可能性との比較をすべきである。その人の可能性と、そこに近づこうとする努力を支持するべきである。私たちは「この人は、自分の能力をどれくらい生かしているのだろうか？」と問うべきである。人間同士を比較し、その比較に基づいて愛を与えたり、あるいは罰を与えたりするべきではないのである。

近道はない

たとえて言うと、もし私が現在二日目のレベルで、六日目へステップアップしたいと思ったら、三、四、五日目を通過していかなければならない。格好をつけて六日目のふりをしても、そのうち本当のことがばれてしまう。八方美人は結局、自分自身を含めて皆の尊敬を失うことになる。まだ三日目の人は、五日目や六日目のレベルではないので、非難したり、比べたりすることは無駄であるし、当人を傷つけることになる。近道など存在しないのだ。

進歩するためには現在の地点から始めなければならない

自分がいるべき地点からでなく、他人の立つ地点からでもなく、まして他人から見た自分の現在地からでもない。毎日一回だけ多く腕立て伏せをやったら、一ヵ月で三〇回余分にしたことになる。同じように人格的成長の分野でも、あと少しの忍耐や理解を示したり、あるいはもう少し勇気を出したりして少しだけ余分に努力することが重要だ。私たちは毎日、訓練と努力を積むことによって少しずつ能力を伸ばしていくことができるのだ。

ほとんどの人にとって、一日目と二日目の課題には肉体のコントロールが含まれていると思う。早寝早起き、毎日運動する、暴飲暴食を慎む、必要なら疲れていても仕事をするなどだ。ところがあまりに多くの人が、食欲さえコントロールできないのに、うぬぼれや短気、先延ばしの癖を直すといった、四、五、六日目の課題に取り組もうとしている。自分の肉体や欲求をコントロールできないのに、どうやって話し方をコントロールしたり、怒り、嫉妬、憎しみなどの感情を克服したりすることができるのだろうか。五日目と六日目の成果（愛、高い精神性、優れた判断力）を熱望しながら、一方では一日目の法則（欲望や激情を抑える）にさえ従おうとしない人がとても多いのである。

内省によって自分の弱点を正確に把握し、克服する力を得る

多くの人は、どこから始めればよいのかがわからない。また、いつも物事の順番がわかっているわけではない。また他人のパターンやプロセスが自分にも当てはまるとは限らない。他人の五日目が自分の二日目かもしれない。一つの課題に対して、あるときは四日目のレベルで、またあるときは一日目であるかもしれない。場合によっては同時に違うレベルの課題に取り組む必要もあるかもしれない。いずれにしろ成長と発展の鍵は、いつも現在の地点、第一日目から始めることにあるのだ。

リーダーシップとは他者のリーダーシップを導くものである

「リーダーシップ」をもっとも基本的かつ実際的なレベルで定義するならば、「リーダーシップとは、人々にその人自身の人間としての価値と可能性を明確に伝え、その人自身の目で見えるようにすることである」。

この定義について考えてみよう。これこそ人を動かし、永続的に力を発揮し続けるリーダーシップの神髄ではないだろうか。他の人に、その人の人間としての価値と可能性を明確に、強力に、繰り返し伝えて、その人が自分ではっきり見てとれるようにする――それは自分の目で見て、実行して、達成するというプロセスである。

私は長年リッツ・カールトン・ホテルを利用しているが、決して変わることのない、まったく類い稀なるレベルのサービスには滞在するたびに感服している。長きにわたって同ホテルチェーンを率いた元社長兼COO（最高執行責任者）のホルスト・シュルツ氏とはその間に知己を深めてきた。おかげで私は、同ホテルの素晴らしい文化がどのように築かれてきたのかをよく理解できるようになってきた。シュルツ氏の指揮下で、リッツ・カールトン・ホテル・カンパニーは、優れた品質管理を達成した企業に贈られるマルコム・ボルドリッジ賞を、サービス部門で二回も授賞するという史上初の快挙を成し遂げた。

私は国際的に提供されているあるコラムを執筆するために、シュルツ氏にインタビューしたことがある。「リーダーシップをどのように定義するか？」と質問すると、シュルツ氏は次のように答えた。

リーダーシップとは、人が組織のために働くだけでなく、組織の一員になりたいと思うような環境にすることだ。リーダーシップは、メンバーが「やらされる」のではなく「やりたい」という気持ちになるような環境を生み出す。そうした環境は、ビジネスにとって至上命題である。ただ単に職務と役割を与えるだけでなく、目的を与えなければならない。ビジネス・パーソンとして、私には、社員が帰属意識を持ち、充足感を感じ、目的を持つような環境にする義務がある。社員を本当に精魂傾ける気にさせるのは目的(人生における価値)である。そうすれば、リーダーは彼らから最大限のものを受け取り、彼らにも最大限のものを与えることができる。それ以下では組織に対して無責任になるし、社員たちをいっそう管理する必要も出てきてしまう。

人のことを単に機能を果たす存在としか見なければ、たとえば椅子のように「モノ」として扱っていることになる。私たちには人間として、人をそんなふうに扱う権利があるとは思えない。誰だって、部屋の隅にでも置いてある、モノのような存在になどなりたくないはずだ。これまでの経験からわかったのだが、社員がもっとも満足を覚えるのは、帰属意識を持つことができるとき、そして意思決定を行って貢献できるほどに信頼されていると感じるときなのである。

誰もが、担当するそれぞれの分野の知識労働者だ。食器洗い係は、その仕事について、私よりも豊富な知識を持っていることは間違いない。そのため食器洗い係は、環境、労働条件、生産性を改善したり、食器の破損を少なくしたりすることなどに寄与できる。彼らはそれぞれの分野で、自分の知識を大いに活用して貢献することができるのだ。

聖書の「タラントのたとえ」にあるように、与えられた才能や能力は使えば使うほど増幅され、より大きな才能や能力となる。しかし、開発も活用もされずに無視され、埋もれたままにされると、才能や能力は失われ、取り上げられて他の人のものになってしまう。しかも、才能ばかりでなく影響力やチャンスまで失ってしまうことになるのだ。

リーダーシップとは、人々にその人自身の人間としての価値と可能性を明確に伝え、その人自身の目で見えるようにすることである。

第2章
リーダーシップの四つのレベル

個人から組織へと広がるリーダーシップの四つのレベル

リーダーシップは、自分自身を内面から変えるインサイド・アウトの変化から始まると述べたように、リーダーシップは四つのレベルをインサイドからアウトサイドへと進んでいくプロセスをとる。

レベル一：個人（自分自身との関係）
レベル二：人間関係（自分と他人との関係および相互作用）
レベル三：チーム（他人と仕事をする責任）
レベル四：組織（メンバーを組織化する必要性＝社員・スタッフを採用し、訓練し、報酬を支払い、チームをつくり、問題を解決し、構造、戦略、システムを統合する必要性）

重要なことは、このリーダーシップのレベルはインサイド・アウトのプロセスだということだ。組織においてリーダーシップを発揮し、組織をあるべき姿に向かわせるには、チームにおけるリーダーシップが機能していなければならない。同様に、チーム内でリーダーシップを発揮するためには、一人ひとりとの人間関係での信頼関係が不可欠である。そしてその信頼関係には、自分自身の信頼性、つまりセルフ・リーダーシップが欠かすことができないのである。

個人のレベルにおける信頼性は、人格と能力に基づいている。もし人格が信頼されていても、能力に不安があれば信頼を勝ちとることはできないだろう。

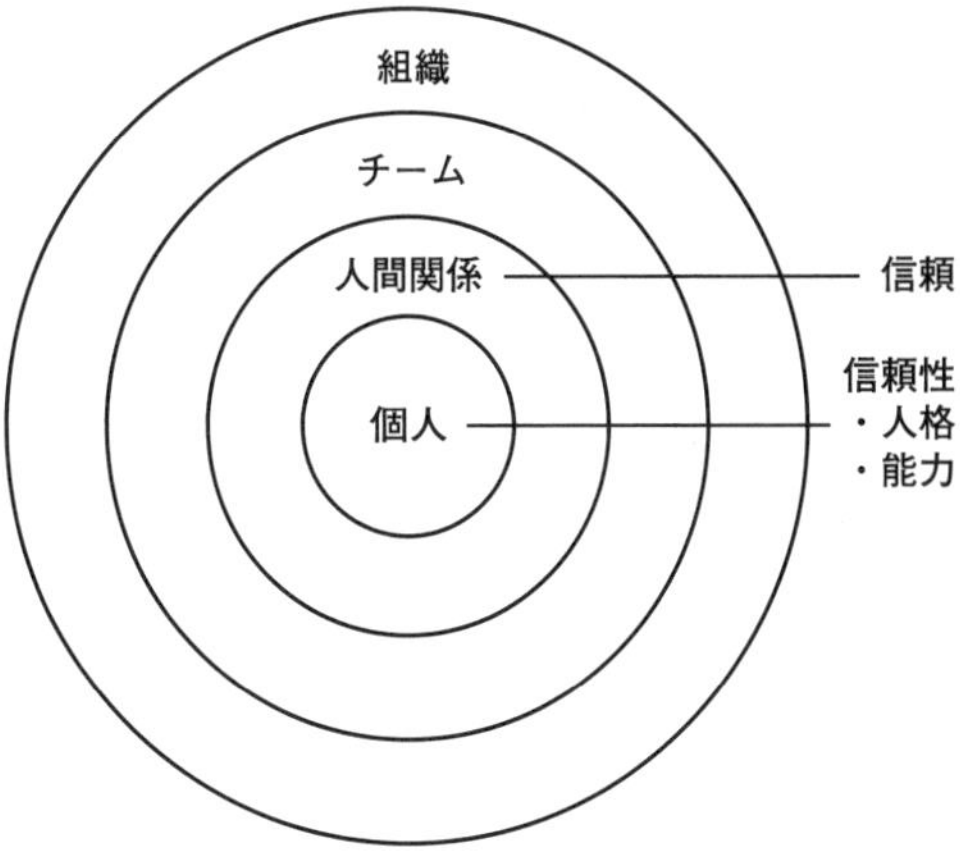

多くの誠実で素晴らしい人々が、次第に職場での信頼性を失っていくのは、彼らの能力が組織の中で「時代遅れ」になっていくからである。人格と能力の両方が備わっていなければ、賢明な選択と判断を行うことはできないし、できなければ人は信頼されなくなってしまう。組織において意味のある成長を続けなければ、信頼性あるいは信頼を勝ち取ることはできない。信頼関係の土台となる信頼性は、人格と能力の双方が必要なのだ。

個人の信頼性が必要かつ十分であれば、人間関係において信頼関係を築く準備ができることになる。次に必要なことは信頼関係を築くために必要な言動や態度である。私がよく使う「信頼口座」という考え方を紹介しよう。詳しくは後述するが、人間関係のレベルにおける信頼とは、銀行で現金を出し入れするように、人間関係においてもお互いが「信頼という残高」を出し入れしているという考え方のことだ。

いわば二人の人間の間の信頼という口座である。組織の中での人間関係において、この信頼口座の残高が十分あることによって、いずれは組織をも動かす生産的な力を生み出すことが可能になる。もし二人の人間が互いの信頼性に基づいた信頼関係を築いているなら、明確なコミュニケーション、シナジーを生み、そして生産的な関係を結ぶことができるだろう。

もし片方に能力が足りなければ、訓練して上達すれば補うことができるが、人格に欠陥がある場合は、原則に基づいた生活によって安定した心を築き、良心に従い、信頼関係を立て直すと誓い、これを守らなければならない。信頼関係があるかないかは、ビジネス、産業界、政府、教育の場で、人間関係がうまくいくか、そして最終的に成功を収めるかどうかの鍵になるのだ。

インサイド・アウトのパラダイム――問題の見方こそが問題である

個人から始まるリーダーシップとは、逆の見方をすれば、チームと組織、人間関係における成功や成果を生み出すための個人のセルフ・リーダーシップ、つまり信頼性が不可欠だということだ。個人が持つ高い人格と能力なしに、我々に起こる問題を根本的に解決することはできない。

たとえば、揺るぎない原則を土台にして充実した人生を送っている人や、うまくいっている家族、高い業績をあげている企業があった場合、多くの人がすぐに「どうすればそんなにうまくいくのですか？　コツを教えてください」などと聞く。こういう質問をする人は後を絶たないが、自分の基本的なパラダイムに従っていることに気がついていない。本音は、「私の今の痛みをパッと解消してくれる応急処置を教えてほしい」ということなのだ。

実際にこの手の質問に答え、望みどおりのアドバイスをしてくれる人はどこにでもいるだろうし、教えてもらったスキルやテクニックはとりあえず効くかもしれない。表面の傷や急性の痛みなら絆創膏や鎮痛剤で取り除ける。

しかし、隠れた慢性疾患はそのままなのだから、いずれ別の急性症状が現れる。急性の痛み、差し迫った問題に対症療法でごまかし続けているうちに、原因となっている病巣は悪化するばかりである。問題をどう見るか、それこそが問題なのである。

現在、私たちの社会や組織でよく聞く悩みを考えてみよう。問題自体が外にあるとする他責や、スキルやテクニックを重視する応急処置的な考え方が影響していることがわかる。たとえば次のようなことを嘆くリーダーやマネージャーはいないだろうか。

「管理職セミナーにはいくつも出ています。部下には大いに期待していますし、自分も気さくで公平な上司になろうと努力しています。しかしそれが部下には伝わらないのですよ。私が病気で会社を休みでもしたら、無駄話に花が咲くでしょうね。私がこれほど努力しても、彼らには責任感や自主性というものが育たない。見込みのある人間がどこかにいないものでしょうか」

個性主義の考えによれば、組織再編や解雇など思い切った策に出れば、部下をシャキッとさせ、彼らの潜在能力を引き出せるのかもしれない。あるいは、モチベーションアップのトレーニングでやる気を引き出せるのかもしれない。それでもだめなら、もっと有能な人材を見つければよい、ということらしい。

だが、上司に対する不信感が士気の低さの原因とは考えられないだろうか。彼らは、自分が歯車のように扱われていると思っていないだろうか。この上司は、そんな扱いはしていないと断言できるだろうか。心の奥底で部下をそんなふうに見てはいないだろうか。部下に対する見方が、問題の一因となっていることはないのだろうか。

「やらなければならないことが山積みだ。いつだって時間が足りない。一年三六五日、朝から晩まで時間に追われている。私の行動はオンラインで管理され、どこにいても仕事の指示が飛んでくる。生産性が低いといつも叱咤され、しかも別のところからはワークライフバランスだと言われる。時間管理の研修も受講したし、メンタルヘルスのトレーニングも受けた。多少役には立ったが、望んでいたようなバランスのよい生活を送っているとはとても思えない」

先ほどと同様に、表層的なスキルやテクニックで解決できるとする人たちによれば、こうしたプレッシャーを効率よく解決できる新しい制度や方法がどこかにあるらしい。

だが、効率が上がれば問題は解決するのだろうか。より少ない時間でより多くのことができれば、状況は良くなるのだろうか。効率を上げるというのは結局のところ、自分の生活を支配している状況や人々に素早く対応するだけのことではないのか。

もっと深く根本的に見なければならないことがあるのではないだろうか。自分の持っているパラダイムが、時間、生活、自分自身に対する見方を誤らせていることはないだろうか。

こういう意見もある。

「私たちの結婚生活は破綻状態です。べつに喧嘩をするわけではないのですが、もうお互い愛情は感じていません。カウンセリングを受けたり、いろいろ努力はしましたが、昔のような気持ちは戻ってきそうにありません」

個性主義なら、心にたまっていることを洗いざらい吐き出すセミナーに夫婦揃って出るとか、そういった本を一緒に読むとかすれば、奥さんにもっと理解してもらえますよと教えるだろう。それでもだめだったら、新しいパートナーを探すことですねと。

しかし問題は奥さんにあるのではなく、この人自身の人格と能力にあるとは考えられないだろうか。妻の無理解をそのままにし、理解してもらう努力をせずにこれまで暮らしてきた結果ではないだろうか。妻、結婚生活、真の愛情について持っている基本のパラダイムが問題を悪化させていることはないだろうか。

現在よく聞く個性主義というものが、問題の解決方法だけでなく、問題に対する見方そのものも歪めていることがわかっていただけただろうか。

考え方の新しいレベル——自分自身の内面から始める

アルベルト・アインシュタインはこう言っている。「我々の直面する重要な問題は、その問題をつくったときと同じ思考のレベルで解決することはできない」

自分自身の内面を見つめ、周囲を見まわしてみると、さまざまな問題は結局、個性主義に従って生き、人間関係を築いてきたからだと気づくはずだ。これらの問題は深くて根本的な問題であり、問題をつくったときと同じ個性主義のレベルでは解決できないのだ。

これらの根深い悩みを解決するには、人間としての有意義なあり方、効果的な人間関係という現実の場所を正確に描いた地図、すなわち原則に基づいたパラダイムが必要なのである。

「7つの習慣」とは、この新しいレベルの思考である。原則を中心に据え、人格を土台とし、インサイド・アウト（内から外へ）のアプローチによって、個人の成長、効果的な人間関係を実現しようという新しいレベルの思考である。

インサイド・アウトとは、一言で言えば、自分自身の内面から始めるという意味である。内面のもっとも奥深くにあるパラダイム、人格、動機を見つめることから始めるのである。

インサイド・アウトのアプローチでは、たとえばあなたが幸福な結婚生活を望むなら、まずはあなた自身が、ポジティブなエネルギーを生み出し、ネガティブなエネルギーを消し去るパートナーになる。一〇代のわが子にもっと快活で協調性のある人間になってほしいと望むなら、まずはあなた自身が子どもを理解し、子どもの視点に立って考え、一貫した行動をとり、愛情溢れる親になる。仕事でもっと自由な裁量がほしければ、もっと責任感が強く協力的で、会社に貢献できる社員になる。信頼されたければ、信頼されるに足る人間になる。才能を認められたければ（第二の偉大さ）、まずは人格（第一の偉大さ）を高めることから始めなければならない。

インサイド・アウトのアプローチでは、公的成功を果たすためには、まず自分自身を制する私的成功を果たさなくてはならない。自分との約束を果たすことができて初めて、他者との約束を守ることができる。人格より個性を優先させるのは無駄なことだ。自分自身を高めずに他者との関係が良くなるわけがない。

リーダーシップの四つのレベルと同じだ。組織をより良くしようと思えば、より良いチームが必要であり、そのためには個人の高い信頼性が必要となる。

インサイド・アウトは、人間の成長と発達をつかさどる自然の法則に基づいた継続的な再生のプロセスである。また、上向きに成長する螺旋であり、責任ある自立と効果的な相互依存という高みに徐々に近づいていくことだ。

仕事柄、私は多くの人々に接する機会に恵まれている。快活な人、才能ある人、幸福と成功を切望している人、何かを探し求めている人、心を痛めている人。経営者、大学生、教会組織、市民団体、家族、夫婦。そして、さまざまな体験を通してわかったことは、決定的な解決策、永続的な幸福と成功が外から内に（アウトサイド・イン）もたらされた例は一つとして知らない。

アウトサイド・インのパラダイムに従った人は、おしなべて幸福とは言い難い結果となっている。被害者意識に凝り固まり、思うようにいかないわが身の状況を他の人や環境のせいにする。夫婦ならば、お互いに相手だけが変わることを望み、相手の「罪」をあげつらい、相手の態度を改めさせようとする。労働争議ならば、莫大な時間と労力を費やして上辺だけの法律を通し、あたかも信頼関係が築かれたかのように振る舞っている。

私の家族は一触即発の危険をはらんだ三つの国――南アフリカ、イスラエル、アイルランド――で暮らした経験があるが、これらの国が抱えている問題の根源は、アウトサイド・インという社会的パラダイムに支配されていることにあると私は確信している。敵対するグループはそれぞれに問題は「外」にあるとし、「向こう」が態度を改めるか、あるいは「向こう」がいなくなりさえすれば、問題は解決すると思い込んでいる。

インサイド・アウトのパラダイムを持つことは、現代社会の大半の人々にとって劇的なパラダイムとなる。個性主義のパラダイムを持ち強烈な条件づけを受けている人は特にそうだ。

私も以前はアウトサイド・インで日々の生活を送っていた。外から働きかける力に頼っていたのである。夫婦間においても、愛し合っているのだから、自分たちの態度や行動をコントロールすれば、お互いの違いを乗り越えられると思っていた。しかし、それはしょせん絆創膏を貼ったり、鎮痛剤を飲んだりするような応急処置であって、痛みの根源を完全に取り除けるわけではない。自分自身の内面にある基本的なパラダイムに働きかけてコミュニケーションをとれるようになるまで、慢性的な問題は残ったままだったのである。

インサイド・アウトのアプローチをとるようになってからは、お互いを信頼して心を開ける関係を築き、個性の違いを心から認められるようになった。それはアウトサイド・インのアプローチでは絶対にできなかったことである。Ｗｉｎ－Ｗｉｎの充実した関係、深い相互理解、奇跡のようなシナジー、これらの美味しい果実は、私たちがそれぞれに持つプログラムを見つめ、それを自分たちで書き換え、深いコミュニケーションという第Ⅱ領域（緊急ではないが重要）の重要な活動に意識的に時間を割き、「根」を育てたからこそ実ったのである。

果実はそれだけではない。私たちがそれぞれの両親から強い影響を受けているのと同じように、私たちも知らず知らずのうちに子どもたちに影響を与え、彼らの生き方を形成しているのだということを深く実感できたのである。両親から与えられた脚本が自分の人生にいかに大きな力を持っているかを理解できたから、次の世代の子どもたちに正しい原則を教え、模範を示す決意を新たにすることができたのである。

仮に、あなたの家族に何世代にもわたって受け継がれてきた悪い流れがあったとしても、あなたの代で止めることができるということだ。あなたは流れを変える人となり、過去と未来をつなぐ人となる。あなた自身が変わり、流れを変えれば、その後に続く何世代もの人々の人生に大きな影響を与えられるのである。

二〇世紀の流れを大きく変えた人物として、アンワル・サダトを挙げよう。彼の生き方から、流れを変えることの本質を深く理解することができる。不信、恐怖、憎悪、誤解の巨大な壁をアラブ人とイスラエル人の間につくり出した過去、対立と孤立の増幅が避けられそうにもない将来、そのはざまにサダトは立っていた。話し合いの努力はことごとく摘み取られた。合意案を形成する手続きや書式、果てはコンマやピリオドをどこに打つかまで、あらゆることに難癖がつき争いの火種になっていた。

誰も彼もが葉っぱだけに斧を向ける中で、サダトだけは、刑務所の独房での経験を生かして根っこに働きかけた。そしてついに、何百万人もの人々のために歴史の流れを変えたのである。

サダトは自叙伝の中で次のように書いている。

私はほとんど無意識に、カイロ中央刑務所の五四番の独房で培った内面の強さを引き出し始めた。その強さとは、変化を起こす能力と言えるものである。私が直面していた状況は複雑をきわめ、心理的、知的な能力で自分自身を武装しなければ、とても変えられる望みはなかった。あの孤独な場所で人生や人間の本質を深く見つめ、自分自身の思考の構造そのものを変革できない者は、決して現実を変革することはできず、したがって、決して進歩することもないのである。

根本的な変化はインサイド・アウトから始まるものである。葉っぱだけをいじる応急処置的な個性主義のテクニックで、態度や行動だけを変えればすむものではない。根っこに働きかけなくてはならないのだ。自分の根本的な考え方を見つめ、自分の人格を形成し、世界を見るときのレンズとなっているパラダイムを変えなければ、本当の変化は生まれないのだ。

第3章
個人におけるリーダーシップ
＝セルフ・リーダーシップ

個人の信頼性：人格と能力　人格の側面

信頼性

インサイド・アウトのアプローチによるリーダーシップは、個人のレベルからスタートする。個人レベルにおけるリーダーシップの原則は信頼性である。個人の信頼性を高めることが信頼関係を築くうえでの基礎となる。

「信頼する」とは、信頼する側、される側それぞれの信頼性（人格と能力）が、お互いに明確になったときに成立する。変わらぬ信頼が続くところには、必ず信頼性が存在する。これは原則であり、例外はない。

では、信頼性はどのようにすれば築けるのだろうか。

あなたの知り合いに、人格者だが技術的な能力が足りない医者がいるとしよう。あなたは病を患い、どうしても処置が必要なのだが、その医者の腕が悪いために安心して任せる気にはとてもならない。しかし、「能力があっても人格を伴わない人」も信頼することはできない。腕だけは良くても不正直な医者のところに行きたがる人はいないだろう。そのような医者は、治療だけが必要な患者にも、お金を稼ごうとして手術を勧めるかもしれないからだ。

この例でもわかるように、人が信頼に足る人物になるということは、人格に加えて能力も備えておかなければならない。信頼性は、人格と能力からもたらされる。人格と能力の両方が交差するところに、

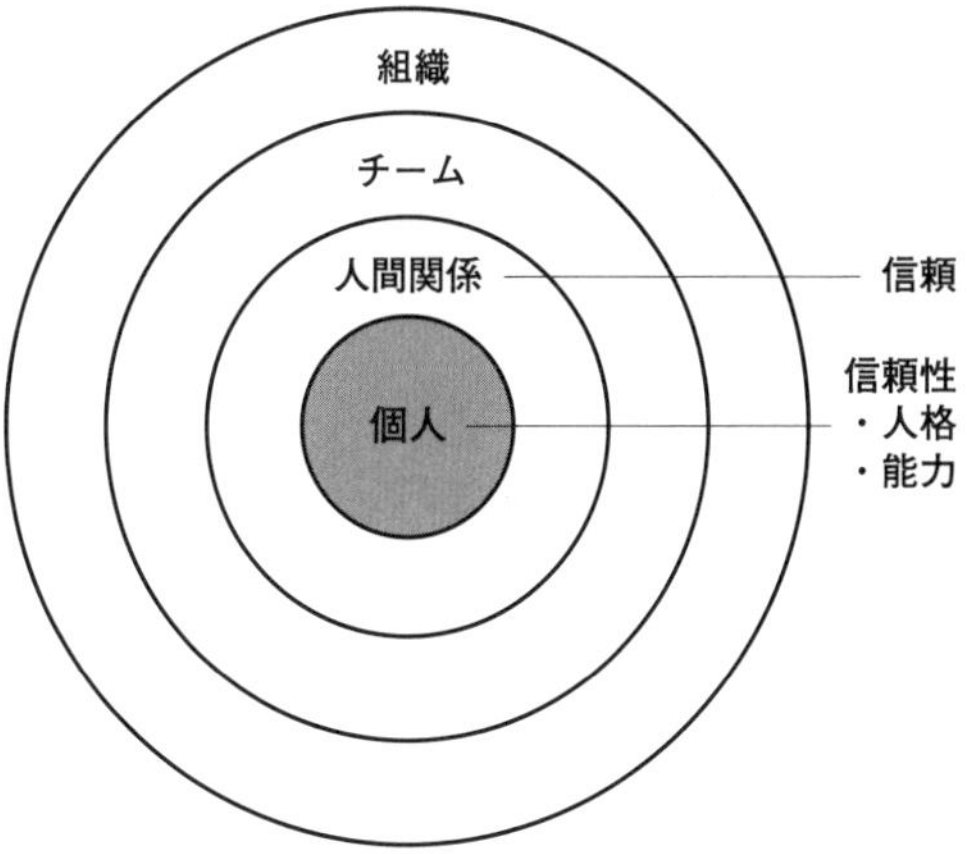

信頼性が築かれ、知恵と判断力が生まれるのだ。

信頼性の根幹を成す一つが「人格」であることは明らかであるにもかかわらず、今日では、人格について語られることはあまりない。人が持つ内面の誠実さや人としての成熟さは、もはや重要ではないと考える人が多数を占めているのではないだろうか。

つまり、内面の価値観よりも、成功に必要なのは、才能、エネルギー、個性のみであると信じる人が多いということだ。しかし、これは現代生活の矛盾とも言える。歴史が教えてくれているように、長期的に成功するためには、見掛けの「人となり」よりも実際の人格のほうが重要なのは明らかだ。

私は、かつて『7つの習慣』の執筆に備えて、米国建国にまでさかのぼってリーダーシップや成功に関する文献を調べたことがある。すると、建国から二〇〇年のうち最初の一五〇年間は、ほとんど例外なく人格と原則の重要性に焦点が当てられていた。ところが産業時代に突入し、さらに第一次世界大戦後になると、個性、テクニック、テクノロジーなどを重んじる、いわゆる個性の論理が強調されるようになってきたことに気づいた。

この表面的な個性やテクニックなどを重んじる傾向はいまだに続いているが、経済至上主義の崩壊や、信頼関係の重要性を経験するにつれて、徐々にではあるが逆の傾向が現れているようだ。最近では信頼感や人格の必要性、さらに組織文化の中で信頼関係を構築する必要性を認識する組織が増えてきているると感じる。また、自分の心の奥をのぞき込んで、自分自身がどのように考え、本質的に何をすべきなのかを考え、社会や人々のニーズに応えるための貢献の必要性を訴える人も増えている。

さらに、「失敗するリーダーの九〇％は、人格に原因がある」というデータもある。また、フランクリン・コヴィー社が、五万四〇〇〇人を対象に調査を行い、リーダーの本質的な資質について質問したところ、「誠実」という回答が群を抜いて多かったという結果からも、長期的に成功するためには、実際の人格のほうが重要であることは疑いようのない事実だ。

人格の三つの側面

信頼性とは、あなたの人格と能力について、あなたと相手が持つ信頼感のことだ。この二一世紀という時代に人を導こうとするならば、人格と能力の両方を持っていなければならない。この人格と能力について、もう少し詳しく見ていこう。

「人格」とは次のことを指す。

誠実：自分自身に価値を置くことであり、人格という基礎の要石である。言ったことを実行する能力。

公的生活と私的生活が原則に基づいていて、かつバランスがとれていること。

成熟：勇気と思いやりのバランスがとれていることである。他人の感情・思想・意見を考慮し尊重しながらも、必要に応じて言うべきことを言い、正直なフィードバックを行い、問題を直視する勇気と考慮のバランスがとれていること。

豊かさマインド：この世には、すべての人に行きわたるだけのものがたっぷりあるという考え方。一人が多くのものを得たら、もう一人はそれだけ得る分が少なくなるという欠乏マインド（ゼロサムゲーム）のパラダイムに対して、「すべての人を十分に、あるいはそれ以上に満足させることが可能である」というパラダイムであり、また、「物事は大きく広がり成長していくものであり、第3の案を生み出す可能性は無限にある」というパラダイムを持っていること。

チームとして最大限の力を発揮するには、リーダーは、メンバー同士が補完的に協力し、シナジーを発揮するチームをつくり上げる必要があるが、そのチームにはこれら人格の三つの側面である、誠実、成熟、豊かさマインドを身につけることが必須となる。

能力の三つの側面

「能力」とは次のことを指す。

専門的能力：合意した結果を得るために必要な専門知識と能力。問題を考え抜いて新しい選択肢を探す能力。

概念的能力：全体像を見る能力。仮定を検証し、視野を変える能力。

相互依存の能力：他人と効果的に相互作用する能力（聴く能力、コミュニケートする能力、第3の案を得る能力、Win-Winの実行協定をつくる能力、シナジーによる解決方法に向けて取り組む能力、協力し合って組織やシステムを効果的に運営する能力）。

組織の中でリーダーとみなされる多くの人は、チームメンバーと信頼関係を築くことができない要因を、メンバーのスキルや人的要素に求めることが多いが、リーダーの信頼性の欠如が原因となっていることが少なくないのも事実だ。チームメンバーと信頼関係を築くためには、まず、リーダーの信頼性を高いレベルで実現させる必要があるのだ。

刺激、反応、そして選択の自由

決定論的パラダイム

なぜ誰でもリーダーシップを発揮する権利を持ち、選択することができるのか。それは、動物にはない、人間しか持っていない四つの能力があるからだ。四つの能力とは「自覚」「想像」「良心」「意志」である。

自覚という能力を考えてみよう。この本を読んでいる自分の姿を想像してみてほしい。意識を部屋の隅に置いて、そこから自分を眺めてみる。頭の中であなたは、まるで他人であるかのように自分自身を見ているはずだ。

次は、自分の今の気分を考えてみてほしい。あなたは今、どんな気持ちだろうか。何を感じているだろう。その気分をどんな言葉で言い表せるだろうか。

さらに、自分の頭の中で起こっていることを考えてみる。あなたは頭をフル回転させ、今やっていることにどんな意味があるのかと、いぶかしんでいることだろう。

あなたが今行ったことは、人間にしかできないことである。動物にはできない。それは人間だけが持つ能力であって、「自覚」というものだ。自分自身の思考プロセスを考えることのできる能力である。この能力があるからこそ、人は世代を追うごとに大きく進歩し、世界のあらゆるものを支配するまでになったのだ。

自覚があれば、人は自分の経験だけでなく他者の経験からも学ぶことができる。そして、習慣を身につけるのも、絶ち切るのも、自覚という能力のなせるわざなのである。

人間を人間たらしめているのは、感情でも、気分でもない。思考ですらない。自分の感情や気分や思考を切り離して考えられることが、人間と動物の決定的な違いである。この自覚によって、人間は自分自身を見つめることができる。自分をどう見ているか、自分に対する見方、いわば「セルフ・パラダイム」は、人が効果的に生きるための基盤となるパラダイムだが、私たちは自覚によって、このセルフ・パラダイムさえも客観的に考察できる。セルフ・パラダイムはあなたの態度や行動を左右し、他者に対する見方にも影響を与えている。セルフ・パラダイムは、人の基本的な性質を表す地図となるのだ。

そもそも、自分が自分自身をどう見ているか、他者をどう見ているかを自覚していなければ、他者が自分自身をどう見ているか、他者は世界をどう見ているかわからないだろう。私たちは無意識に自分なりの見方で他者の行動を眺め、自分は客観的だと思い込んでいるにすぎない。

こうした思い込みは私たちが持つ可能性を制限し、他者と関係を築く能力も弱めてしまう。しかし人間だけが持つ自覚という能力を働かせれば、私たちは自分のパラダイムを客観的に見つめ、それらが原則に基づいたパラダイムなのか、それとも自分が置かれた状況や条件づけの結果なのかを判断できるのである。

現代の社会通念や世論、あるいは周りの人たちが持っているパラダイム、それらはいわば社会通念の鏡である。もし人が自分自身を社会通念の鏡だけを通して見てしまうと、たとえるなら遊園地にあるような鏡の部屋に入り、歪んだ自分を見ているようなものである。

「君はいつも時間に遅れる」
「おまえはどうして部屋の片づけができないんだ」
「あなたって芸術家肌ね」
「よく食べる人だね」
「あなたが勝ったなんてありえない」
「君はこんな簡単なことも理解できないのか」

人はよく他者をこんなふうに評するが、その人の本当の姿を言い当てているとは限らない。ほとんどの場合は、相手がどういう人間なのかを客観的に述べているのではなく、自分の関心事や人格的な弱さを通して相手を見ている。自分自身を相手に投影しているのである。

人は状況や条件づけによって決定されると現代社会では考えられている。日々の生活における条件づけが大きな影響力を持つことは認めるにしても、だからといって、条件づけによってどのような人間になるかが決まるわけではないし、条件づけの影響力に人はまったくなすすべを持たないなどということはありえない。

ところが実際には、三つの社会的な地図——決定論——が広く受け入れられている。これらの地図を個別に使って、ときには組み合わせて、人間の本質を説明している。

一つ目の地図は、**遺伝子的決定論**である。たとえば、「おまえがそんなふうなのはおじいさん譲りだ。短気の家系だからおまえも短気なんだよ。そのうえアイルランド人だ。アイルランド人っていうのは短気だからね」などと言ったりする。短気のＤＮＡが何世代にもわたって受け継がれているというわけである。

二つ目は**心理的決定論**である。育ちや子ども時代の体験があなたの性格や人格をつくっているという理論だ。「人前に出るとあがってしまうのは、親の育て方のせいだ」というわけである。大勢の人の前に出るとミスをするのではないかと強い恐怖心を持つのは、大人に依存しなければ生きられない幼児期に親からひどく叱られた体験を覚えているからだという理屈だ。親の期待に応えられなかったとき、他の子どもと比較され親から突き放されたりした体験が心のどこかに残っていて、それが今のあなたをつくっているというのである。

三つ目は**環境的決定論**である。ここでは、上司のせい、あるいは配偶者、子どものせい、あるいはまた経済情勢、国の政策のせい、となる。あなたを取り巻く環境の中にいる誰かが、何かが、あなたの今の状態をつくっていることになる。

これら三つの地図はどれも、刺激／反応理論に基づいている。パブロフの犬の実験で知られるように、特定の刺激に対して特定の反応を示すように条件づけられているというものだ。

しかしこれらの決定論的地図は、現実の場所を正確に、わかりやすく言い表しているだろうか。これらの鏡は、人間の本質をそのまま映し出しているだろうか。これらの決定論は、単なる自己達成予言ではないだろうか。自分自身の中にある原則と一致しているだろうか。

四つの能力による選択の自由

ヴィクトール・フランクル（訳注：オーストリアの精神科医・心理学者）という人物の衝撃的な体験を紹介したい。

心理学者のフランクルは、フロイト学派の伝統を受け継ぐ決定論者だった。平たく言えば、幼児期の体験が人格と性格を形成し、その後の人生をほぼ決定づけるという学説である。人生の限界も範囲も決まっているから、それに対して個人が自らできることはほとんどない、というものだ。

フランクルはまた精神科医でもありユダヤ人でもあった。第二次世界大戦時にナチスドイツの強制収容所に送られ、筆舌に尽くし難い体験をした。

彼の両親、兄、妻は収容所で病死し、あるいはガス室に送られた。妹以外の家族全員が亡くなった。フランクル自身も拷問され、数知れない屈辱を受けた。自分もガス室に送られるのか、それともガス室送りとなった人々の遺体を焼却炉に運び、灰を掃き出す運の良い役割に回るのか、それさえもわからない日々の連続だった。

ある日のこと、フランクルは裸にされ、小さな独房に入れられた。ここで彼は、ナチスの兵士たちも決して奪うことのできない自由、後に「人間の最後の自由」と自ら名づける自由を発見する。たしかに収容所の看守たちはフランクルが身を置く環境を支配し、彼の身体をどうにでもできた。しかしフランクル自身は、どのような目にあっても、自分の状況を観察者として見ることができたのだ。彼のアイデンティティは少しも傷ついていなかった。何が起ころうとも、それが自分に与える影響を自分自身の中で選択することができたのだ。自分の身に起こること、すなわち受ける刺激と、それに対する反応との間には、反応を選択する自由もしくは能力があった。

収容所の中で、フランクルは他の状況を思い描いていた。たとえば、収容所から解放され大学で講義している場面だ。拷問を受けている最中に学んだ教訓を学生たちに話している自分の姿を想像した。

知性、感情、道徳観、記憶と想像力を生かすことで、彼は小さな自由の芽を伸ばしていき、それはやがて、ナチスの看守たちが持っていた自由よりも大きな自由に成長する。看守たちには行動の自由があったし、自由に選べる選択肢もはるかに多かった。しかしフランクルが持つに至った自由は彼らの自由よりも大きかったのだ。それは彼の内面にある能力、すなわち反応を選択する自由である。彼は他の収容者たちに希望を与えた。

看守の中にさえ、彼に感化された者もいた。彼がいたから、人々は苦難の中で生きる意味を見出し、収容所という過酷な環境にあっても尊厳を保つことができたのである。

想像を絶する過酷な状況の中で、フランクルは人間だけが授かった自覚という能力を働かせ、人間の本質を支える基本的な原則を発見した。それは、刺激と反応の間には選択の自由がある、という原則である。選択の自由の中にこそ、人間だけが授かり、人間を人間たらしめる四つの能力（自覚・想像・良心・意志）がある。自覚は、自分自身を客観的に見つめる能力だ。想像は、現実を超えた状況を頭の中に生み出す能力である。良心は、心の奥底で善悪を区別し、自分の行動を導く原則を意識し、自分の考えと行動がその原則と一致しているかどうかを判断する能力である。そして意志は、他のさまざまな影響に縛られずに、自覚に基づいて行動する能力である。

動物は、たとえ知力の高い動物でも、これら四つの能力のどれ一つとして持っていない。コンピューターにたとえて言うなら、動物は本能や調教でプログラムされているにすぎない。何かの行動をとるように動物を調教することはできるが、教えられる行動を自分で選ぶことはできない。動物自身がプログラミングを書き換えることはできないのだ。そもそもプログラミングという概念を意識すらしていない。

しかし人間は、人間だけが授かっている四つの能力を使えば、本能や調教とは関係なく自分で新しいプログラムを書くことができる。だから動物にできることには限界があり、人間の可能性は無限なのだ。しかし私たち人間が動物のように本能や条件づけ、置かれた状況だけに反応して生きていたら、無限の可能性は眠ったままである。

人間の本質の基本的な原則である選択の自由を発見したフランクルは、自分自身の正確な地図を描き、その地図に従って、効果的な人生を営むための習慣「主体的である」ことを身につけ始めた。

昨今は、組織経営に関する本にも主体性（proactivity）という言葉がよく出てくるが、その多くは定義を曖昧にしたまま使われている。主体性とは、自発的に率先して行動することだけを意味するのではない。人間として、自分の人生の責任を引き受けることも意味する。私たちの行動は、周りの状況ではなく、自分自身の決定と選択の結果である。私たち人間は、感情を抑えて自らの価値観を優先させることができる。人間は誰しも、自発的に、かつ責任を持って行動しているのである。

責任は英語でレスポンシビリティ（responsibility）という。レスポンス（response＝反応）とアビリティ（ability＝能力）から成る。主体性のある人は、このレスポンシビリティを認識している。自分の行動に責任を持ち、状況や条件づけのせいにしない。自分の行動は、状況から生まれる一時的な感情の結果ではなく、価値観に基づいた自分自身の選択の結果であることを知っている。

人間は本来、主体的な存在である。だから、人生が条件づけや状況に支配されているとしたら、それは意識的にせよ無意識にせよ、支配されることを自分で選択したからに他ならない。

そのような選択をすると、人は反応的（reactive）になる。反応的な人は、周りの物理的な環境に影響を受ける。天気が良ければ、気分も良くなる。ところが天気が悪いと気持ちがふさぎ、行動も鈍くなる。主体的（proactive）な人は自分の中に自分の天気を持っている。雨が降ろうが陽が照ろうが関係ない。自分の価値観に基づいて行動している。質の高い仕事をするという価値観を持っていれば、天気がどうであろうと仕事に集中できるのだ。

反応的な人は、社会的な環境にも左右される。彼らは「社会的な天気」も気になってしまうのだ。人にちやほやされると気分がいい。そうでないと、殻をつくって身構える。反応的な人の精神状態は他者の出方次第でころころ変わるのである。自分をコントロールする力を他者に与えてしまっているのだ。

衝動を抑え、価値観に従って行動する能力こそが主体的な人の本質である。反応的な人は、その時どきの感情や状況、条件づけ、自分を取り巻く環境に影響を受ける。主体的な人は、深く考えて選択し、自分の内面にある価値観で自分をコントロールできるのである。

だからといって、主体的な人が、外から受ける物理的、社会的あるいは心理的な刺激に影響を受けないかというと、そんなことはない。しかし、そうした刺激に対する彼らの反応は、意識的にせよ無意識にせよ、価値観に基づいた選択なのである。

エレノア・ルーズベルト（訳注：フランクリン・ルーズベルト大統領の夫人）は「あなたの許可なくして、誰もあなたを傷つけることはできない」という言葉を残している。ガンジーは「自分から投げ捨てさえしなければ、誰も私たちの自尊心を奪うことはできない」と言っている。私たちは、自分の身に起こったことで傷ついていると思っている。しかし実際には、その出来事を受け入れ、容認する選択をしたことによって傷ついているのだ。

これがそう簡単に納得できる考え方でないことは百も承知している。特に私たちがこれまで何年にもわたって、自分の不幸を状況や他者の行動のせいにしてきたのであればなおのことだ。しかし、深く正直に「今日の私があるのは、過去の選択の結果だ」と言えなければ、「私は他の道を選択する」と言うことはできないのだ。

私たちは自分の身に起こったことで傷つくのではない。その出来事に対する自分の反応によって傷つくのである。もちろん、肉体的に傷ついたり、経済的な損害を被ったりして、辛い思いをすることもあるだろう。

しかしその出来事が、私たちの人格、私たちの基礎をなすアイデンティティまでも傷つけるのを許してはいけない。むしろ、辛い体験によって人格を鍛え、内面の力を強くし、将来厳しい状況に直面してもしっかりと対応する自由を得られる。そのような態度は他の人たちの手本となり、励ましを与えるだろう。

苦難の中にあって自らの自由を育み、周りの人々に希望と勇気を与えたヴィクトール・フランクルのような人は大勢いる。ベトナム戦争で捕らわれの身となったアメリカ兵の自叙伝からも、個人の内面にある自由という力の大きさがひしひしと伝わってくる。自ら選択してその自由を使うことによって、収容所の環境にも、他の捕虜たちにも影響を与えることができた。そして彼らの影響力は今なお息づいている。不治の病や重度の身体障害など、この上ない困難に苦しみながらも精神的な強さを失わずにいる人に接した体験はあなたにもあるだろう。彼らの誠実さと勇気に大きな感動を覚え、励まされたはずだ。苦しみや過酷な身の上を克服した人の生き方ほど、心の琴線に触れるものはない。彼らは、人に勇気を与え、人生を崇高なものにする価値観を体現しているのである。

率先力を発揮する

私たち人間に本来備わっている性質は、周りの状況に自ら影響を与えることであって、ただ漫然と影響を受けることではない。自分が置かれた状況に対する反応を選べるだけでなく、状況そのものを創造することもできるのだ。

率先力を発揮するというのは、押しつけがましい態度をとるとか、自己中心的になるとか、強引に進めたりすることではない。進んで行動を起こす責任を自覚することである。

私のところには、もっと良い仕事に就きたいという人が大勢相談に来る。私は彼らに必ず、率先力を発揮しなさいとアドバイスする。関心のある職業の適性試験を受け、その業界の動向を調べ、さらには入りたい会社の問題点を探って解決策を考え、その問題を解決する能力が自分にあることを効果的なプレゼンテーションで売り込む。これはソリューション・セリングといい、ビジネスで成功するための重要なパラダイムである。

こうアドバイスすると、ほとんどの人は賛同する。このようなアプローチをすれば採用や昇進の機会を手にできると、彼らは確信する。ところが、それを実行に移す率先力を発揮できない人が多いのである。

「どこで適性テストを受ければよいかわからないんですけど……」

「業界や会社の問題点というのは、どうやって調べればいいんですか？　誰に聞けばいいんでしょうか？」

「効果的なプレゼンテーションと言われても、どうすればいいのか……さっぱり見当がつきません」

こんな具合に、多くの人は自分からは動かずに誰かが手を差し伸べてくれるのを待っている。しかし良い仕事に就けるのは、自分から主体的に動く人だ。その人自身が問題の解決策となる。正しい原則に従って、望む仕事を得るために必要なものは端から実行する人だ。

自分から動くのか、動かされるのか

率先力を発揮する人としない人の違いは、天と地ほどの開きがある。効果性において二五%とか五〇%どころの違いではない。率先力を発揮でき、そのうえ賢く感受性豊かで、周りを気遣える人なら、そうでない人との効果性の差はそれこそ天文学的な数字になる。

人生において、大きな成果を上げようと思えば率先力が必要になる。「主体性」はすべての効果的な思考や行動の基盤となる。どのような状況や環境においても、行動を起こすのはあなたの責任である。周りが動くのを待っていたら、あなたは周りから動かされるだけの人間になってしまう。自ら責任を引き受けて行動を起こすのか、それとも周りから動かされるのか、どちらの道を選ぶかによって、成長や成功の機会も大きく変わるのである。

以前、住宅改修業界の団体にコンサルティングをしたことがある。その会合では、約二一〇社の代表が四半期ごとに集まり、業績や問題点を忌憚なく話し合った。

当時は市場全体が深刻な不況だったが、この業界はことさら打撃を受けていた。会合は重苦しい空気の中で始まった。

初日は、「業界では今何が起こっているのか、業界が受けている刺激は何か?」というテーマで話し合った。業界では多くのことが起こっていた。業界を取り巻く環境の圧力はすさまじいものだった。失業者は増える一方だった。会合に参加していた企業の多くも、生き残るために大幅な人員削減を余儀なくされていた。その日の話し合いが終了する頃には、朝よりも参加者の落胆は大きくなっていた。

二日目のテーマは「この先はどうなるか?」だった。業界の動向を予測しながら、おそらく予測どおりの結果になるだろうという悲観論が広まった。二日目の終わりには、全員がさらに意気消沈した。誰もが景気の底はまだ打っていないと予測していた。

さて、三日目である。このままではいけないと、「我々はどう反応するのか? 我々は何をするのか? この状況で我々はどのように率先力を発揮するのか?」と主体的なテーマに集中することにした。午前中は経営の合理化とコスト削減をテーマに議論し、午後はマーケットシェア拡大の方策を考えた。午前も午後も活発にディスカッションし、現実に即し、実行可能なアイデアに議論の的を絞った。そうしているうちに活気が生まれ、希望が見え、主体的なムードで会合を締めくくることができた。

協議の結果は、「業界の景気はどうか」という問いに対する三つの答えとしてまとめられた。

一．業界の現状は厳しく、景気はさらに悪化するものと予想される。

二．しかし我々がこれから取り組む対策には期待できる。経営を合理化し、コストを削減し、マーケットシェアを伸ばすからだ。

三．よって我々の業界はかつてないほど良い状況だ。

反応的な人がこれを読んだら、「おいおい、現実を直視しろよ。ポジティブ・シンキングにもほどがある。自己暗示をかけているだけじゃないか。いずれ現実を思い知らされるよ」とでも言うだろう。

しかし、それこそが単なるポジティブ・シンキングと主体性の違いなのである。会合で私たちは現実を直視した。業界の現状、今後の見通しの厳しさも認識した。だがそれと同時に、現状や将来の予測に対して前向きな反応を選択できるという現実も認識したのだ。この現実を認識していなかったら、業界を取り巻く環境の中で起こることが業界の将来を決めるという考え方を受け入れていただろう。

企業、自治体、家庭も含めてあらゆる組織が、主体的であることができる。どんな組織も、主体的な個人の創造力と知恵を結集し、主体的な組織文化を築ける。組織だからといって、環境の変化に翻弄される必要はない。組織としての率先力を発揮すれば、組織を構成する全員が価値観と目的を共有できるのだ。

原則中心のパラダイム

原則――人間が持つ自然の法則

人間が持つ選択の自由と能力という特質は、自然から与えられたものに他ならない。絶滅寸前の動物には選択をする自由も能力もない。自己認識もできず、自らを創り変えることもない。人間は自己を認識することができるからこそ、生物の中で唯一選択の自由と能力を生かし、自分自身を創り変えることができる。これが、人間が持つ自然の法則による権威というものだ。

自然的な権威は自然の法則から生まれる。自然の法則を無視することはできず、従うしかない。好むと好まないにかかわらず、私たちのあらゆる行動は結果を伴うからだ。一方の端をつかんで棒を持ち上げれば反対側も持ち上がってしまうし、体を酷使すれば疲労し、植物に水を与えなければ枯れてしまう。

私たちの選択の結果は、自然の法則（たとえば引力）や社会における原則（たとえば敬意、正直さ、優しさ、誠実、奉仕、公正さなど）に左右されており、常に環境を汚染していれば空気や水も汚れるように、常に人に対して不親切で不誠実であれば、あなたに対する信頼（人間同士を結びつける接着剤）は損なわれてしまう。常に原則に従い、自由と能力を謙虚に活用する謙虚な人こそ、人間関係の中や文化、組織、そして社会全体の中で道徳的な権威を獲得できるのだ。

私の言う「原則」は、難解なものでもなければ謎めいたものでもない。まして宗教的なものではない。これらの原則は、長く存続しているすべての主要な宗教、社会思想、倫理体系の一部に組み込まれている。自明のものであり、誰でも日常生活の中で有効性を確認できるものばかりである。これらの原則あるいは自然の法則は、人間の条件、良心、意識の一部となっていると言ってもいいだろう。社会的な条件づけが違っていても、すべての人間の内面に必ず存在している。もちろん、これらの原則に対する忠実さの度合いは人それぞれであろうし、条件づけによって、あるいは忠実さの程度が低ければ原則が見えず、感じとれないこともあるだろう。しかしそのような人でも、原則は内面のどこかに必ず潜んでいる。

たとえば、平等と正義という概念の土台となっているのは「公正」の原則である。たとえ公正とはまるで正反対の経験をしても、人が公正さの感覚を生まれながらに持っていることは、小さな子の行動を見ればわかる。公正の定義や公正を実現するプロセスに大きな違いがあっても、時代や地域にかかわらず、公正という概念そのものは誰もが理解できる。他にも、「誠実」や「正直」を挙げることもできる。協力関係や長続きする人間関係、個人の成長に不可欠な信頼の土台となる原則だ。「人間の尊厳」も原則である。アメリカ独立宣言の基本的な考え方は、「我々は以下の事実を自明なものとみなす。すべての人間は創造主によって平等につくられ、生命、自由、幸福の追求など、不可侵の権利を授かっている」という一節からもわかるように、人間の尊厳という原則を土台としている。「奉仕」や「貢献」、あるいは「本質」、「美徳」という原則もある。

「可能性」という原則は、私たちは常に成長することができ、潜在する能力を発見し、発揮し、さらに多くの才能を開発できるという原則である。「成長」は「可能性」に関連する原則である。成長とは潜在能力を発揮し、才能を開発するプロセスであり、これには「忍耐」や「養育」、「励まし」といった原則が必要になる。

原則は手法ではない。手法とは具体的な活動、行動である。ある状況で使えた手法が、別の状況にも通用するとは限らない。二番目の子を最初の子と同じように育てようとしたことのある親ならよくわかると思う。

手法は個々の状況に応じて使い分けるものだが、原則は、あらゆる状況に普遍的に応用できる深い基本の真理である。個人にも、夫婦や家族にも、あらゆる民間・公的組織にも当てはめることができる。たとえば企業がこれらの真理を組織内に習慣として根づかせれば、社員は状況に応じて対処する多種多様な手法を自分で考え出すことができる。

私たちの頭の中の地図（パラダイム）をこれらの原則、自然の法則に近づけるほど、地図は正確になり、機能的に使えるようになる。正しい地図は、個人の効果性、人間関係の効果性に計り知れない影響を与える。態度や行動を変える努力をいくらしても追いつかないほど、大きな変化を遂げられるのである。

公正さ、優しさ、正直さ、誠実、奉仕、貢献、敬意などの原則はいつの時代も決して揺らぐことはない。文化が異なればこれらの原則は、その文化固有の価値観や倫理観、慣習として、原則が見失われることもあるかもしれないが、本質的には、いつの時代でもいかなる地域でも、公正さや正直さは人間関係を築く原則として、存在し続けていることに変わりはない。原則は万有引力の法則のように常に有効なのだ。

普遍的な原則など存在しないと主張する人々について、英国の作家C・S・ルイスは次のように述べている。

真の「正・不正」など存在しないと言う人物も、次の瞬間には前言を撤回せざるを得なくなるものだ。自分では平気で約束を破るくせに、人が約束を破るとすぐに「不公平だ」と苦情を言い始める。国際協定など無意味だと主張して協定を破ろうとする国も、すぐに「そもそも不公平な協定だったのだ」などと言い出して墓穴を掘る。もし本当に協定が無意味であり、「正・不正」の別などありえないとしたら、つまり「自然の法則」など存在しないとしたら、協定が公平だろうと不公平だろうとかまわないはずである。彼らは自分から馬脚を現して、実は彼らも「自然の法則」を認めていることを露呈しているのではないだろうか。

どうやら私たちは真の「正しさ」や「不正」の存在を認めないわけにはいかないようである。人はときには間違うこともあるだろうが、それはちょっと計算を間違えるようなものだ。掛け算の答えと同じように、真の「正・不正」は単なる人の好みや意見の問題ではないのである。（中略）そこで私は次の二点をはっきりさせておきたい。第一に、地上のすべての人々が「こう振る舞うべきだ」という奇妙な考えを持っていて、どうしても否定しきれないこと。第二に、それでも実際にそう行動しているわけではないということ。誰でも「自然の法則」を知っている。しかしその法則を破ってしまう。この二つの事実は、私たち自身や私たちが暮らすこの宇宙に関するあらゆる明晰な思考の基礎をなすものである。

（『キリスト教の世界』　C・S・ルイス著、鈴木秀夫訳：大明堂）

価値観は原則だろうか。価値観というものは、個人や社会が何に価値を置くかということであり、個人的で、感情的で、主観的なものだ。犯罪者にもそれなりの価値観がある。私たちは価値観に基づいて行動するが、その行為の結果は、誠実さを欠いた交渉が失敗するように、自然の法則や社会における原則に従う。だからこそ、私たちが自分の価値観を考えるうえで重要なことは、「私の価値観は原則に基づいているか」という点なのだ。

流行に流されたり世間の評価に飛びついたりする人の価値観は、原則に基づかない価値観の好例だ。彼らの判断基準は人気に左右される。自分の中に確固とした軸がないために、周りの目ばかりを気にする。

しかし、もう一方には逆らうことのできない原則があるために、いつも自分の意識とは逆の結果となってしまうのだ。そして自分の価値観どおりに行動してもうまくいかないことが続くと、心身共に正常な感覚を失ってしまうことになる。私たちは価値観に基づいて行動するが、その結果を左右するのは価値観ではなく原則だからだ。敬意を持って優しく接すれば信頼関係を築くことができるし、誠実に奉仕の精神を持って接すれば、相手はあなたを尊敬するようになるだろう。短期的にはさまざまな障害によって難しい場面もあるかもしれないが、長期的に見れば必ず原則が作用する。

道徳的権威を身につけるためには、短期的には自己中心的な利害を犠牲にし、社会的な価値観よりも自然の原則を優先させる勇気が必要になる。そして実はこのような原則をすべて包括するものを私たちはすでに持っている。それは私たちの良心なのだ。

私たちの人生は原則に支配されている。つまり、万有引力といった法則が自然界に存在しているのと同じように、人間の生活にも自然の法則があるということだ。それは地球上どこでも普遍であり、時間を超えて不変であり、つまりそれは絶対的なものである。

そして、私たちの効果性は、普遍の原則によって示される。これは物理の世界での引力がそうであるように、人間の世界に実在する変えることのできない原則である。これらの原則はあらゆる文明社会の中に織り込まれ、長期の繁栄を誇るすべての家系や団体の基礎を成している。

原則は人間や社会によってつくられたものではない。それは人間関係や組織に関する万能の法則であり、人間としての条件、意識、良心の一部を構成している。公正、公平、正義、正直、誠実、信頼という基本原則をどれだけ理解し、調和して生きるかによって、生存と安定へと向かうか、あるいは破壊と滅亡へ向かうのかが決まってしまう。

映画監督セシル・B・デミルは、代表作『十戒』の中で原則について次のように表現している。「神の律法（原則）を破ることはできない。それを破ろうとすれば自分自身が破れるだけだ」

誰でも、経験や条件づけから形成されたパラダイムや頭の中の地図を通して自分の生活や人間関係を見ているものである。この頭の中の地図は、現実の場所ではない。あくまで「主観的な現実」であって、現実の場所を表現しようとしているにすぎない。

「客観的な現実」、つまり現実の場所は人間の成長と幸福を左右する原則であり、人類の歴史がたどってきたあらゆる文明社会に織り込まれ、長く繁栄した組織や家族の根っことなっている自然の法則である。私たちの頭の中の地図がどれほど正確であっても、原則を変えることはできない。

このような原則、あるいは自然の法則は、社会の歴史のサイクルを深く調べ、思索している人からすれば、今さら言うまでもない明白なものである。これらの原則の正しさは、歴史の中で幾度となく証明されている。ある社会の人々が原則をどこまで理解し、どこまで従うかによって、その社会が存続と安定へ向かうのか、逆に分裂と滅亡に至るのかが決まるのである。

原則に基づいた人格を持つ

私たちが通常考えている問題解決方法を、農場にたとえて考えてみよう。農場では、自然の力を利用し従うことで、作物という豊かな創造物を手に入れることができる。簡単で即効性があり、自由で楽しい方法は農場では通用しない。時を経ても変わらないのは農場の法則だけである。私たちは土を耕して種を蒔き、雑草を抜いて水をやり、ゆっくり成長を促し、成熟に至らせるという手順を踏まなければならない。

アイデンティティの喪失などの問題を抱えた一〇代の若者を助けたり、夫婦の危機を救ったりするようなときにも、応急処置は通用しない。成功の方程式とポジティブな考え方を使って、パッとすべてを直すことなどできない。収穫の法則には逆らえないのだ。自然の法則や原則を変えることはできない。

人格に欠陥があり能力も疑わしいのに、人をうまく操って自分に従わせようとしたら、いずれ失敗する。しかし、マネジメントと指導の原則を学べば、人の才能とエネルギーを解き放つことができるようになり、信頼関係を築くことになるのだ。

私の経験から言って、人間は正しい原則に基づいた人格を持つ人を本能的に信頼するものだ。このことは長期的な人間関係によって証明される。長期にわたって積み上げてきた信頼性の結果である信頼関係が、テクニックよりも重要であることを私たちは知っている。信頼度が高ければ、コミュニケーションは容易で時間もかからない。間違いを犯してもこちらの真意を汲み取ってくれるだろう。しかし信頼度が低ければ、コミュニケーションには時間がかかり、疲労ばかりが増すような非効果的で非常に困難なものになるだろう。

個性主義的な方法を用いるのは比較的簡単である。新しいスキルを身につけ、言葉使いを改め、人間関係を円滑にするテクニックを習得し、身なりを整え、自尊心を高めればいいだけだ。しかし習慣を改め、徳を積み、基本原則を学び、誓いと約束を守り、勇気を出し、相手の信念や感情を心から思いやるといった優れた人格を持つことは難しい。しかしながらこれが私たちの成熟度を測るものさしなのだ。

自分自身を尊重しながらも、高い目的と原則に自分を従わせることは、崇高な人間性における二つの側面であり、有効なリーダーシップの基礎となるのだ。

コンパスによるリーダーシップ

正しい原則はコンパスのようなものである。コンパスは方角を知るための計器で、いつも行くべき道を指し示している。私たちがその見方を知っていれば、雑音や誤った価値観に惑わされたり、だまされたりすることはなく、道に迷うこともない。

原則は自明であり、他の承認を必要としない自然の法則である。それは不変であり、動くことはない。そして流動するこの世界の中で、正しい方向を教えてくれる。原則はどこでも、どんなときでも当てはまる。それは価値、考え、規範、教えといったかたちで現れ、人々を高め、心を満たし、鼓舞し、パワーを与える。歴史を見ても、人や文化がどれくらい正しい原則に沿っているかによって、その繁栄の度合いが決まってきたことがわかる。衰退する社会の根元には、正しい原則に反する愚かな行いが見られる。社会が正しい原則に忠実であれば、どれほど多くの経済破綻、文化摩擦、政治的争乱、内乱などが回避できただろうか。

原則中心のパラダイムは、自然の法則に背けば必ず酬いを受けるという現実に基づくものだ。私たちが信じようが信じまいが、この法則の有効性は何世紀にもわたる人間の歴史の中で証明されてきた。この実証済みの原則に従えば人間はもっと効果的になれるし、組織はもっとエンパワーされるのだ。この原則は個人や人間関係の問題に、簡単で即効性のある解決法を提供するものではない。この根本的な原則は常に活用されることで行動の習慣となり、個人、人間関係、組織を抜本的に変える力となるのである。

原則は価値観と違って、客観的で外的なものである。それは条件によらず自然の法則に従って作用する。価値観や地図は正しい原則に忠実であればあるほど正確で有用である。しかし場所が常に変化するとき、マーケットが常に変動するとき、どんな地図も時代遅れになってしまう。

正確な地図は素晴らしいマネジメントのツールであるが、正しい方角にセットされたコンパスは、リーダーシップとエンパワーメントのツールとなる。コンパスが正しい方角を指すとき、針は自然の法則と一致していることを知らせてくれる。もし地図によるマネジメントにばかりとらわれていると、あてもなくさまよいながらチャンスを浪費し、多くの貴重な資源を無駄遣いすることになってしまうだろう。

私たちの価値観は文化的背景に培われた信念を反映していることが多い。私たちは子どものころから、文化、社会的通念、家族の歴史などの影響を受けながら、価値観の体系を発展させてきた。それは私たちが世界を見るときの眼鏡になっている。そしてこの眼鏡を通してどのように世界を見ているかによって、評価、選択、判断、行動の基準が決まるのだ。

自分の価値観が正しい原則に沿ったとき、人は古い認識やパラダイムから解き放たれる。真のリーダーは、自分の価値観、認識、信念、行動がどれくらい正しい原則に沿っているか調べるために、眼鏡を外して客観的に自分のレンズを分析するような謙虚さを持っている。

そして、ずれ（偏見、無知、誤り）が見つかれば、より偉大な英知に沿うように調整する。このように不変の原則を中心に置くことは、人生に普遍性と力をもたらすのである。

関心の輪と影響の輪

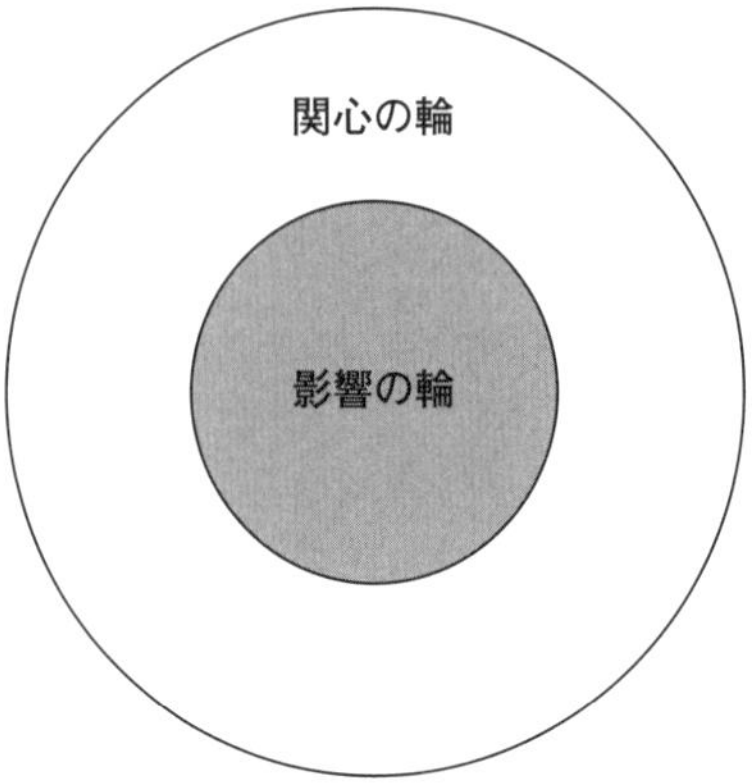

影響の輪を描くことで、自分の関心事の中で自分が直接コントロールできる、あるいは大きく影響できるものを示すことができる。

影響の輪に集中する

個人のレベルにおけるリーダーシップを発揮していくうえで、ぜひ自覚してほしいことがある。自分の時間とエネルギーを何にかけているかに目を向けてみるのだ。誰でも広くさまざまな関心事（懸念することから興味あることまで）を持っている。健康や家族のこと、職場の問題、国家財政、核戦争、等々。関心の輪を描き、その中に関心のある事柄を入れることで、関心を持っている事柄と関心を持っていない事柄とを分けることができる。

関心の輪の中に入れたことを見ると、自分がコントロールできるものとできないものとがあることに気づくだろう。自分でコントロールでき、影響を与えられるものは、上図のように小さな円でくる。この円を影響の輪と呼ぶことにしよう。

自分が時間やエネルギーの大部分を、この二つの輪のどちらに集中させているかを考えることにより、あなたがどれだけ主体性というセルフ・リーダーシップを発揮しているかの一つの尺度がわかる。

主体的な人（リーダーシップを発揮する人）は、影響の輪の領域に労力をかけている。自分が影響を及ぼせる物事に働きかける。主体的な人のエネルギーには、影響の輪を押し広げていくポジティブな作用があるのだ。

一方、主体的ではない人が労力をかけるのは影響の輪の外である。他者の弱み、周りの環境の問題点、自分にはどうにもできない状況に関心が向く。こうした事柄ばかりに意識を集中していると、人のせいにする態度、反応的な言葉、被害者意識が強くなっていく。自分が影響を及ぼせる物事をおろそかにしてしまうと、ネガティブなエネルギーが増え、その結果、影響の輪は小さくなっていく。関心の輪の中にとどまっている限り、私たちはその中にある物事に支配される。ポジティブな変化を起こすために必要な主体的な率先力を発揮することはできない。

一方、地位や財力、役割、人脈などによって、影響の輪のほうが関心の輪よりも大きくなる場合がある。これは近視眼的な精神状態の現れであって、広い視野を持とうとせず、影響の輪だけにしか目を向けない自己中心的で反応的な生き方の結果である（次ページの図）。

主体的な人は、影響を及ぼしたい事柄を優先させるにしても、主体的な人の影響の輪は、どんなに広がっても関心の輪より大きくなることはない。それは、自分の影響力を効果的に使う責任を自覚しているからだ。

直接的、間接的にコントロールできること、そしてコントロールできないこと

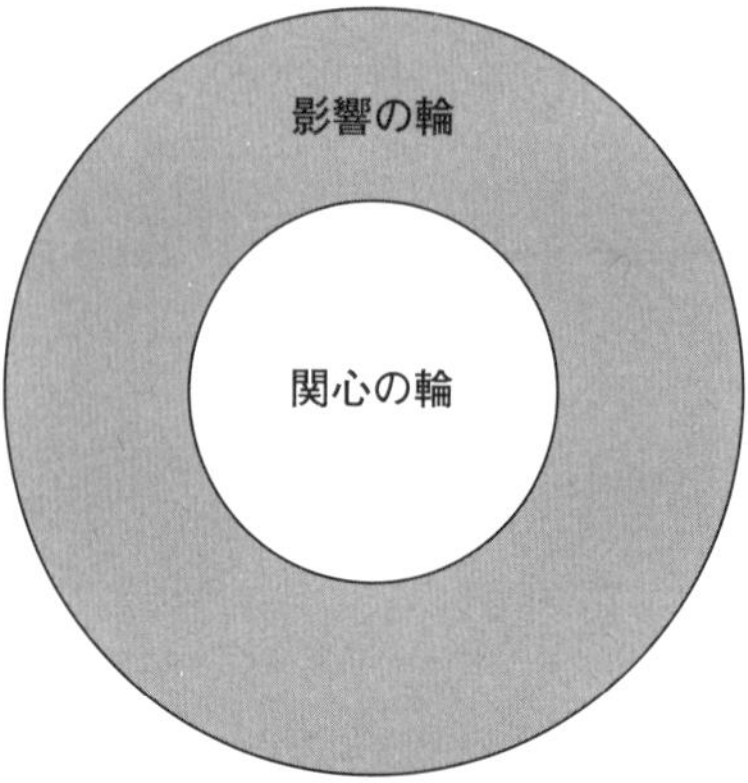

自己中心的な人は、影響の輪が関心の輪よりも大きくなる場合がある。これは、人や社会に対して無責任な状態であり、本来、自分が解決できる問題をも無視してしまう結果である。

私たちが直面する問題は、次の三つのどれかである。

・直接的にコントロールできる問題
（自分の行動に関わる問題）
・間接的にコントロールできる問題
（他者の行動に関わる問題）
・コントロールできない問題
（過去の出来事や動かせない現実）

主体的なアプローチをとることで、この三種類の問題のどれでも、影響の輪の中で一歩を踏み出して解決することができる。

自分が直接的にコントロールできる問題は、習慣を改めれば解決できる。これは明らかに自分の影響の輪の中にある問題である。したがって、その解決はセルフ・リーダーシップに関わるものである。

間接的にコントロールできる問題は、影響を及ぼす方法を考えることで解決できる。これらは人間関

係や組織におけるリーダーシップに関わるものである。私は、影響を及ぼす方法を三〇種類以上は知っているつもりだ。相手の立場に身を置いて考える、それとは反対に相手とは違う自分の主張をはっきりさせる、あるいは自分が模範となる、説得する。他にもいろいろある。しかしほとんどの人は、三つか四つのレパートリーしか持ち合わせていない。たいていは自分の行動の理を説き、それがうまくいかないとなると、「逃避」か「対立」かのどちらかになる。これまでやってきて効果のなかった方法を捨て、影響を与える新しい方法を学び受け入れれば、どれだけ解放的な想いになることができるだろうか。

自分ではコントロールできない問題の場合には、その問題に対する態度を根本的に改める必要がある。どんなに気に入らなくとも、自分の力ではどうにもできない問題なら、笑顔をつくり、穏やかな気持ちでそれらを受け入れて生きるすべを身につける。こうすれば、そのような問題に振り回されることはなくなる。アルコール依存症の更生団体、アルコホーリクス・アノニマスのメンバーが唱える祈りは、まさに的を射ている。

「主よ、私に与えたまえ。変えるべきことを変える勇気を、変えられないことを受け入れる心の平和を、そしてこれら二つを見分ける賢さを」

直接的にコントロールできる問題、間接的にコントロールできる問題、コントロールできない問題、どんな問題でも、それを解決する第一歩は私たち自身が踏み出さなくてはならない。自分の習慣を変える。影響を及ぼす方法を変える。コントロールできない問題ならば、自分の態度を変える。解決策はすべて、自分の影響の輪の中にあるのだ。

影響の輪を広げる

どんな状況に対しても自分で自分の反応を選び、その状況に影響を与えられる。それは心強い事実である。化学式の一部分を変えるだけで、まるで違う結果になるのと同じだ。

以前私がコンサルティングをした企業のトップは、創造的で、洞察力に長け、有能で、聡明だった。誰もがこの社長の能力を認めていた。ところが、経営スタイルは独裁的以外の何ものでもなかった。社員を自分では何も判断できない使い走りのように扱い、「決めるのは私だ」とばかりに、これをしろ、あれをしろと命令するばかりだった。

その結果、経営幹部全員を敵に回す羽目になった。幹部らは廊下に集まって社長の陰口をたたくようになった。会社の状況を何とかしようと知恵を出し合っているかのような口ぶりだが、実際は自分たちの責任を棚にあげ、社長の欠点を延々とあげつらっているだけだった。

しかしそんな経営幹部の中に、一人だけ主体的な人物がいた。彼は感情に流されず、自分の価値観に従って行動していた。率先力を発揮し、常に先を予測し、社長の立場になって考え、状況を読みとっていた。彼にも社長の欠点はわかっていたが、それを批判したりせず、欠点を補うことに努め、自分の部下たちが社長の短所に影響されることのないように気を配った。そして、長期的な視野、創造性、鋭い洞察力など、社長の長所を生かすようにした。

彼は自分の影響の輪にフォーカスしていたのである。彼も他の幹部たちと同じように使い走りをさせられていたが、期待される以上のことをやっていた。社長のニーズをくみ取り、社長の考えを理解しよ

主体的な生き方

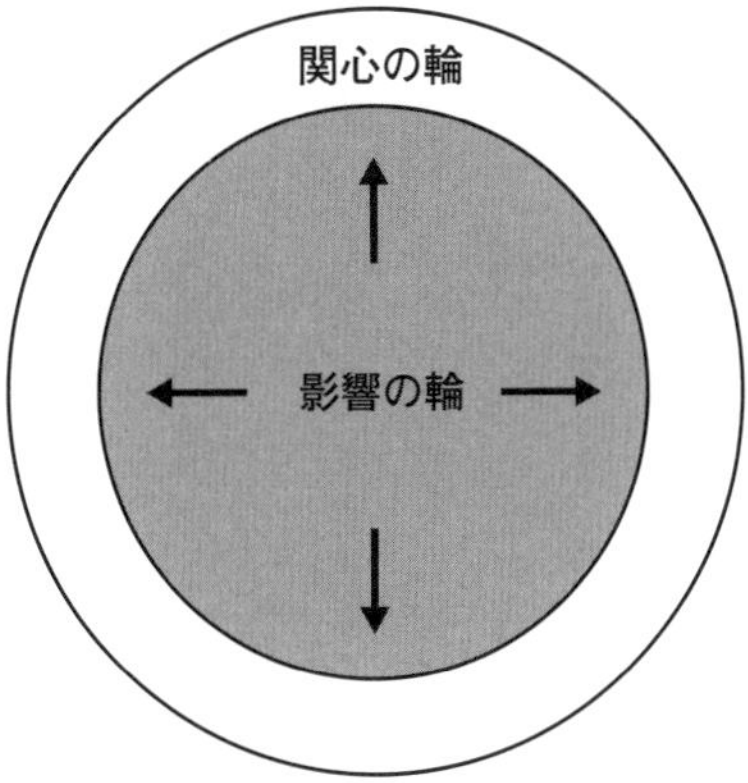

主体的な人は、自分のコントロールできる事柄（影響の輪）に集中することにより、積極的なエネルギーを生み出し、それによって影響の輪を拡大する。

うとした。だから、報告を上げるときも、社長が知りたがっていることを分析し、その分析に基づいた助言も添えた。

　ある日、私はコンサルタントとしてその社長と話していた。社長は「先生、この男はたいしたものですよ。私が出せと言った情報だけでなく、私がまさに必要としている情報も出してくる。そのうえ私が一番気になっている観点から分析までして、提案をまとめてくるんですからね。データに沿って分析し、分析に沿った提案をするんですよ。立派なもんです。あの男が担当する部署については何の心配も要らないくらいですよ」と言った。

　次の会議でも、社長はいつもの調子で幹部の面々に「あれをやれ、これをやれ」と細かく指示していた。しかし彼には違う態度をとり、「君の意見はどうだね？」と聞いた。彼の影響の輪が大きくなったのだ。

　社長の態度の変化が社内を騒然とさせた。反応的な幹部たちはまたも井戸端会議を開き、今度はこの主体的な人物をやり玉にあげた。

リーダーシップのない人は、責任回避をしてしまう。「自分には責任がない」と言うほうが無難だし、「自分には責任がある」と言ってしまったら、「自分は無責任だ」ということになりかねないからだ。今、自分が置かれている状況に責任があるのは自分だということになる。何年も自分の行動の結果を他者のせいにしてきた人ならなおさら、「私には自分の反応を選択することができる」とは言い切れないだろう。

この会社の幹部たちが廊下でつるんでいるのも、自分が選んだ反応の結果なのであり、彼ら自身の責任なのである。しかしそれを認めようとはしないはずだ。だから彼らは、自分には責任がないことを裏づける証拠や攻撃材料をせっせと探していた。

ところが、この主体的な人物は、他の幹部たちに対しても主体的な態度で接していた。すると少しずつ彼の影響の輪がこの幹部たちにも広がり、やがてこの会社では、重要な決定を下すときには彼の関与と承認を求めるようになった。社長も例外ではない。だからといって社長はこの人物を脅威と感じる必要はなかった。彼の強みは社長の強みを補強し、弱点を補い、二人の強みを生かし合い、理想的なチームとなっていたからだ。

この人物の成功は、状況によるものではなかった。他の経営幹部も全員が同じ状況に置かれていた。彼はその状況に対して反応を選択したからこそ、影響の輪に働きかけ、違いを生み出したのである。

「主体的」という言葉だけを聞くと、押しつけがましく、強引で、もしくは無神経な態度をイメージする人もいるかもしれない。しかしそれはまったく違う。主体的な人は押しつけがましくはない。主体的な人は、賢く、価値観に従って行動し、現実を直視し、何が必要かを理解する。

ガンジーを例にとろう。イギリスがインドを支配下に置き、搾取したことに対し、インドの国会議員たちは、自分たちの関心の輪に加わらないことでガンジーを批判していた。そのときに当のガンジーはどうしていたかというと、田畑を歩き回り、静かに、ゆっくりと、誰も気づかないうちに、農民に対する自分の影響の輪を広げていた。ガンジーに対する支持、信頼、信用が大きなうねりとなって農村部に広まっていった。彼は公職に就いておらず、政治的な立場もなかったが、その勇気と思いやりとによって、そして良心に訴える説得や断食によって、ついにイギリスを屈服させ、大きく広がった影響の輪の力で三億人のインド人に独立をもたらしたのである。

「持つ」と「ある」

自分の意識が関心の輪に向いているのか、影響の輪に向いているのかを判断するには、自分の考え方が「持つ（have）」と「ある（be）」のどちらなのかを考えてみればいい。関心の輪は、「持つ」という所有の概念で溢れている。

「家さえ持てれば幸せになった……」
「もっと部下思いの上司を持っていたら……」
「もっと忍耐強い夫を持っていたら……」

「もっと素直な子どもを持っていたら……」

「学歴さえ持っていたら……」

「自由になる時間を持っていたら……」

これに対して影響の輪は、「ある」ことで満ちている。

「私はもっと忍耐強くあるぞ」

「もっと賢くある」

「もっと愛情深くある」

影響の輪にフォーカスすることは、人格を磨くことに他ならない。

問題は自分の外にあると考えるならば、その考えこそが問題である。そのような考え方は、自分の外にあるものに支配されるのを許していることだ。だから、変化のパラダイムは「アウトサイド・イン（外から内へ）」になる。自分が変わるためには、まず外にあるものが変わらなければならないと考えるのだ。


それに対して主体的な人の変化のパラダイムは、「インサイド・アウト（内から外へ）」である。自分自身が変わる、自分の内面にあるものを変えることで、外にあるものを良くしていくという考え方だ。主体的な人は、もっと才能豊かになれる、もっと勤勉になれる、もっとクリエイティブになれる、もっと人に対して協力的になれる、というように考える。

この考え方は、多くの人にとって劇的なパラダイムシフトになるはずだ。自分の身の上を他者や周りの状況のせいにするほうがはるかに簡単である。しかし私たちは自分の行動に責任がある。前に述べたように、責任（responsibility）とは、反応（response）を選べる能力（ability）である。自分の人生をコントロールし、「ある」ことに、自分のあり方に意識を向け、働きかけることで、周りの状況に強い影響を与えられるのである。

もし私が結婚生活に問題を抱えているとしたら、妻の欠点をあげつらって何の得があるだろう。自分には何の責任もないのだと言って、無力な被害者となり、身動きできずにいるだけだ。こちらから妻に働きかけることもできない。妻の短所に腹を立て、なじってばかりいたら、私の批判的な態度は、自分の短所を正当化するだけである。相手に改めてほしい短所より、それを責めてばかりいる私の態度のほうが問題なのだ。そんな態度でいたら、状況を好転させる力はみるみるしぼんでいく。

私が本当に状況を良くしたいのであれば、自分が直接コントロールできること——自分自身——に働きかけるしかない。妻を正そうとするのをやめて、自分の欠点を正す。最高の夫になり、無条件に妻を愛し、支えることだけを考える。妻が私の主体的な力を感じとり、同じような反応を選んでくれればうれしいが、妻がそうしようとしまいと、状況を改善するもっとも効果的な手段は、自分自身に、自分が「ある」ことに働きかけることである。

影響の輪の中でできることはいくらでもある。より良い聴き手であること、もっと愛情深い配偶者であること、もっとより良い生徒であること、もっと協調性があり献身的なスタッフであること。場合によっては、心から笑って幸福であることがもっとも主体的な態度になる。不幸になる選択ができるように、幸福な気持ちであることは主体的な選択である。影響の輪の中に絶対に入らないものもある。たとえば天気がそうだ。しかし主体的な人は心身の両面において自分の天気を持っている。自分の天気には自分で影響を及ぼすことができる。私たちは幸せであることができる。そして、自分にはコントロールできないことは受け入れ、直接的か間接的にコントロールできることに努力を傾けるのだ。

棒の反対側

人生の焦点を影響の輪にすべて移す前に、関心の輪の中にある二つのことについて考える必要がある。それは結果と過ちである。

私たちには行動を選択する自由がある。しかしその行動の結果を選択する自由はない。結果は自然の法則に支配されている。結果は関心の輪の外にある。たとえば、走ってくる電車の前に飛び込むのを選択することはできるが、電車にはねられてどういう結果になるかは、自分で決めることはできない。

それと同じように、商取引で不正を働くのを選択することはできる。この場合、発覚するかどうかで社会的な結果は違ってくるだろうが、この選択が人格に及ぼす自然の結果はすでに決まっている。

私たちの行動は、原則に支配されている。原則に沿って生きればポジティブな結果につながり、原則に反すればネガティブな結果になる。私たちはどんな状況においても自分の反応を選択できるが、反応を選択することで、その結果も選択しているのである。「棒の端を持ち上げれば、反対側の端も持ち上がる」のである。

誰でもそれぞれの人生の中で、後になって後悔するような棒を拾ったことがあるはずだ。その選択は、経験したくなかった結果をもたらしたに違いない。やり直せるものならば、別の選択をするだろう。これは「過ち」と呼んでいるが、一方では深い気づきを与えてくれる。

過去の出来事を悔いてばかりいる人にとって、主体的であるために必要なのは、過去の間違いは影響の輪の外にあることに気づくことだ。過ぎてしまったことを呼び戻すことはできないし、やり直すこともできない。また、生じた結果をコントロールすることなどできない。

私の息子の一人は、大学でアメリカンフットボールの選手をしていたとき、ミスがあったら必ずリストバンドを引っ張り、気合を入れ直して次のプレーに影響しないようにしていた。

主体的なアプローチは、間違いをすぐに認めて正し、そこから教訓を学ぶ。だから失敗が成功につながる。ＩＢＭの創立者Ｔ・Ｊ・ワトソンはかつて、「成功は失敗の彼方にある」と語った。

しかし過ちを認めず、行動を正さず、そこから何も学ぼうとしなければ、失敗はまったく異なる様相を帯びてくる。過ちをごまかし、正当化し、もっともらしい言い訳をして自分にも他者にも嘘をつくことになる。一度目の過ちを取り繕うという二度目の過ちは、さらに、一度目の失敗を増幅させ、必要以上に重大なものになり、自分自身にさらに深い傷を負わせることになる。

私たちを深く傷つけるのは他者の行動ではないし、自分の過ちでもない。重要なのは、過ちを犯したときにどういう反応を選択するかである。自分を咬んだ毒蛇を追いかけたら、毒を身体中に回してしまうようなものだ。すぐに毒を取り除くほうがよほど大切なのだ。

過ちを犯したときにどう反応するかが、次の機会に影響する。過ちをすぐに認めて正すことはとても大切なことであり、悪影響を残さず、より一層の力を得ることができるのである。

決意を守る

影響の輪のもっとも中心にあるのは、決意し、約束をしてそれを守る能力である。自分自身や他者に約束をし、その約束に対して誠実な態度をとることが、私たちの主体性の本質であり、そこにもっとも明確に現れるのである。

それは私たちの成長の本質でもある。人間だけに授けられた自覚と良心という能力を使えば、自分の弱点、改善すべき点、伸ばすことのできる才能、変えるべき行動、やめなければならないことを意識することができる。そして、これらの自覚に実際に取り組むためには、やはり想像と意志を働かせ、自分に約束し、目標を立て、それを必ず守る。こうして強い人格や人としての強さを築き、人生のすべてをポジティブにするのだ。

ここで、あなたが今すぐにでも自分の人生の主導権を握るための方法を二つ提案しよう。一つは何かを約束して、それを守ること。もう一つは、目標を立て、それを達成するために努力することだ。どんなに小さな約束や目標であっても、それを実行することで、自分の内面に誠実さが芽生え、育ち、自制心を自覚できるようになる。そして自分自身の人生に対する責任を引き受ける勇気と強さを得られる。自分に、あるいは他者に約束をし、それを守ることによって、少しずつ、その場の気分よりも自尊心のほうが重みを増していく。

自分自身に約束し、それを守る能力は、人の効果性を高める基本の習慣を身につけるために不可欠である。知識・スキル・意欲は、私たち自身が直接コントロールできるものである。バランスをとるために、三つのうちどこからでも取り組むことができる。そしてこの三つが重なる部分が大きくなっていけば、習慣の土台となっている原則を自分の内面に深く根づかせ、バランスのとれた効果的な生き方ができるような強い人格を築くことができる。

セルフ・リーダーシップを身につけるためには、努力と時間を自らが影響できる事柄（影響の輪）に集中させ、働きかけることが必要であること、また、「影響の輪」に集中するには、「持つ」ことではなく「なる」ことに意識を集中し、自分のあり方（自分の内にあるもの）を変えることにより、自分の外にあるものをプラス方向に転換させることができるとも述べた。

こうした内的な強さはどこから生まれるのだろうか。どのようにすれば、こうしたインサイド・アウト（内から外へ）のアプローチによって人格の強さがつくり上げられるのだろうか。

それは、自分自身の中に原則に基づいたコンパスを持つことだ。どのような刺激に対しても揺るぐことのない向かうべき方向性を内面に持つことが必要となる。だが何も難しく考えることはない。このようなコンパスは誰の内面にも存在しているものだ。ここからは、この自分の内面にあるコンパスを一緒に探してみよう。

自分の中にコンパスを持つ：ボイスを発見する

自分の弔辞を読む

今までセルフ・リーダーシップを発揮するためのパラダイムシフトについて述べてきたが、ここからは、セルフ・リーダーシップの神髄について紹介したい。さまざまな選択肢の中から、率先力を使って選択するには、自分自身の中に確固とした中心が必要となる。中心を持つことで、迷いのない判断、何事にも主体的に取り組むことができるようになる。

まずは「自分自身の弔辞」について考えてほしい。

ある（愛する人の）葬儀に参列する場面を心の中に思い描いてみよう。あなたは葬儀場に向かって車を走らせ、駐車して車から降りる。中に入ると花が飾ってあり、静かなオルガン曲が流れている。故人の友人たちや家族が集まっている。彼らは別れの悲しみ、そして故人と知り合いであったことの喜びをかみしめている。

あなたは会場の前方に進んで行き、棺の中を見る。驚いたことに、そこにいたのはあなた自身だった。これは、今日から三年後に行われるあなたの葬儀だ。ここにいる人々は、生前のあなたに対する敬意、愛、感謝の気持ちを表しに来ているのである。

あなたは席に着き、式が始まるのを待ちながら手にした式次第を見る。四人が弔辞を述べるようだ。

最初は親族を代表して、各地から集まってきた子ども、兄弟姉妹、姪、おば、おじ、いとこ、祖父母から一人。二人目は友人の一人で、あなたの人柄をよく知っている人。三人目は仕事関係の人。最後は、あなたが奉仕活動を行ってきた教会や自治会などの組織から一人。

ここで深く考えてみてほしい。これらの人たちに、あなた自身あるいはあなたの人生をどのように語ってほしいだろうか。彼らの言葉で、あなたがどういう夫、妻、父、母だったと述べてほしいだろうか。彼らにとって、あなたはどのような息子、娘、あるいはいとこだったのか、どのような友人だったのか、どのような同僚だったのか。

あなたは、彼らから、自分がどのような人物だったと見てほしいのか。どういう貢献や功績を憶えておいてほしいのか。その場に集まっている人たちの顔をよく見てもらいたい。彼らの人生に、あなたはどのような影響を及ぼしたかったのだろうか。

読み進める前に感じたことを簡単に書き留めてほしい。場面を真剣に想像し、自分自身に問いかけてみたならば、一瞬だけでも自分自身の心の奥底にある「基礎的な価値観」と「内的な方向づけ」に触れたはずである。自分の価値観と方向性を明確にすることは、あなたの影響の輪の中心にあり、あなたの人生を根本的に変えることになる。

終わりを思い描くことから始める

自分の人生の最後を思い描き、それを念頭に置いて今日という一日を始めることは、人生におけるすべての行動を測る尺度、基準という意味において非常に重要なことである。あなたにとって本当に大切なことに沿って、今日の生き方を、明日の生き方を、来週の生き方を、来月の生き方を計画することができる。人生が終わるときをありありと思い描き、意識することによって、あなたにとってもっとも重要な基準に従った行動をとり、あなたの人生のビジョンを有意義なかたちで実現できるようになる。

終わりを思い描くことから始めるというのは、目的地をはっきりさせてから一歩を踏み出すことである。目的地がわかれば、現在いる場所のこともわかるから、正しい方向へ進んでいくことができる。

人は仕事に追われ、いとも簡単に「活動の罠」にはまってしまう。成功への梯子をせっせと登っているつもりでも、一番上に到達したときに初めて、その梯子は間違った壁に掛けられていたことに気づく。結局はまったく効果のない、多忙きわまりない日々を送っていることが大いにありうるのだ。

人は虚しい勝利を手にすることがよくある。成功のためにと思って犠牲にしたことが、実は成功よりもはるかに大事なものだったと突然思い知らされる。医師、学者、俳優、政治家、会社員、スポーツ選手、配管工、どんな職業においても、人は、もっと高い収入、もっと高い評価、もっと高い専門能力を得ようと努力するが、結局、自分にとって本当に大事なものを見失い、取り返しのつかない過ちを犯したことに気づくのだ。

自分にとって本当に大切なものを知り、それを頭の中に植えつけ、そのイメージどおりになるように日々生活していれば、私たちの人生はまるで違ったものになるはずだ。梯子を掛け違えていたら、一段登るごとに間違った場所に早く近づいていくだけである。あなたはとても能率よく梯子を登るかもしれない。上手に素早く登れるかもしれない。しかし、終わりを思い描くことから始めてこそ、本当に効果的になりうるのだ。

自分の葬儀で述べてもらいたい弔辞を真剣に考えてみてほしい。それがあなたの成功の定義になる。これまで思っていた成功とはまったく違うかもしれない。名声や業績を努力して手にすること、あるいは金持ちになることを成功だと思っているかもしれない。しかし、梯子を掛けるべき正しい壁の端っこですらないかもしれないのだ。

終わりを思い描くことから始めると、目の前にこれまでとは違う視野が広がる。二人の男性が共通の友人の葬儀に出席していた。一方の男性が「彼はいくら遺したんだい？」と尋ねた。もう一人は思慮深く答えた。「すべて遺したさ、彼自身をね」

すべてのものは二度つくられる

ここで学んでほしい原則は、「すべてのものは二度つくられる」という原則だ。すべてのものは、まず頭の中で創造され、次に実際にかたちあるものとして創造される。第一の創造は知的創造、そして第二の創造は物的創造である。

家を建てることを考えてみよう。家の設計図が隅々まで決まっていなければ、釘一本すら打つことはできない。あなたはどんな家を建てたいか頭の中で具体的にイメージするはずだ。家族を中心にした住まいにしたいなら、家族全員が自然と集まるリビングを設計するだろうし、子どもたちには元気よく外で遊んでほしいなら、中庭をつくり、庭に面した扉はスライド式にしようと思うかもしれない。ほしい家をはっきりと思い描けるまで、頭の中で創造を続けるだろう。

次に、思い描いた家を設計図にし、建築計画を立てる。これらの作業が完了してようやく工事が始まる。そうでなければ、実際に物的につくる第二の創造の段階で次から次へと変更が出て、建設費用が二倍に膨れ上がることにもなりかねない。

「二度測って一度で切る」が大工の鉄則だ。あなたが隅々まで思い描いていた本当に欲しい家が、第一の創造である設計図に正確に描けているかどうか、よくよく確認しなければならない。そうして初めて、レンガやモルタルでかたちを創造していくことができる。毎日建設現場に足を運び、設計図を見て、その日の作業を始める。最初に終わりを思い描かなければならないのである。

ビジネスも同じだ。ビジネスを成功させたいなら、何を達成したいのかを明確にしなければならない。ターゲットとする市場に投入する製品やサービスを吟味する。次は、その目的を達成するために必要な資金、研究開発、生産、マーケティング、人事、設備などのリソースを組織する。最初の段階で終わりをどこまで思い描けるかが、ビジネスの成功と失敗の分かれ道になる。失敗する企業のほとんどは、資金不足、市場の読み違い、事業計画の甘さなど、第一の創造でつまずいているのである。

同じことが子育てにも言える。自分に責任を持てる子に育てたいなら、そのことを頭に置いて毎日子どもと接する。そうすれば、子どもの自制心を損なったり、自尊心を傷つけたりすることはないはずだ。程度の差こそあれ、この原則は生活のさまざまな場面で働いている。旅行に出るときには、行先を決めて最適なルートを計画する。庭をつくるなら、植物をどのように配置するか頭の中で想像を巡らすだろうし、紙にスケッチする人もいるだろう。スピーチをするなら、事前に原稿を書く。都市の景観を整備するなら、どんな景観にするか青写真をつくる。服をつくるときは、針に糸を通す前にデザインは決まっている。

すべてのものは二度つくられるという原則を理解し、第二の創造だけでなく第一の創造にも責任を果たすことによって、私たちは影響の輪の中で行動し、影響の輪を広げていくことができる。この原則に反して、頭の中で思い描く第一の創造を怠ったなら、影響の輪は縮んでいく。

脚本を書き直す：あなた自身の第一の創造者となる

私たちは、自覚・想像力・良心という人間独特の能力により、自らの第一の創造をコントロールすることができる。つまり、自分自身の脚本を書くことができるのである。「想像力」により、自分の中に秘められた潜在的な可能性を発見し、将来について考えることができる。また「良心」によって、普遍の原則や自然の法則を理解し、自分自身の独自の才能や貢献する能力を意識することができる。そして、それを開発するために必要な個人的なガイドラインを打ち出すことができる。「自覚」と合わせてこの三つの性質が、私たちに自らの脚本を書き直す力を与えてくれるのだ。

自覚を育てていくと、多くの人は自分が手にしている脚本の欠点に気づく。まったく無意味な習慣、人生における真の価値とは相容れない習慣が深く根づいていたことを思い知らされる。理解しなければならないのは、そのような脚本を持ち続ける必要はないということだ。効果的な脚本とは、正しい原則から生まれる自分自身の価値観と一致する脚本である。私たち人間は、自分自身の想像力と創造力を使って、効果的な生き方の脚本を書くことができる。

私が自分の子どもの行動に過剰に反応しているとしよう。子どもたちが私の気に障ることをし始めると、胃がきりきりし、すぐに身構え、闘う態勢になる。長期的な成長や理解にフォーカスせず、今この瞬間の子どもの行動が気に食わず、目先の闘いに勝とうとする。

私は、身体の大きさや父親としての権威など持てる武器を総動員し、怒鳴りつけ、脅し、お仕置きをする。当然、勝つのは私だ。しかし、勝者たる私は、ぼろぼろになった親子の絆の残骸の中に立ちすくむ。子どもたちは上辺では私に服従するが、力で抑圧された恨みは残る。その気持ちはいずれ、もっと酷いかたちで噴出することになるだろう。

ここで、最初に想像した葬儀の場面に立ち返ってみよう。子どもたちの一人が弔辞を述べようとしている。私は子どもたちの人生が、その場しのぎの応急処置的な闘いの積み重ねではなく、愛に満ちた親の教えと躾の結果であってほしいと願う。彼らの内面が、私とともに過ごした年月の豊かな思い出でいっぱいであればと願う。その成長の途上で喜びと悲しみを分かち合った愛情深い父親として私を覚えていてほしい。

心配事や悩みを私に打ち明けてくれたとき、私が真剣に耳を傾け、助けになろうとしたときのことを思い出してほしい。私は完璧な父親ではなかったが、精一杯努力したことを知ってほしい。そして何よりも、世界中の誰よりも彼らを愛していたことを記憶にとどめておいてほしい。

私が自分の葬儀を想像してこのようなことを望むのは、心の底から子どもたちを愛し、助けになりたいし、大切に思っているからだ。私にとっては父親としての役割が何よりも大事だからである。

それなのに、この価値観をいつも意識しているとは限らない。些細なことに埋もれてしまうことがある。差し迫った問題や目の前の心配事、子どもたちの些細ないたずらに気をとられ、もっとも大切なことを見失うのだ。その結果、反応的になり、心の奥底でどんなに子どもたちのことを思っていても、彼らに対する私の態度は本心とはまるで正反対なものになってしまう。

しかし私には自覚がある。想像力と良心もある。だから、自分の心の奥底の価値観を見つめることができる。自分の生き方の脚本がその価値観と一致していなければ、それに気づくことができるのだ。第一の創造を自分が置かれた環境や他者に委ね、自分が主体的になって自分の人生を設計していなかったなら、それを自覚できるのだ。私は変わることができる。過去の記憶に頼って生きるのではなく、想像力を働かせて生きることができる。過去ではなく、自分の無限の可能性を意識して生きることができる。私は、自分自身の第一の創造者になることができるのだ。

終わりを思い描くことから始めるというのは、親としての役割の他に、生活の中で必要なさまざまな役割を果たすときに、自分の価値観を明確にし、方向をはっきりと定めて行動することである。第一の創造を自分で行う責任があるのであり、行動と態度の源となるパラダイムが自分のもっとも深い価値観と一致し、正しい原則と調和するように、自分で脚本を書き直すことである。

また、その価値観をしっかりと頭に置いて、一日を始めることでもある。そうすればどんな試練にぶつかっても、どんな問題が起きても、私はその価値観に従って行動することができる。私は誠実な行動をとることができる。私は感情に流されず、起こった状況にうろたえることもない。私の価値観が明確なのだから、本当の意味で主体的で価値観に沿った人間になれるのである。

個人のミッション・ステートメント

終わりを思い描くことから始めるために、もっとも簡単で大きな効果をもたらす方法の一つは、個人のミッション・ステートメントを書くことである。ミッション・ステートメントとは、信条あるいは理念を表明したものである。個人のミッション・ステートメントには、どのような人間になりたいのか（人格）、何をしたいのか（貢献、功績）、そしてそれらの土台となる価値観と原則を書く。

一人ひとり個性が異なるように、個人のミッション・ステートメントも同じものは二つとない。形式も中身も人それぞれである。

個人のミッション・ステートメントは、その人の憲法と言える。国の憲法というのは、他のあらゆる法律を評価する基準となり、国民の権利と責任を定義するものである。また、さまざまな困難を乗り越える土台となり、他のすべての行動を評価し方向づけるものである。国の憲法が正しい原則に基づいていれば、それは長年にわたりほとんど改正する必要はない。なぜなら、不変の原則に基づいた憲法は、激しい変動を乗り越える力をその社会に与えてくれるからである。

同じように個人のミッション・ステートメントも、正しい原則を土台としていれば、その人にとって揺るぎない基準となる。その人の憲法となり、人生の重要な決断を下すときの基礎となる。変化の渦中にあっても、感情に流されずに日々の生活を営むよりどころとなる。それは、不変の強さを与えてくれるのだ。

内面に変わることのない中心を持っていなければ、人は変化に耐えられない。自分は何者なのか、何を目指しているのか、何を信じているのかを明確に意識し、それが変わらざるものとして内面にあってこそ、どんな変化にも耐えられるのである。

ミッション・ステートメントがあれば、変化に適応しながら生活できる。予断や偏見を持たずに現実を直視できる。周りの人々や出来事を型にはめずに、現実をありのままに受け止めることができるようになる。

あなたが自分の人生におけるミッションを見出し、意識できれば、あなたの内面に主体性の本質ができる。人生を方向づけるビジョンと価値観ができ、それに従って長期的・短期的な目標を立てることができる。個人のミッション・ステートメントは、正しい原則を土台とした個人の成文憲法である。この憲法に照らして、自分の時間、才能、労力を効果的に活用できているかどうかを判断することができるのだ。

ミッション・ステートメントは、一晩で書けるものではない。深く内省し、緻密に分析し、表現を吟味する。そして何度も書き直して、最終的な文面に仕上げる。自分の内面の奥底にある価値観と方向性を簡潔に、かつ余すところなく書き上げ、心から納得できるまでには、数週間、ことによれば数ヵ月かかるかもしれない。完成してからも定期的に見直し、状況の変化によって、物事に対する理解や洞察も深まっていくから、細かな修正を加えたくなるだろう。

このプロセスは、書き上がったものと同じくらいに重要だ。ミッション・ステートメントを書く、あるいは見直すプロセスの中で、あなたは自分にとっての優先事項を深く、丹念に考え、自分の行動を自分の信念に照らし合わせることになる。それをするに従って、あなたの周りの人たちは、もはや自分の身に起こることに影響されない主体的な人間になっていくあなたを感じとるだろう。あなたは、自分がしようと思うことに熱意を持って取り組める使命感を得るのである。


思わぬ出来事がきっかけとなり、左脳の状況や思考パターンが停止し、右脳で世の中を見るようになることがある。愛する人を亡くしたり、重い病気にかかったり、莫大な借金を背負ったり、逆境に立たされたりすると、誰しも一歩下がって自分の人生を眺めざるを得なくなる。そして「本当に大事なことは何なのか？　なぜ今これをしているのだろう？」と自分に厳しく問いかける。

しかし主体的な人は、このように視野を広げる経験を他人や周りの人がつくってくれなくても、自分から意識的に視野を広げていくことができるのだ。

そのやり方もいろいろある。たとえば、想像力を働かせて、自分の葬儀の場面を思い描くこともその一つだ。自分に捧げる弔辞を本物の弔辞のようにきちんと書いてみるのだ。

夫婦で一緒に、二五回目の結婚記念日、五〇回目の結婚記念日を想像してみるのもいい。これからそのときまでの長い年月、一日一日を積み重ねてつくりあげたい家族の姿の本質が見えてくるだろう。

あるいは、今の仕事を引退する日を想像する。そのときまでに、あなたの分野で、あなたはどんな貢献をしたいのだろう、何を達成したいのだろうか。引退後はどんな計画を立てているのだろう。第二のキャリアを歩むのだろうか。

心の枠を取り払って、豊かに想像してみてほしい。細かいところまで思い描き、五感をフルに働かせて、できる限りの感性を呼び起こしてみよう。

私は、大学の講義でこのようなイメージトレーニングを行ったことがある。「君たちがあと一学期しか生きられないと想像してみてほしい。その間も君たちは良き学生として在学しなくてはいけない。さて、この時間をどう過ごすかね？」

こんな問いを投げかけられた学生たちは、思ってみたこともない視点に立たされる。それまで気づいていなかった価値観が突然、意識の表面に浮かび上がってくるのだ。さらに、このようにして広がった視野を維持して一週間生活し、その間の経験を日記につける課題を与えた。

その結果はとても意義深いものだった。両親に対する愛と感謝の気持ちの手紙を書き始めた学生もいれば、仲たがいしていた兄弟や友人と関係を修復したという学生もいた。

彼らのこのような行動の根底にある原則は、愛である。あともう少ししか生きられないとしたら、人の悪口を言ったり、嫉妬したり、けなしたり、責めたりすることの虚しさがわかる。誰もが正しい原則と深い価値観を実感するのだ。

セルフ・リーダーシップは、その時々の単発的な行動ではない。個人的なミッション・ステートメントを書くプロセスがすべてというわけでもない。人生に対する自分のビジョンと価値観を常に目の前に掲げ、それにふさわしい生活を送る努力を続けなければならない。ミッション・ステートメントを日々の生活で実践するうえでも、右脳の力がとても助けになる。これは、「終わりを思い描くことから始める」もう一つの応用方法である。

前に話した例をもう一度考えてみよう。私が子どもたちを心から深く愛している父親であり、愛情深い父親であることを自分の基本的な価値観としてミッション・ステートメントにも書いているとする。ところが日々の生活では、子どもたちに対し過剰な反応をしてしまう態度を克服できずにいるとしよう。そこで私は、自分の日々の生活で大切な価値観に沿って行動できるように、右脳のイメージ力を使って「自己宣誓書」を書いてみる。

良い自己宣誓書は五つの条件を満たしている。個人的な内容であること、ポジティブな姿勢が表現されていること、現在形で書かれていること、視覚的であること、感情が入っていること、この五つである。私ならこんなふうに書くだろう。「子どもたちが良くない振る舞いをしたとき、私は（個人的）、知恵と愛情、毅然とした態度、そして自制心を持って（ポジティブな姿勢）対応する（現在形）ことに、深い満足感（感情）を覚える」そして私は、この自己宣誓を頭の中でイメージする。毎日数分間、身体と心を完全にリラックスさせ、子どもたちが良くない振る舞いをするような状況を思い描く。自分が座っている椅子の座り心地、足元の床の材質、着ているセーターの肌触りまで、できるだけ豊かにイメージする。子どもたちの服装や表情も思い浮かべる。ディテールまでありありと想像するほど、傍観者ではなく、実際に体験しているかのような効果が生まれる。

さらに私は、いつもの自分だったら短気を起こしてカッとなるような場面を思い描く。しかし頭の中の想像の世界では、私はいつもの反応はしない。自己宣誓したとおりに、愛情と力と自制心を持って、その状況に対処している。このようにして私は、自分の価値観とミッション・ステートメントに従ってプログラムや脚本を書くことができるのである。

毎日これを続けたら、日を追うごとに私の行動は変わっていく。自分の親、社会、遺伝子、環境から与えられた脚本に従って生きるのではなく、自分自身が選んだ価値体系を基にして、自分で書いた脚本どおりに生きることができるのだ。

役割と目標を特定する

もちろん、論理と言語をつかさどる左脳も大事である。右脳でとらえたイメージや感情、映像を言葉にしてミッション・ステートメントにするのは左脳の仕事だ。呼吸法を身につけると身心の一体感が得られるように、書くという作業は精神・神経・筋肉に作用する活動であり、顕在的な意識と潜在的な意識を結びつける働きをする。書くことによって、自分の考えの無駄な部分が削ぎ落され、明確になる。全体を部分に分けて考えることもできる。

私たちは誰でも、人生でさまざまな役割を持っている。いろいろな分野や立場で責任を担っている。たとえば私なら、個人としての役割の他に、夫、父親、教師、教会のメンバー、ビジネス・パーソンとしての役割もある。これらの役割はどれも同じように大事だ。

人生をもっと効果的に生きる努力をするときに陥りがちな問題の一つは、思考の幅が狭くなってしまうことである。効果的に生きるために必要な平衡感覚やバランス、自然の法則を失ってしまうのだ。たとえば、仕事に打ち込みすぎて健康をないがしろにする。成功を追い求めるあまり、かけがえのない人間関係をないがしろにしてしまうこともあるだろう。

ミッション・ステートメントを書くとき、あなたの人生での役割を明確にし、それぞれの役割で達成したい目標を立てれば、バランスがとれ、実行しやすいものになるだろう。仕事上の役割はどうだろうか。あなたは営業職かもしれないし、管理職かもしれないし、商品開発に携わっているのかもしれない。その役割であなたはどうありたいと思っているのだろうか。あなたを導く価値観は何だろう。次は私生活での役割を考えてみる。夫、妻、父親、母親、隣人、友人などいろいろな立場にあるはずだ。その役割をあなたはどのように果たすのだろうか。あなたにとって大切なことは何だろう。政治活動、公共奉仕、ボランティア活動など、コミュニティの一員としての役割も考えてほしい。

自分の人生での大切な役割を念頭に置いてミッションを書くと、生活にバランスと調和が生まれる。それぞれの役割をいつでも明確に意識することができる。ミッション・ステートメントを折に触れて目にすれば、一つの役割だけに注意が向いていないか、同じように大切な役割、あるいはもっと大切な役割をないがしろにしていないか、確かめることができるのだ。

長期的な目標

自分の役割を全部書き出したら、次はそれぞれの役割で達成したい長期的な目標を立ててみる。ここでまた右脳の出番だ。想像力と創造力、良心、インスピレーションを働かせよう。正しい原則を土台にしたミッション・ステートメントの延長線上に目標があるのなら、何となく立てる目標とは根本的に違うものになるはずだ。正しい原則や自然の法則と調和しているのだから、それらが目標達成の力を与えてくれる。この目標は誰かから借りてきたのではない。あなただけの目標である。あなたの深い価値観、独自の才能、使命感を反映した目標である。あなたが自分の人生で選んだ役割から芽生えた目標なのである。

効果的な目標は、行為よりも結果に重点を置く。行きたい場所をはっきりと示し、そこにたどり着くまでの間、自分の現在位置を知る基準になる。たどり着くための方法と手段を教えてくれるし、たどり着いたら、そのことを教えてくれる。あなたの努力とエネルギーを一つにまとめる。目標があればこそ、自分のやることに意味と目的ができる。そしてやがて目標に従って日常の生活を送れるようになったら、あなたは主体的な人間であり、自分の人生の責任を引き受け、人生のミッション・ステートメントどおりの生き方が日々できるようになるはずだ。

役割と目標は、人生のミッション・ステートメントに枠組みや指針を与える。あなたがまだミッション・ステートメントを持っていないなら、これを機会に今から取り組んでみよう。あなたの人生で果たすべき役割を明確にし、それぞれの役割で達成したいと思う結果をいくつか書いておくだけでも、人生全体を俯瞰でき、人生の方向性が見えてくるはずだ。自分のミッション・ステートメントに照らして、自分の役割と長期的な目標を明確にすることが大切だ。それらは、日常の時間の使い方の習慣を身につけるとき、効果的な目標設定と目標達成の土台となる。ここで述べている役割と長期的な目標は、短期の目標設定と効果的にそれを達成するための土台となり、それに方向性を与えてくれるセルフ・リーダーシップなのである。

ボイスを発見する：ムハマド・ユヌス

ミッション・ステートメントから、さらに深く自らの人生の意義、果たすべき貢献を見出していくプロセスを紹介しよう。これを私は「ボイスを発見する」と呼んでいる。

「ボイス」について具体的に理解するために、グラミン銀行の創業者で二〇〇六年にノーベル平和賞を受賞した、ムハマド・ユヌス氏のストーリーを紹介しよう。ユヌス氏が興したこのグラミン銀行から始まった少額融資のムーブメントは大きな動きとなり、世界中で広がっている。私たちは誰もがユヌス氏のようになることはできないが、彼がボイスを発見したプロセスは、私たちにも学ぶことが多々ある。ユヌス氏の言葉で紹介する。

二五年前のことだった。私はバングラデシュの大学で経済学を教えていた。ちょうど飢饉の年だったので、私は後ろめたさを感じていた。米国で取得したばかりの博士号を引っさげて、私は経済学のエレガントな理論について教室で熱弁を振るう。しかし一歩教室を出ると、街には骸骨のようにやせこけた餓死寸前の人々がいるのだった。

これまで大学で学んできたこと、今私が教えていること、そのすべてが人々の現実の暮らしとは無縁な絵空事のように思えた。そこで私は、キャンパスに隣接する村の人々の暮らしぶりを見てみることにした。何かできることはないか、たった一人でもいいから餓死から救うか、少なくとも死を先延ばしにしてあげることはできないか？ 私ははるか上空から全体を見下ろすような経済学の視点を捨てた。ミミズが地を這うような視点から見るようにして、目の前の現実を見つめることにした——臭いや手触りを感じて、何ができるかと考えるのだ。

ある出来事がきっかけで、私は一つの新しい方向性を見出した。竹細工で腰掛けをつくっている女性に出会ったのだ。じっくり話をしてみたところ、一日二セントの稼ぎしかないことを知った。あれほど必死に働き、あれほど美しい竹細工を編み出す人が、そんな額しか稼げないとはまったく驚きだった。材料の竹を買う金がないから仲買人から借金しているとのことだった。その仲買人は、できあがった腰掛けを彼の言い値で彼だけに売るよう彼女に強要していた。

それが一日二セントという稼ぎの理由だった。彼女は事実上その仲買人の言うなりにこき使われていたのだった。いくらあれば竹が買えるのか聞いてみた。「まあ、二〇セントくらいです。品質の良いものだと二五セント」と、彼女は言った。たった二〇セントのために人が苦しみ、しかもその苦難から逃れられずにいるのだ。彼女に二〇セント渡してやろうかと思った。しかしよくよく考えてみて、別のことを思いついた。まず彼女のように少額の資金が必要な人がどれだけいるか、リストをつくってみることにしたのだ。

学生に手伝ってもらい、数日間かけて村を歩き回って調べたところ、四二人の名簿ができた。彼らが必要としている金額を合計してみたところ、私はそれまでに感じたこともないほどの驚きに見舞われた。なんとたったの二七ドルだったのだ！　たった四二人の勤勉で才能ある人々のために、わずか二七ドルすら提供できない社会。自分がその一員であることが恥ずかしかった。

その恥辱から逃れようと、私はポケットマネーから二七ドル取り出した。そして学生に渡してこう指示した。「あの四二人に配ってきなさい。貸付であることを説明し、返せるようになったら返済するよう伝えなさい。余裕ができるまで、できるだけ良い値で売れる相手に自由に商品を売るよう言いなさい」

資金を受け取った人々はやる気でいっぱいだった。その様子を見て、さあ次にどうしようかと私は思案した。まず大学のキャンパスにあった銀行の支店のことが思い浮かび、さっそく支店長に会いに行った。私は貧しい村人たちに貸付をしてはどうかと提案した。ところが支店長は仰天して言った。「あなたは頭がどうかしている。貧しい人々に金を貸すなど論外だ。連中には信用価値がないんだ」でも私は食い下がった、「少なくとも試してみてはどうだ？　それから判断すればいい。どうせわずかな金額ではないか」と。「ノーだ」と彼は言った。「規則があるからそんなことはできない。彼らには担保がないし、第一そんな少額の貸付ではこちらにメリットがない」彼はバングラデシュの金融業界のトップの連中を訪ねてみてはどうかと勧めてくれた。

私はアドバイスに従い、業界の重鎮たちに会った。しかしどこでも同じ答えが返ってきた。数日後、私はとうとう自分で保証人を買って出ることにした。保証人になってやろう、銀行が必要だと言うならどんな書類でもサインしてやろう。そうすれば私の思いどおりに貧しい人々に融資することができる、と。

こうしてすべてが動き始めた。貧しい連中は絶対に返済しないぞと、誰もが私に繰り返し忠告した。でも私は「賭けてみるさ」と答えた。そして驚くべきことに、融資した人々はきっちり返済してくれた。私は興奮して例の支店長のところへ行き、「ご覧なさい。皆返済してくれますよ、問題はまったくありませんよ」と言ってやった。それでも彼は信じなかった。「いやあ、あなたをだまそうとしているだけですよ。そのうちもっと大きな額をせしめたら、もう返しやしませんよ」と、彼は言ったのだ。そこで私はさらに多くの額を融資したが、それでもきちんと返済された。私はまた支店長に伝えたが、それでも彼はこう言った。「まあ、一つの村くらいならそうかもしれませんがね、村二つに手を広げたらそうはいきませんよ」。私はすぐに新しい村を加えてみた。それでもうまくいった。

支店長や重役たちと私の勝負になった。彼らは、村を五ヵ所に増やしたら失敗するはずだなどと言い続けた。私はそのとおりやってみたが、全額回収できることが証明された。それでも銀行の連中は諦めずに、一〇ヵ所、五〇ヵ所、一〇〇ヵ所の村でやってみせろと言った。こうなるとお互い根競べだった。保証人は私であり、その私がちゃんと資金を回収していたのだから、この事実を彼らも否定はできなかった。しかし、彼らは貧しい人々は信用できないものだと教え込まれていたため、現実を認めたがらなかったのだ。幸い私はそんな教育を受けていなかったので、目の前の現実をそのまま受け入れることができた。銀行家たちの知識が彼らを縛っていたのだ。

私は自問した。なぜこうまでして銀行を説得する必要があるのか、と。貧しい人々だってきちんと借金を返すことはできる。私はそう確信していた。それならば自分で銀行を開けばいいではないか。私はワクワクして、さっそく書類をそろえて政府に銀行開設の申請をした。政府を説得するのに二年かかった。

こうして私たちの融資事業は一九八三年一〇月二日、正式な独立した銀行組織となった。私も仲間たちもどれほど興奮したことか。自分たちの銀行を手に入れた。これからはどんどん自由に事業を拡大できる。そして実際、私たちは事業をどんどん拡大していったのだ。

（『ニューヨーク・タイムズ・シンディケート』でリーダーシップに関するコラムを執筆するために行ったインタビューに基づく）

個としてのかけがえのない意義

ボイス（内面の声）とは、「個としてのかけがえのない意義の現れ」である。つまり、人が誰でも持つ肉体、知性、情緒、精神という四つの側面において、一人ひとりが異なる深いニーズを理解し、その人にしかできない「意義ある貢献」を果たすことだ。

ユヌス氏であれば、貧しい人々の声に耳を傾け、その人々のためにできることを実行することだった。この意義あることこそが、ユヌス氏を立ちあがらせ少額融資の世界を切り開いた原動力だったのだ。ボイスは百人百様であり一つとして同じものはない。それは、私たちそれぞれが抱える課題に挑むときに明らかになる真価であり、難題を乗り越えさせてくれるものなのだ。

次ページの図を見てほしい。ボイスが中心にある。周りにあるのは「才能」（天賦の才、強さ）、「情熱」（あなたを自然に活気づけ、ワクワクさせ、モチベーションを与え、奮起させるもの）、「ニーズ」（あなたの生活を成り

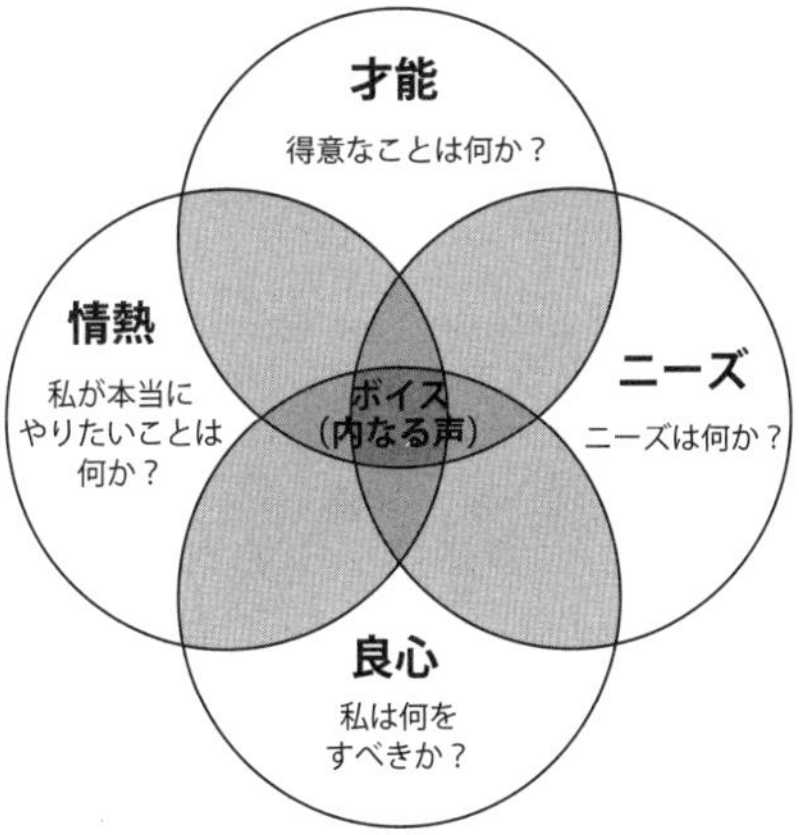

立たせるために、世界が必要としているものも含む）、そして「良心」（平静なる内面の小さな声、何が正しいかを確信させてくれ、あなたをそのとおりに行動させるもの）だ。

あなたの才能を生かし、情熱に火をつけてくれるような仕事に取り組むとき、しかもその仕事が、あなたの周囲の人を含めた社会のニーズに応えることができ、そしてその仕事を成し遂げることがあなたの良心にかなうとき、そこにこそあなたの使命、魂の規範とも言えるボイスが響いている。

私たちは誰でも、人生の中で自分のボイスを見出したいと願っている。それは言葉にできないほど強い切望であり、誰もが生を受けたそのときから感じているものなのだ。

一見無関係に見えるが、爆発的で革命的なインターネットの発展が何よりこの事実を証明している。インターネットは新しい時代の象徴と言うべき存在であり、この技術革新は、人としての意味や声をよりいっそう簡単に表現できるようにしてくれた。この広大なネットワークの存在によって、一人ひとりが自分たちの声の存在に気がつき、自

面の声）を発見する

自分のボイスを発見するよう人を奮起させる

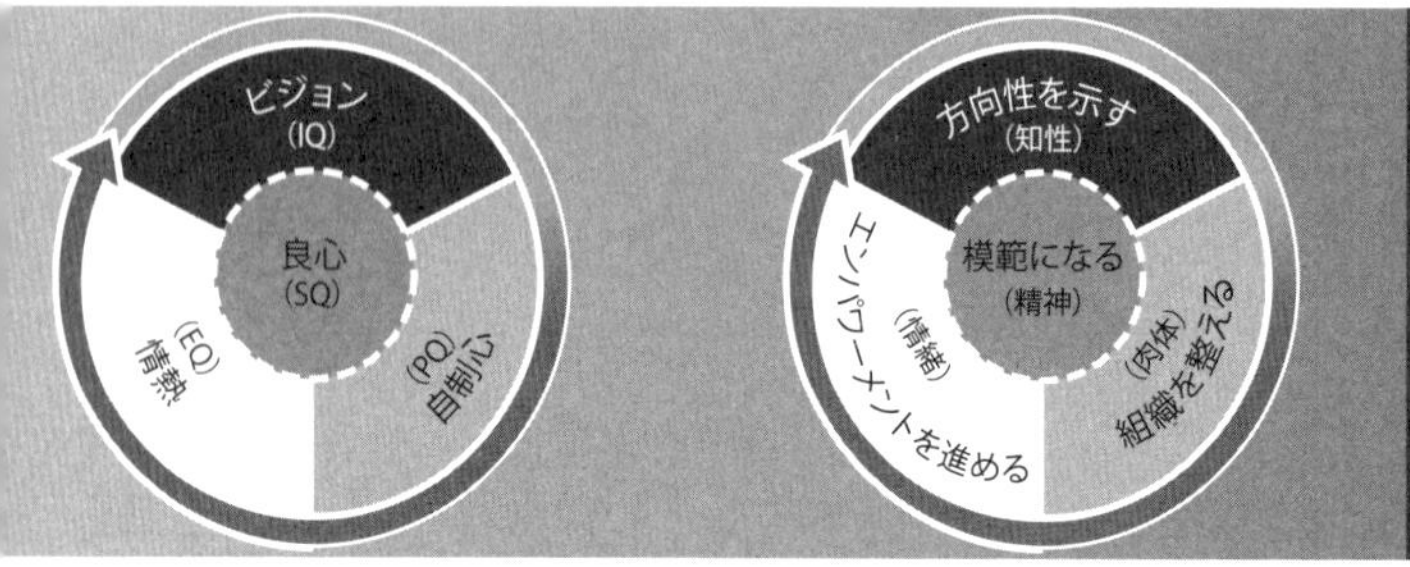

偉大さ
（人間の可能性を解き放つ）

凡庸さ
（人間の可能性を抑圧する）

人に自分のボイスを発見させず、活用させない

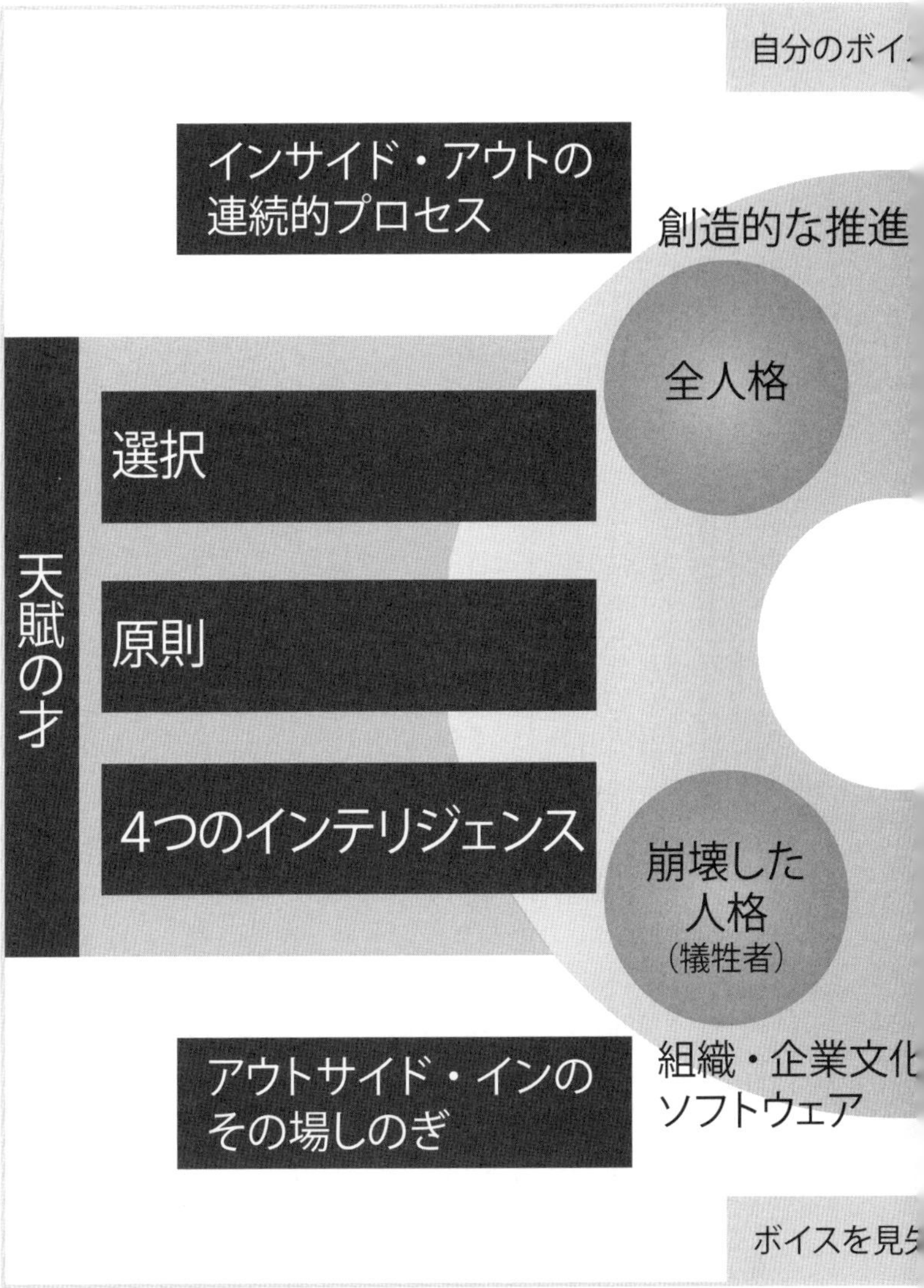

自分のボイ
インサイド・アウトの
連続的プロセス
創造的な推進
全人格
選択
天賦の才
原則
4つのインテリジェンス
崩壊した
人格
(犠牲者)
アウトサイド・インの
その場しのぎ
組織・企業文化
ソフトウェア
ボイスを見

分自身に対して真摯に向き合い、自分固有の声を発信し始めていると言えるのではないだろうか。

ビジョン、自制心、情熱そして良心

最高に偉大な影響を人に及ぼした人物。意義ある貢献を成した人物。純粋に何かを成し遂げたという人物。このように何かを達成した偉大なる人々を研究してみると、全員に共通したパターンがある。それは絶え間ない努力と、自分の中の葛藤を乗り越えていることであり、人間が生まれながらに持つ四つの概念（ビジョン、自制心、情熱、良心）を大いに活用したことだ。

ビジョン

ビジョンとは、人、仕事・プロジェクト、目的、大義などの中で実現できることの可能性を知性の目で見極めることだ。知性によって、周囲が望むニーズと自分たちが持つ可能性を結びつけると、そこにビジョンが生まれる。

一方、ビジョンを持たず創造性という知性の潜在能力を無視する人は、次ページの図のように、「責任逃れ」の傾向へと堕落し、凡庸さの道へと進んでしまう。

さまざまなビジョンの中で、おそらくもっとも重要なのは自分自身に関するビジョンだろう。自分ならではの使命、人生の中で果たすべき役割、つまり自分の運命における目的意識と自分という存在の意味に関する自覚である。どのようなビジョンを抱くにしろ、まずこう自問すべきだ。

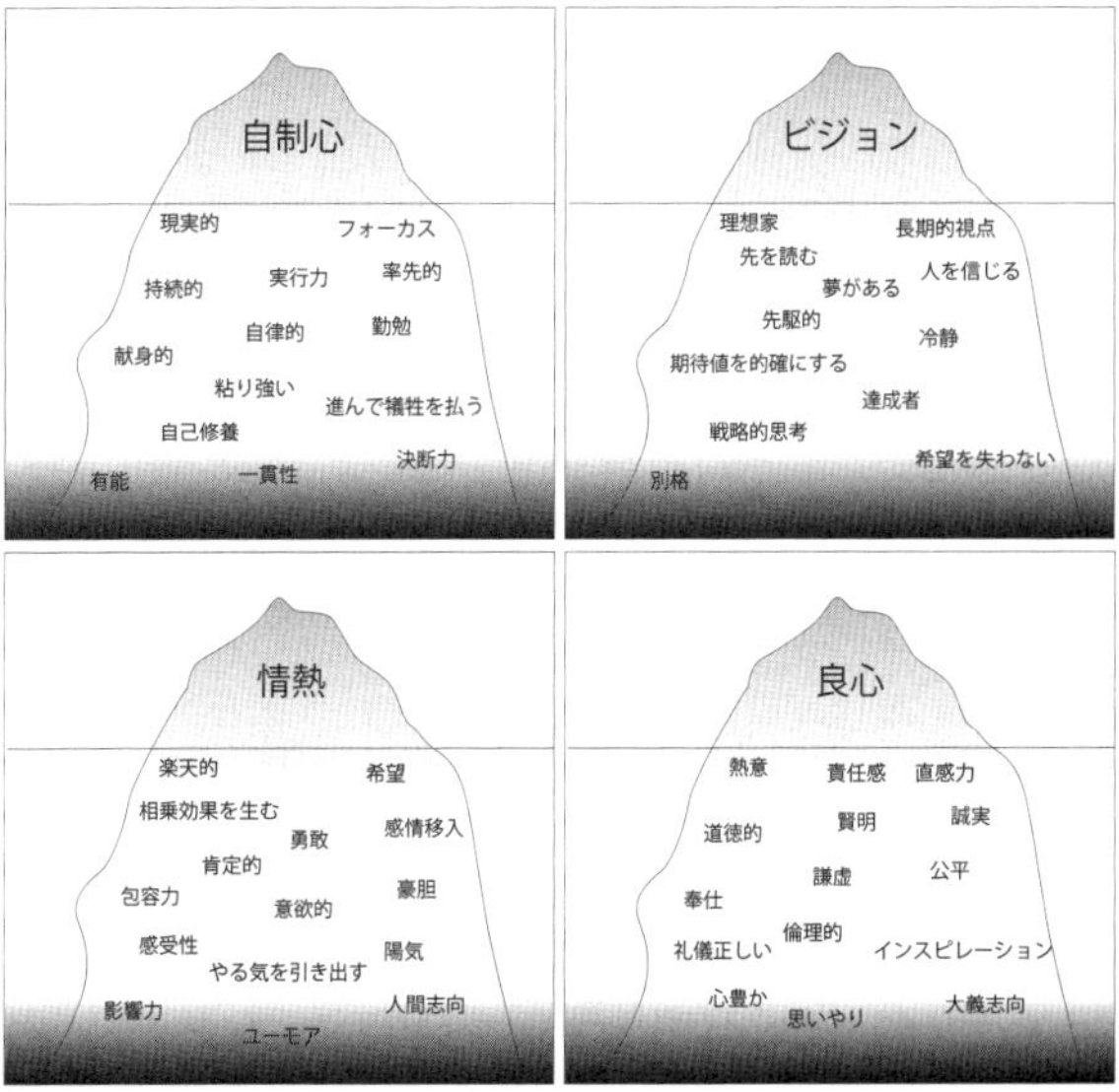

・このビジョンによって、自分のボイス（内面の声）、エネルギー、自分ならではの才能を生かせるだろうか？

・このビジョンに「使命感」を感じることができるか、つまり自分を捧げるだけの価値がある大義と言えるだろうか？

これほどの意味あるビジョンを得るには、問題を掘り下げ深い認識を得る必要がある。深い自己省察が求められるのである。

ビジョンと言うとき、自分が「世の中」で何ができるかと考えるだけでは十分ではない。人の中にどのような可能性を見出せるか、彼らの秘められた潜在能力を見抜けるかという点も重要である。ビジョンとは単に何かをやること、何らかの課題を達成し、何かを実現することだけではない。他人に対する新たな見方を発見し、広げ、その人々を肯定し、信じることでもある。そして彼らがそれぞれの潜在能力を発見し自覚できるよう手助けをすること、つまりそれぞれのボイス（内面の声）を発見できるように力を貸すことでもある。

自制心

自制心とは、目的のために自分の感情や欲望を抑えることであり、ビジョンを実現するために犠牲を払うことを意味する。目の前の現実を見つめ、厳しくて複雑な問題に真正面から労を惜しまずに取り組むことだ。

犠牲をいとわないコミットメントや自制心の対極にあるのが放縦《ほうじゅう》だ。放縦とは、刹那的な快楽やスリルを味わうために勝手気ままに振る舞い、人生でもっとも大切なものを見失うことである。

私は五〇歳のとき、慣れ親しんだ居心地の良い大学教授という立場を捨てて起業すべきかどうかを決めるのに葛藤し苦しんだことがある。より大きな善を成すことができるというビジョンがなかったら、安楽を捨てるという犠牲を払い、それまでの自分の生き方を否定する道へ仲間たちと共に踏み出すことはなかっただろう。借金を背負い込んで起業することはなかったはずだ。その後も私たちは、「幸福とは確実なるキャッシュフローである」というふざけた標語を掲げながら、何年もの間、社員の給料を払うために汗水たらして働いた。将来に向けたビジョンとそのために耐え忍ぶ自制心がなかったら、苦難の時代を乗り切ることはできなかっただろう。

自制心こそは、成功するすべての人に共通する特質だと私は確信している。二〇世紀前半に保険会社の役員として活躍し、一生をかけて成功者の共通点を探ったアルバート・E・N・グレーの業績に私は感服している。最終的にグレーは、単純だが深遠な発見にたどりついた。勤勉と幸運と抜け目のなさも重要ではあるが、成功者は「成功していない人たちの嫌がることを実行に移す習慣を身につけた」ということである。成功者だって人が嫌がることを好き好んでやるわけではない。ただ目的意識が怠惰な思いに勝っているのである。

自制心に欠け、欲望を抑えて犠牲を払うことを知らない人にとって、仕事も遊びと変わらなくなる。職場は毎日が仮面舞踏会とでも言うべき状況だ。一日中、仕事をしているふりをする。取り組んでいることについて、無駄にくわしい電子メールを書く。プロジェクトの現状を報告するだけのために、かけなくてもよい電話をかける。あれこれについて長たらしい会議を開く。一般的に、言い訳ばかりしている人はフォーカスと自制心に欠けている。そんな人は挫折を免れない。自ら惨めな道を選んでいるのだ。物事に言い訳などはない。常に理由があるだけだ。

情熱

情熱とは、内面の炎であり欲求であり、確信に基づく力だ。そしてビジョンを実現するために、自制心を維持させてくれる原動力となる。

自分の持つニーズと持って生まれた才能が出会うとき、そこに情熱が生まれる。また、自分自身と向き合い、人生をかけて取り組むべきことがわかったとき、そこに情熱が湧いてくる。組織の中でチームとして情熱を発揮するには、チームの崇高な目的に向かうための、チームメンバーへの思いやりや献身的な協力のマインドも必要となる。

一方、情熱が欠けているとき、心の隙間を占領するのは不安感であり、周囲の人たちの表面的で無責任な声である。このような声は、原則に基づいていない単なる一過性の価値観だ。多くの人たちが、不幸にもこうした価値観に従って生きてしまっているのだ。

一般にスキル（技能）が才能だと誤解されている。たしかに才能を発揮するにはスキルも必要だが、スキルが才能なのではない。才能とは無関係な分野でもスキルを持つことはできる。仕事のうえで求められているのが単にスキルであって才能ではない場合、その組織にいても、あなたの情熱とボイスを発揮するチャンスは来ないかもしれない。仕事はこなせるかもしれないが、あなたは監督と動機づけを必要とする人物だと見られてしまうだろう。

あなたが経営者だとする。情熱と職務がうまく重なり合っている人材を採用できれば、彼らを管理・指導する必要などないはずだ。他人よりも、彼ら自身が自分を最適にマネジメントできるからだ。彼らの情熱の炎は外から燃やすのではなく内面から燃え立っている。彼らの動機づけは押しつけではなく内発的なのである。あなた自身、何かのプロジェクトに情熱を傾けていたときのことを思い出してほしい。他のことがまったく目に入らないほど夢中になって没頭せざるを得なかったような体験だ。そんなとき、あなたは誰かに管理されたり指導されたりする必要があっただろうか？　もちろんないはずだ。いつ、何を、どうしろと指示されることを考えただけで、侮辱だと思ったに違いないのだ。

世の中のニーズと、あなたの才能と情熱が合致するような仕事に従事するとき、あなたの能力（ちから）が解き放たれるのである。

良心

良心とは、何が正しく何が正しくないかを知る本質的な道徳観念のことであり、それは意味あるものへ、そして貢献へと人を駆り立てる。ビジョン、自制心、そして情熱を導く力だ。良心に従って生きることは、エゴに支配された人生とは大きく異なる。

有名無名を問わず、偉大な影響力を持つ人たちの特質を考えるとき、私たちは実に多くの特徴を挙げることができる。本質的にそれらは四つの属性（ビジョン、自制心、情熱、良心）によって表すことができる。そしてビジョン、自制心、情熱、良心という氷山は、それを支える多様な性向によって築かれているのだ。

良心とは自己犠牲のことだ。より高い目的、大義、原則のために、自己あるいはエゴを抑制することである。自己犠牲とは単に良いものを諦め、より良いものを優先するということだ。しかし実は、自己犠牲を払う人の心には、犠牲を払っているという意識はない。他人の目に犠牲と映っているだけなのだ。

ガンジーの教えの中に、私たちを滅ぼす「七つの社会的罪（Seven Social Sins）」というものがある。ここでそれらを考えてみよう。じっくり注意深く検討してみると、いずれも、無原則的で無価値な手段によって目的が実現される場合があることが、見事に浮き彫りにされていることに気づくはずだ。

- 労せず手に入れた富
- 良心なき快楽
- 人格なき知識
- 道徳なき商売

・人間性なき科学
・自己犠牲なき崇拝
・原則なき政治

素晴らしい目的であっても、いずれも誤った手段で達成できることは実に興味深い。しかし賞賛すべき目的も、誤った手段で手に入れれば最終的には無価値な塵と化すのである。

普段あなたも仕事をしている中で、正直な人、約束や義務を果たす人を見分けることができるはずだ。逆に二枚舌で嘘つきで不正直な人も見分けがつく。不正直な人と契約を交わしたときなど、相手が契約を必ず履行すると信じることができるだろうか？

私は一つの約束と課題を提示したい。

私は約束する。あなたが人生の中で演じるどのような役割でも、ニーズ（ビジョン）、才能（自制心）、情熱、良心という四つの潜在能力を適用すれば、必ずその役割の中にあなた自身のボイス（内面の声）を発見することができる。ごく単純なものではあるが、次のような課題に挑戦してほしい。普段あなたが演じている重要な役割を二つか三つ選び、次の四点を自問してもらいたい。

一．どのようなニーズがあることに気づくか（家庭、地域社会、または職場で）？
二．自制心を持って適用すればその要求に応えることができるような、真の才能が自分にあるか？
三．そのニーズに応えることに情熱を感じるか？
四．自分の良心が、そのニーズに献身的に関与し、行動することを促しているか？

もし四問とも答えが「はい」であり、常に行動計画を立てる習慣を身につけ、実際に実行していくことができたなら、必ずあなたは人生の中で真のボイスを見つけていくことができるだろう。そうすればあなたの人生は意義深く、満足でき、偉大なものになるのである。

最優先事項を優先する、実行の原則

自分の中にコンパスという中心を持ったあなたが進む次の段階は、あなたのコンパスに従い、日々どのように実行していくかということになる。

前述したように、私たちの周囲にはさまざまな刺激が存在するが、私たちにはそうした刺激に打ち克ちながら自ら選択する能力が備わっている。しかし、その能力を日々活用し実行することは容易なことではない。自分にとって本当に優先すべきことを優先するためにはどうすればいいのだろうか。

効果性の定義

具体的な実行について考える前に、私たちが本来求めなければならない「効果性」ということについて紹介したい。

「効果性を高める」ということは、「得たい結果を得続ける」ということである。最大限の効果を長期にわたって得るためには、個人の人格の土台となる習慣を身につけ、問題を効果的に解決し、チャンスを最大限に活かし、成長の螺旋を昇っていくプロセスが必要となる。そのためには原則を継続的に学び、生活に取り入れていくための正しいパラダイムを身につけなければならない。

私はこの「効果性を高める」ための自然の法則に基づいたパラダイムを「P／PCバランス」と呼んでいる。しかし、多くの人がこの自然の法則に反して行動しているのではないだろうか。自然の法則に反するとどうなるか、『ガチョウと黄金の卵』というイソップの寓話で考えてみよう。

貧しい農夫がある日、飼っていたガチョウの巣の中にキラキラと輝く黄金の卵を見つけた。最初は誰かのいたずらに違いないと思い、捨てようとしたが、思い直して市場に持っていくことにした。

すると卵は本物の純金だった。農夫はこの幸運が信じられなかった。翌日も同じことが起き、ますます驚いた。農夫は、来る日も来る日も目を覚ますと巣に走っていき、黄金の卵を見つけた。彼は大金持ちになった。まるで夢のようだった。

しかしそのうち欲が出て、せっかちになっていった。一日一個しか手に入らないのがじれったく、ガチョウを殺して腹の中にある卵を全部一度に手に入れようとした。ところが腹をさいてみると空っぽだった。黄金の卵は一つもなかった。しかも黄金の卵を生むガチョウを殺してしまったのだから、もう二度と卵は手に入ることはなかった。

この寓話は、一つの自然の法則、すなわち原則を教えている。それは効果性とは何かということである。ほとんどの人は黄金の卵のことだけを考え、より多くのことを生み出すことができるほど、自分を「効果的」、有能だと思ってしまう。

この寓話からもわかるように、真の効果性は二つの要素で成り立っている。一つは成果（黄金の卵）、二つ目は、その成果を生み出すための資産あるいは能力（ガチョウ）である。

黄金の卵だけに目を向け、ガチョウを無視するような生活を送っていたら、黄金の卵を生む資産はたちまちなくなってしまう。逆にガチョウの世話ばかりして黄金の卵のことなど眼中になければ、自分もガチョウも食い詰めることになる。

この二つのバランスがとれて初めて効果的なのである。このバランスを私はP／PCバランスと名づけている。Pは成果（Production）、すなわち望む結果を意味し、PCは成果を生み出す能力（Production Capability）を意味する。

三つの資産とは

資産は基本的に三種類ある。物的資産、金銭的資産、人的資産である。一つずつ詳しく考えてみよう。

数年前、私はある物的資産を購入した。電動芝刈機である。そして、手入れはまったくせずに何度も使用した。最初の二年間は問題なく動いたが、その後たびたび故障するようになった。そこで修理し、刃を研いでみたが、出力が元の半分になっていた。価値はほとんどなくなっていたのである。

もし資産（PC）の保全に投資していたら、芝を刈るという成果（P）を今も達成できていただろう。

そうしなかったばっかりに、新しい芝刈機を買うはめになり、メンテナンスにかかる時間と金をはるかに上回るコストがかかる結果となった。

私たちは、目先の利益、すぐに得られる結果を求めるあまり、自動車やコンピューター、洗濯機、乾燥機等の価値ある物的資産を台無しにしてしまうことが少なくない。自分の身体や自然環境を損なってしまうことすらある。PとPCのバランスがとれていれば、物的資産の活用の効果性は著しく向上する。

P／PCバランスは、金銭的資産の活用にも大きく影響する。元金と利息の関係を例にするなら、金の卵を増やして生活を豊かにしようとして元金に手をつければ、元金が減り、したがって利息も減る。元金はだんだんと縮小していき、やがて生活の最小限のニーズさえ満たせなくなる。

私たちのもっとも重要な金銭的資産は、収入を得るための能力（PC）である。自分のPCの向上に投資しなければ、収入を得る手段の選択肢はずいぶんと狭まってしまう。クビになったら経済的に困るから、会社や上司に何を言われるかとびくびくして保身だけを考え、現状から出られずに生きるのは、とても効果的な生き方とは言えない。

人的資産においてもP／PCバランスは同じように基本だが、人間が物的資産と金銭的資産をコントロールするのだから、その意味ではもっともバランスが重要になる。

たとえば、夫婦がお互いの関係を維持するための努力はせず、相手にしてほしいこと（黄金の卵）ばかりを要求していたら、相手を思いやる気持ちはなくなり、深い人間関係に不可欠なさりげない親切や気配りをおろそかにすることになるだろう。相手を操ろうとし、自分のニーズだけを優先し、自分の意見を正当化し、相手のあら探しをし始める。愛情や豊かさ、優しさ、思いやり、相手のために何かしてあげようという気持ちは薄れていく。ガチョウは日に日に弱っていくのである。

時間管理の四つの世代

「P／PCバランス」をとりながら、得たい結果を得続けていくためには、私たちは日々のビジネスや生活をどのように計画し、実行することが必要になるだろうか。つまり、「いかに計画し、実行するか」という「時間管理」に取り組むことになる。

私自身これまで長い間時間管理という興味深いテーマを探究してきたが、時間管理の本質を一言で言うなら「優先順位をつけ、それを実行する」に尽きると思う。そしてこの一言は、時間管理のこれまで三つの世代の進化過程を言い表している。時間管理には多種多様なアプローチやツールがあるが、そのどれもが、最優先事項をどのようにして実行するかをポイントにしているのである。

パーソナル・マネジメントの理論も、他の多くの分野と同じようなパターンをたどって進化してきた。画期的な進歩（アルビン・トフラーの言葉を借りれば「波」）は順々に起こり、そのたびに前の進歩に新しい重要な要素が加わるというパターンである。社会の進歩を例にとるなら、まず農業革命があり、その次に産業革命が起こり、そして情報革命が続いた。一つの波が押し寄せるたびに、社会も人間も大きく進歩してきたのである。

時間管理の分野も同じである。一つの世代の上に次の世代が重なり、そのたびに人間が自分の生活を管理できる範囲が広がってきた。

時間管理の第一の波もしくは世代は、メモやチェックリストが特徴だ。私たちの時間と労力を必要とする多くの物事を確認し、忘れずにいるための工夫だ。

第二世代は、予定表やカレンダーが特徴だ。この波は先を見て、将来の出来事や活動の予定を立てようという試みである。

時間管理の第三世代が今の世代である。前の二つの世代に「優先順位づけ」と「価値観の明確化」が加わっている。明確にした自分の価値観に照らして活動の重要度を測り、優先順位を決めようという考え方である。さらにこの第三世代は、目標設定も重要視する。長期、中期、短期の目標を具体的に立て、自分の価値観に照らし合わせ、その目標の達成に時間と労力をかける。もっとも重要であると判断した目標や仕事を達成するために、毎日の具体的なスケジュールを計画することも第三世代の考え方だ。

第三世代の波は時間管理の分野を飛躍的に進歩させた。しかし、効率的なスケジュールを組んで時間を管理する方法が、むしろ非生産的になっていることに私たちは気づき始めている。効率性だけを追求していたら、豊かな人間関係を築いたり、人間本来のニーズを満たしたり、毎日の生活の中で自然と生まれる豊かな時間を素直に楽しんだりする機会が奪われてしまうのだ。

その結果、多くの人は、一分の隙もないスケジュールに縛られるような時間管理のツールやシステムに嫌気がさしてしまった。そして彼らは、人間関係や自分の自然なニーズ、充実感の得られる人生を選ぼうと、第三世代の長所も短所も全部放り出し、第一世代か第二世代の時間管理テクニックに逆戻りしたのである。

しかし今、これまでの三つの世代とは根本的に異なる第四世代が生まれている。この新しい波は、「時間管理」という言葉そのものが間違っているという考え方だ。問題は時間を管理することではなく、自分自身を管理することだからだ。人が満足できるのは、自分が期待したことを、期待どおりに達成できたときである。そして、何を期待するかも満足感を左右する。その期待（満足）は、影響の輪の中にあるのだ。

第四世代は、モノや時間には重点を置かない。この新しい波が目指すのは、人間関係を維持し、強くしながら、結果を出すことである。簡単に言えば、P／PCバランスを維持することである。

時間管理のマトリックス

第四世代の時間管理の中心をなす考え方を、次ページのような時間管理のマトリックスで表してみた。私たちは基本的に、これら四つの領域のどれかに時間を使っている。

このマトリックスを見るとわかるように、活動を決める要因は、緊急度と重要度の二つである。緊急の活動とは、今すぐに取りかからなければならない活動である。「早く！」と私たちを急き立てる用事だ。電話が鳴っていれば、電話に出るのは緊急の用事である。鳴っている電話を放っておいて平気でいられる人はまずいないだろう。

何時間もかけて資料を揃え、身だしなみを整え、重要な仕事の話で誰かのもとにわざわざ足を運んだとしよう。話し合いの途中で電話が鳴りだせば、その相手はあなたよりも電話を優先するはずだ。

	緊　急	緊急ではない
重　要	I	II
重要ではない	III	IV

あなたが誰かに電話して、電話に出た相手が「一五分で戻ってくるから、そのまま切らずに待っていて」などと言って待たせることはまずないだろう。それなのに、大切な来客よりも電話を優先して待たせることはよくある。

緊急の用事は、たいていは目に見える。早くやれ、と私たちを急き立てて、何としても私たちを引き込もうとする。緊急の用事はいつも、私たちの目の前に現れる。緊急の用事ができると俄然張り切る人も少なくない。緊急の用事の中には、楽しいこと、簡単にできること、面白いこともたくさんあるからだ。しかしほとんどは重要な用事ではない。

一方、重要度は結果に関係する。重要な用事は、あなたのミッション、価値観、優先度の高い目標の実現につながるものである。

私たちは、緊急の用事には受動的に反応（react）する。だが、緊急ではないが重要なことをするには、率先力と主体性が要る。機会をとらえたり、物事を実現させたりするには、能動的に動く（act）ことが必要なのだ。

	緊　急	緊急ではない
重　要	第Ⅰ領域 ・締め切りのある仕事 ・クレーム処理 ・せっぱつまった問題 ・病気や事故 ・危機や災害	第Ⅱ領域 ・人間関係づくり ・健康維持 ・準備や計画 ・リーダーシップ ・真のレクリエーション ・勉強や自己啓発 ・品質の改善 ・エンパワーメント
重要ではない	第Ⅲ領域 ・突然の来訪 ・多くの電話 ・多くの会議や報告書 ・無意味な冠婚葬祭 ・無意味な接待やつき合い ・雑事	第Ⅳ領域 ・暇つぶし ・単なる遊び ・だらだら電話 ・待ち時間 ・多くのテレビ ・その他意味のない活動

何が重要なのか、人生において追求する結果をはっきりと思い描けていない人は、緊急の用事ばかりに簡単に反応し、人生の目的からそれていってしまう。

ここで、時間管理のマトリックスの四つの領域を見てほしい。第Ⅰ領域は、緊急で重要な領域である。この領域に入る活動は、緊急に対応する必要があり、なおかつ重大な結果につながるものである。私たちは一般的に、第Ⅰ領域を「危機」とか「問題」と言う。誰でも、日々の生活の中で第Ⅰ領域に入る問題に直面することはあるものだが、実際には多くの人が、第Ⅰ領域に一日中浸かっている。それは、まるで危機的状況にあるマネージャーであり、問題ばかりを考える人であり、常に締め切りに追われている人のようになる。

第Ⅰ領域ばかりを意識していると、第Ⅰ領域だけがどんどん大きくなり、やがてあなたを支配してしまう。それは浜辺に打ち寄せる波のようなものだ。大きな問題が打ち寄せてきてあなたを押し倒しては、引いてゆく。何とか起き上がったと思ったら、すぐに次の波が押し寄せてきて、あなたはまたも倒れる。その繰り返しである。

このように毎日、次から次へと押し寄せる問題に打ちのめされている人たちがいる。彼らが唯一逃げ込める場所は、緊急でも重要でもない第Ⅳ領域である。だから、彼らのマトリックスを見ると、時間の九〇%が第Ⅰ領域に費やされ、残りの一〇%は第Ⅳ領域に入ってしまう。第Ⅱ領域と第Ⅲ領域はほとんど見向きもされていない。危機に追われる人たちはこういう生き方をしているのである。

緊急だが重要ではない第Ⅲ領域の用事を第Ⅰ領域の用事と思い込み、それに多くの時間を費やす人もいる。緊急だから重要なのだと思い込み、緊急の用事のすべてに反応し、ほとんどの時間を使ってしまうのだ。だが、それらの用事は自分にとって緊急なのではなく、ほとんどは他者の仕事の優先順位からきているのであり、早く対応してほしいと期待されていることなのである。

第Ⅲ領域と第Ⅳ領域だけに時間を使っている人は、根本的に無責任な生き方をしている。

PとPCのバランスがとれている人々は、第Ⅲ領域と第Ⅳ領域を避けようとする。この二つの領域に入る用件は、緊急であろうがなかろうが、重要ではないからだ。彼らはまた、できるだけ第Ⅱ領域の活動に時間をかけ、生活の中で第Ⅰ領域が占める割合を小さくしていく。

第Ⅱ領域は、効果的なパーソナル・マネジメントの鍵を握る領域である。この領域に入るのは、緊急ではないが重要な活動である。人間関係を育てる、自分のミッション・ステートメントを書く、長期的な計画を立てる、身体を鍛える、予防メンテナンスを怠らない、準備する。こうした活動はやらなければいけないとはわかっていても、緊急ではないから、ついつい後回しにしてしまうことばかりだ。効果的な生き方のできる人は、これらの活動に時間をかけているのである。

ピーター・ドラッカーの言葉を借りれば、効果的な人々は「問題ではなく機会に着目する」のである。機会に餌を与え、問題を飢えさせるのだ。先を見て対策を講じる。彼らとて第Ⅰ領域の危機や緊急事態に直面することはある。もちろん、そのときはすぐに対応しなければならないが、そうした状況になることが他の人たちに比べると少ない。彼らは緊急ではないが重要なこと、自分の能力を大きく伸ばす第Ⅱ領域の活動に時間を使い、P／PCバランスをうまくとっているのだ。

ここで時間管理のマトリックスを意識しながら、次の質問の答について考えてみよう。

「もし、常日ごろから行っていれば、あなたの私生活の質、仕事の業績、または結果を著しく向上させる活動がそれぞれ一つずつあるとするなら、それは何だろうか」

この質問を数千人にしてみたところ、答えとして出てきたものはほとんど、次の七つの活動であった。

一．人とのコミュニケーションを上達させること
二．準備を怠らないこと
三．きちんと計画を立てること
四．健康に気をつけること
五．新しいチャンスをつかむこと
六．自己啓発に励むこと
七．エンパワーメントを行うこと

どれもが、緊急性はないものの、非常に重要な活動ばかりだ。

あなたの答えた活動はどの領域に入っているだろうか。それは重要だろうか、緊急だろうか。重要である、いやきわめて重要であることは言うまでもない。しかし、緊急ではない。だから、今それを行っていないのである。それらを実際に行えば、あなたの効果性は劇的に向上することになるだろう。

緊急中毒

次の「あなたの緊急度指数は？」で、自分がどれくらい「緊急度」のパラダイムで生きているか調べてほしい。各項目を読んで、自分の反応に一番近いものを選んで、自分を一点から五点の間で評価してほしい（常にそうだ：五点　まったくない：一点として、点数をつけてください）。

ほとんどの項目が一〜二点であれば、「緊急度」はあなたの人生では重要な要因ではないだろう。三点前後であれば、「緊急度」はあなたにとって重要なパラダイムと言えるだろう。そして四〜五点であれば、「緊急度」はあなたが考えている以上にあなたの人生を支配しており、あなたは緊急中毒と言ってもいいだろう。

「あなたの緊急度指数は？」（常にそうだ：五点　まったくない：一点として、点数をつけてください）

一．プレッシャーがかかったときにもっとも良い仕事ができる。

二．深い内省の時間がとれないのを自分以外のせいにする。

三．周りの人の鈍さに苛立つ。列に並んで待つのは嫌いである。

四．仕事を休むと罪悪感を覚える。

五．いつもあちこち走り回っている。

六．計画どおりに物事を進めるために、他人を押しのけてしまう。

七．事務所から五分でも離れていると不安になる。

八．他のことをしているときでも、一つのことばかり考えていることがある。

九．緊急事態にあるときが一番力が出せる。

一〇．危機や緊急事態に瀕してうまく切り抜けたほうが、地道に努力して成功するよりも高い満足感が得られる。

一一．危機や緊急事態に対処するため、大切な人との中身の濃い時間を諦め、先延ばしにしてしまうことがある。

一二．危機や緊急事態に対処するためなら、他人を失望させたり、すべきことを放置したままにしたりしても、周りの人がその状況を理解してくれるものと思う。

一三．危機や緊急事態を解決することで充実感を感じる。

一四．食事をしながら仕事をすることがある。

一五．本当にやりたいことを実現できる日がいつか来ると、思い続けている。

一六．一日の終わりに、「処理ずみ」のトレイに書類が山積みになっているのを見ると、自分は本当に生産的だと思う。

危機に瀕したときに放出されるアドレナリンに慣れてしまっている人は、興奮とエネルギーを得るために危機的状態に依存してしまっている。危機に瀕したとき、どのような感じがするだろうか。ストレスがたまるだろうか。プレッシャーを感じるだろうか。緊張するだろうか。疲れ果てるだろうか。たしかにそうだろう。

しかし、正直に言ってほしい。ときには爽快な気分になれるのではないだろうか。得意になれるのはそのためである。トラブルが発生したときはいつでも町に乗り込んで、ピストルを取り出して撃ちまくり、夕日の中に消えていくヒーローのような気分になるのである。そうして即座に成果と喜びを得るのだ。

「緊急かつ重要な危機」を解決すれば、一時的に爽快感が得られる。そこにもし重要度が欠けていれば、その分「緊急度に対する高揚状態」はさらに高まり、ただ動き続けるために緊急なことなら何でもしてしまうようになる。皆いつも忙しくしていたいのである。

忙しいほど価値のある人間であるという考え方が当たり前となり、忙しいことは今や一種のステータスとなっている。忙しくないことに恥ずかしさを感じ、誰もが忙しさを求め、忙しくすることで安心感を得ているのである。忙しさは心の防衛手段でもあるのだ。またそれは、最優先事項を実行できない格好の言い訳にもなっている。

第II領域時間管理　最優先事項を優先する方法とは

庭師がいないところに庭はできない

ほとんどの人は、庭（あるいは人生そのもの）が自動的に手入れ（メンテナンス）されたらいいと思っている。しかし、人生はそのようにはならない。庭に種を二つか三つ蒔いてしまったら、あとはどこかに行って好きなことをして、戻って来たら、手入れされた庭にきれいな花が咲いていたり作物が採れたりすることはない。収穫を得るためには、何日もの間土を耕し、水をやり、定期的に雑草を取らなければならない。時が流れていくうちに黙っていても植物は育つ。しかし、庭の手入れをこまめにするかしないかによって、美しい庭になるか雑草だらけの庭になるかが決まるのだ。

これから「美しい庭へのプロセス」を説明する。それは、植えて、耕して、水をやり、雑草を取ることである。生活の質を高める「重要度」のパラダイムを応用することである。週三〇分でできる波及効果の大きい活動である。このプロセスは、あなたの現在の生活の質がどんなものであれ、あなたの生活を大きく変えることだろう。

このプロセスは、緊急中毒に対する応急処置になる。このプロセスに従うだけで、感情や状況に基づいて反応する代わりに「重要度」に基づいて行動できるようになるのである。また、このプロセスによって、自分の「ニーズと原則」に基づいた時間の使い方ができるようになる。

それでは、後述する六つのステップに従いながら一週間の予定を立ててもらいたい。

週単位で考えれば背景が見えてくる。一日単位で計画を立てるとすると、限られた視野から考えなければならない。あまりにも「クローズアップ」しすぎているので、目先のものにとらわれてしまいがちになる。「重要度および効果」ではなく、「緊急度および効率」の観点から考えてしまうようになりがちだ。

一方、週単位で計画を立てれば、より広い視野から考えることができる。一日のさまざまな活動をより適切な次元で見ることができるようになるのだ。

第一ステップ――ビジョンとミッションを結びつける

一週間を組み立てるための第一ステップは、最優先事項は何かを考えることである。背景が見えるといろいろなことがわかってくる。だから「大局的視野」を持つようにしてほしい。あなたにとって大切なものは何だろうか。あなたの生きがいとは何だろうか。それを考えてほしい。

「大局的視野」を得るためには、次の項目について考えることが必要だ。

- もっとも大切なことは何か。
- どんなことに生きがいを感じるか。
- どんな人間になりたいか。
- どんな人生を歩みたいか。

あなたはミッション・ステートメントを書いているだろうか。書いていれば、そこにはどんな人間になりたいか、自分の人生でどんなことをしたいか、あるいは自分の拠りどころとする原則が書かれているはずだ。

ミッション・ステートメントは、すべて（目標・決断・パラダイム・時間の使い方）に影響を及ぼし、どの壁に梯子を掛けるかを決める基準となるものである。

ミッション・ステートメントはすべての基礎となるものであるため、おのずと第Ⅱ領域時間管理の第一ステップになる。私たちはどうして目的に合わない活動や約束をスケジュールに入れてしまうのだろうか。ミッションを知ることは、「重要度」というパラダイムを持つための基本行動である。それは、第Ⅱ領域時間管理の第二〜第六ステップに劇的な影響を及ぼす。

ミッションの中に「自分の成長」「家族」「存在意義」「貢献」が含まれているとしよう。それらを常に見直すようにしていれば、「最優先事項」は明確な状態を保ち、第二〜第六ステップにおける「意思決定のための強力な体制」が築かれることになる。

もしあなたがまだミッション・ステートメントを作成していなければ、次のことを行うことによって、自分に何が重要なのかをある程度知ることができるだろう。

・「最優先事項」と思えるものを三つか四つ書き出す。
・長期的な目標を考える。
・もっとも重要な人間関係について考える。
・何をして世の中に貢献したいかを考える。

・何を目指しているかを再確認する（平和・自信・幸福・貢献・意義）。
・仮に、残り六ヵ月の命だとわかったとしたら、今週をどのように過ごすかを考えてみる。

次の質問を自分に問いかけることによって、個人のミッション・ステートメントが、自分にどのような効果をもたらすか考えてほしい。

・原則・価値観・最終目標が明確になれば、時間の使い方がどのように変わるだろうか。
・最終的に何が大切なのかがわかれば、自分の人生についての考え方がどのように変わるだろうか。
・人生の目的を書き出すことは価値あることだろうか。それは、時間とエネルギーの使い方にどのような影響を及ぼすだろうか。
・個人のミッション・ステートメントを毎週見直すようにしたら、週間計画を立てるのにどれだけ役に立つだろうか。

第二ステップ――自分の役割を確認する

私たちは人生を役割（演技としての役割ではなく、真の意味での役割、仕事・家族・地域社会など）の中で生きている。役割によって、責任・人間関係・貢献の仕方が決まってくる。

人生の苦痛の多くは、一つの役割において成功しようとするあまり、もっと大切かもしれない他の役割を犠牲にすることから生まれる。たとえば、会社では副社長として活躍していても、親（あるいは夫・

妻）としては失格かもしれない。顧客のニーズには十分応えていても、自分の成長に対するニーズには応えていないかもしれない。しかし、それぞれの役割が明確になれば、どのようにして役割と役割の間のバランスをとったらよいかが自然とわかってくる。もしあなたがすでにミッション・ステートメントをつくっていれば、そのミッション・ステートメントからあなたの役割が生まれてくる。

各役割をどのように担っていけばいいかというポイントは、それぞれの役割に対して単に一定の時間を費やせばいいということではなく、すべての役割をどう活かせばいいかという点にある。つまり、「役割相互間のバランス」が重要となる。

だが現時点ではすぐ思いつく役割だけを書き出してほしい。最初は、正しく書き出そうと意識過剰にならないことである。「役割の一つひとつが自分という一人の人間を現している」ということを理解するには、数週間かかるかもしれない。

役割を書き出す方法は特に決まっていない。まったく同じことをしているにもかかわらず、違う役割として定義する人もいるだろう。また、長年のうちには役割も変わってくることだろう。仕事が変わるかもしれないし、何かの活動に参加するかもしれない。また、結婚するかもしれないし、親あるいは祖父（祖母）になるかもしれない。また、家庭での役割を単に「家族の一員」としてもいいし、「夫・父」「妻・母」「娘・姉」「息子・弟」のように二つの役割を併記してもよい。中には複数の役割を持つ分野もある（たとえば、職場で「経営者」「マーケティング担当者」「人事担当者」「経営企画担当者」という役割を兼ねている場合もある）。また、「自分の成長」という役割をつくってもよいだろう。

自分の役割を見極めると、人生の全体像が見えてくる。つまり、人生は仕事がすべてではなく、また家族や恋人がすべてでもないことがわかる。人生はそれらすべてが合わさったものである。さらに、自分の役割を見極めれば、無視され続けている第Ⅱ領域の活動が見えてくる。

見極めた役割に加えて、「刃を研ぐ」（自己を活性化し、能力を高める）ための役割を追加することをすすめたい。それは誰にとっても有益となる役割であり、あらゆる役割にとって成功の基礎となるものだからだ。

「刃を研ぐ」というのは、人間が持つ四つの基本的分野（肉体的、知的、社会・情緒的、精神的）の能力を高めるという意味である。「刈り取る」（生産する）ことに熱中しすぎて、「刃を研ぐ」（生産能力を高める）ことを忘れている人があまりにも多い。

運動（肉体的分野）を無視する人もいれば、自分の専門分野の知識（知的分野）に磨きをかけない人もいる。人間関係（社会・情緒的分野）をないがしろにする人もいる。また、自分にとって何が大切か（精神的分野）がはっきりわかっていない人もいる。この四つの分野における能力を磨かずにいると、人間としての成長は止まり、バランスに欠ける人間になってしまう。他の役割に対しても、悪影響を及ぼしてしまうのだ。

オリンピック選手は、大会の日のために日々厳しいトレーニングを何年もかけて行っている。彼らは競技中の自分を詳細にイメージしながら、心の中でリハーサルをする。そのようにして自分の中に力を蓄えていくのだ。気が向いたときだけ、あるいは調子の良いときだけ練習するようでは訓練にはならない。同様に、私たちも能力の源に目を向けて訓練しない限り、豊かな生活を享受することはできないのである。

「刃を研ぐ」役割が「個人の成長」の役割と重なっているかもしれないが、それはそれでかまわない。大切なことは、四つの側面のうち一つでも無視しないようにすることだ。日々の読書や運動という「投資」の役割の中で刃を研いでいる人もいれば、「キャリアアップ計画」や「生涯教育」の役割といった、より長期的な視野で刃を研ぐ人もいることだろう。重要なことは、自分にとって最適な方法を見つけることである。

「刃を研ぐ」とは、成長と変化を繰り返しながら、螺旋階段を登るようにして自分自身を継続的に高めていく原則である。

この螺旋階段を確実かつ継続的に登っていくためには、再新再生に関するもう一つの側面について考える必要があり、それによって人は螺旋階段を降りるのではなく、上へ上へと登っていけるのである。それは人間だけに授けられた能力の一つ、良心である。フランスの小説家スタール夫人の言葉を借りよう。

「良心の声はいかにもか細く、もみ消すことは簡単である。しかしその声はあまりにも明解で、聞き間違えることはない」

良心とは、心の声が聞こえる限り私たちが正しい原則に従っているかどうかを感じとり、正しい原則に近づかせてくれる持って生まれた才能なのだ。

スポーツ選手にとっては運動神経と肉体を鍛えることが不可欠であり、学者にとっては知力を鍛えることが不可欠であるように、真に主体的で非常に効果的な人間になるためには良心を鍛えなければならない。しかし良心を鍛えるには、より高い集中力、バランスのとれた自制心が必要であり、良心に誠実であることを常に心がけなければならない。精神を鼓舞するような書物を定期的に読み、崇高な思いを巡らせ、そして何より、小さく、か細い良心の声に従って生きなければならないのである。

ジャンクフードばかり食べ、運動しない生活を続けていれば肉体の調子がおかしくなるのは当然である。それと同じように、下品なもの、猥褻なもの、卑劣なものばかりに接していたら、心に邪悪がはびこって感受性が鈍り、善悪を判断する人間本来の自然な良心が追いやられ、「バレなければかまわない」という社会的な良心が植えつけられてしまう。

私たち人間は、いったん自覚を持ったなら、自分の人生を方向づける目的と原則を選択しなければならない。その努力を怠ったら、刺激と反応の間にあるスペースは閉ざされ、自覚を失い、生存することと子孫を残すことだけを目的に生きる下等動物と同じになってしまう。このレベルで存在している人は、生きているとは言えない。ただ「生かされている」だけである。人間だけに授けられた能力は自分の中でただ眠っていて、それらを意識することもなく、動物のように刺激に反応して生きているにすぎないのである。

人間だけに授けられた能力を引き出し、発揮するのに近道はない。収穫の法則はここでも働いている。種を蒔いたものしか刈り取れないのであって、それ以上でもそれ以下でもない。正義の法則は時代を超えて不変であり、自分の生き方を正しい原則に近づけるほど、判断力が研ぎ澄まされ、世の中の仕組みがよく見えてくるし、私たちのパラダイム――私たちが生きる領域を示す地図――も正確になっていくのである。

上向きの螺旋を登るように成長していくためには、良心を鍛え、良心に従って再新再生のプロセスを一歩ずつ進んでいく努力をしなければならない。良心が鍛えられれば、私たちは自由、内面の安定、知恵、力を得て、正しい道を歩んでいくことができる。

上向きの螺旋階段を登るには、より高い次元で学び、決意し、実行することが求められる。このうちのどれか一つだけで十分だと思ったならば、それは自分を欺いていることになってしまう。たえず上を目指して登っていくには、学び、決意し、実行し、さらにまた学び、決意し、実行していかなくてはならないのである。

どの役割も他の役割と無関係なわけではない。人生とは、すべての役割がお互い密接に関わった統合体である。役割を見極めることは、各役割のバランスと調和が保てるよう人生の視野を広げることになる。人生を部分部分に分割して、週間予定表の欄を埋め尽くすことにあるのではない。役割は、常に「重要度」「相互依存」「関連性」に基づくパラダイムと言えるものなのである。

役割について確認したら、次の項目について考えてみてほしい。

・一つか二つの役割に集中しすぎて、他の役割に十分な時間が取れないと思うことがないだろうか。
・時間や関心が注がれていない役割の中に、どれくらい「最優先事項」が含まれているだろうか。
・あなたが選んだ役割は、あなたのミッションを果たすのにどの程度役立つものだろうか。
・それぞれの役割を毎週検討することによって、生活の質がどれだけ高まるだろうか。また、各役割間のバランスはうまくとれているだろうか。

第三ステップ――それぞれの役割に対して第Ⅱ領域の目標を選ぶ

次のことを自問自答してほしい。

「それぞれの役割の中で、今週もっとも効果を上げることができ、なおかつもっとも重要なことは何だろうか」

この質問を考えるとき、理性ばかりでなく感情にも目を向けてほしい。それぞれの役割に対して大きな違いをもたらすものは何だろうか。パートナーの役割についてはどうだろうか。友達の役割としてはどうだろうか。親の役割としてはどうだろうか。社員の役割としてはどうだろうか。

それぞれの役割におけるもっとも重要な活動を考えるとき、「時計」ではなく「コンパス」を使ってほしい。心の声に耳を傾け、「緊急度」よりも「重要度」に焦点を合わせてほしい。もし「自己啓発」という役割をつくっているとしたら、その中には「反省する」「ミッション・ステートメントを書く」「古典に親しむ」という目標が含まれているかもしれない。もしあなたに子どもがいれば、「子どもと一対一の時間を過ごす」という行動目標を掲げているかもしれない。もしあなたに配偶者がいれば、「パートナーとデートする」という行動目標を掲げているかもしれない。仕事に関する行動目標としては、「長期計画のための時間の確保」「部下の指導」「大切な顧客への訪問」「上司へビジョンの共有の働きかけ」といったことが考えられるかもしれない。

「刃を研ぐ」目標においては、肉体的分野として、「定期的な運動」や「適正な食事」が含まれているかもしれない。精神的分野として、「瞑想」「祈り」「自己啓発書の読書」などが含まれるかもしれない。

知的分野として、「社会人大学での勉強」や「専門書の読書」が含まれるかもしれない。社会・情緒的分野として、「相互依存の原則に基づく他人への働きかけ」（共感を持って人の話に耳を傾ける、正直になる、無条件の愛を捧げる、など）が含まれているかもしれない。大切なことは、これらの分野（生き、愛し、学び、貢献するという分野）における能力を高めることは、何でも実行してみるということである。毎日一時間を「刃を研ぐ」ことに費やせば大きな「私的成功」が得られ、それは必ず「公的成功」へとつながっていくのである。

それぞれの役割に対して、行動目標が五つも六つも思い浮かぶかもしれない。しかし、ここではその中でも重要な一つか二つの行動に絞ることだ。「心の羅針盤」に従った結果、今週はすべての役割に目標を立てるべきではないという結論が出ることもあるだろう。第Ⅱ領域時間管理ではそのような柔軟性を認めており、最優先事項を決めるのに自分のコンパスを使うことを奨励する。

あなたはよく考えたうえで、本当に重要だと思うことを行動目標に掲げたことだろう。

では次の項目について自問自答してほしい。

・これらのことを翌週行ったらどうなるだろうか。「生活の質」はどのように変わるだろうか。
・行動目標のうち、ほんの少ししか実行できなかったとすると自分の生活はどうなるのだろうか。
・行動目標を達成したら、それが自分の人生にとってどれだけプラスになるだろうか。
・こうした目標設定の作業を毎週行ったらどうなるだろうか。今よりももっと人生を充実させることができるだろうか。

第四ステップ――「週ごとの意思決定」の体制づくり

第Ⅱ領域の目標を行動に移すためには、「週ごとの意思決定」の体制をつくる必要がある。ほとんどの人は、すでに第Ⅰおよび第Ⅲ領域の活動でいっぱいになっているにもかかわらず、重要な活動をするための時間を見つけようとしている。最優先事項のための時間を見つけようとして、他人に仕事を任せたり、予定を変更したりする。しかし、大切なことはスケジュールに優先順位をつけることではなく、優先課題をスケジュールに入れることなのだ。

「たくさんやればやるほど良い」というパラダイムを持っている人は、限られた時間内でできるだけ多くのことをしようとする。しかし、していることが重要なことではないとしたら、どんなにたくさんのことをしても何の意味もないことになる。

第Ⅱ領域の目標は「大きな石」のようなものである。もし第Ⅲ領域や第Ⅳ領域の活動（「砂利」「砂」「水」）を先に入れてしまって、それから「大きな石」を入れようとしても、入らないばかりかめちゃくちゃになってしまう。

しかし、第Ⅱ領域の目標（大きな石）が何かを見極めそれを最初に入れれば、「石」と「石」の隙間に驚くほどたくさんの「砂利」「砂」「水」を入れることができる。「砂利」「砂」「水」のうち何を入れるかは別にして、大切なことは「大きな石」を最初に入れることである。

フランクリン・プランナー（第Ⅱ領域の事柄の実現を支援する第四世代手帳）の週間予定表を見て、まずその中に第Ⅱ領域の目標を入れてほしい。週間予定表には、曜日ごとに二種類の記入欄がある。一つは時間が書き込まれている欄で、「時間が決まっている予定」を記入するようになっている。もう一つは、その日の優先課題を記入する欄である。

第Ⅱ領域の目標をスケジュールに入れるためには、その目標に取り組むための特定の時間をどこかに設定するか、あるいはその日の最優先事項に掲げることが必要だ。一般的にもっとも効果的なのは具体的にスケジューリングをすることである。今週の目標として「長期計画の作成」や「運動（体操）」や「企画書作成」が掲げられていたら、そのような目標に取り組むために、まず具体的なスケジュールに落とし込み、それを他人との約束を守るように厳守することである。その他の活動はそれらを行う時間帯以外のところに入れるのである。もしその約束を変更しなければならなくなったら、すぐにスケジュールを立て直せばよい。要は、第Ⅱ領域の目標を、他人と約束したときと同じように優先することだ。

第Ⅱ領域の目標をスケジュールに入れることは、最優先事項を優先するための大切なステップである。最初に第Ⅱ領域の活動を予定しておかなければ、スケジュールは差し迫った第Ⅰ・第Ⅲ領域の活動ですぐにいっぱいになってしまう。そうしたあとでは、第Ⅱ領域の活動を入れるのはますます難しくなってくる。しかし、最初に「大きな石」（第Ⅱ領域の活動）を入れてしまえば、この状況を逆にすることができる。

最優先事項のための枠組みができれば、その周りに他の活動を入れることができる。第Ⅱ領域の活動が入っていれば、安心して他の活動（約束やその日の優先課題など）を追加することができる。各々の活動を慎重に検討し、どの領域に入るかを決めると役に立つ。その活動は一見、緊急な感じがするかもしれない。しかし果たして本当に緊急とされることだろうか。誰か（または何か）のプレッシャーによってそう感じている場合もあるだろう。プレッシャーが取り除かれたら、果たしてその活動は本当に重要なことと思えるだろうか。緊急だという感じがするので重要なように思えてしまうだけではないだろうか。

すでに見てきたとおり、緊急中毒になっている人は、自分のしていることのほとんどが第Ｉ領域の活動だと思っている。しかし、冷静になって考えればその多くは第Ⅲ領域だとわかる。もし何とかして第Ⅱ領域のための時間をつくりたいのなら、第Ⅲ領域からもっとも多くの時間を転用することができる。

第Ⅱ領域に時間を投資し始めると、第Ｉ・第Ⅲ・第Ⅳ領域に使う時間にもかなりの影響が及ぶ。つまり、計画し、準備し、人間関係を築き、質の高いレクリエーションを楽しむことができるようになり、第Ｉ領域の細かなことに時間を費やしたり、第Ⅲ領域の他人からの緊急な要求などのために時間を費やしたりすることが少なくなる。

第ⅢおよびⅣ領域はなくしてしまうのが理想的である。そのためには、第Ｉおよび第Ⅱ領域に時間を割き、準備・妨害対策・エンパワーメントといった活動を増やすようにすることだ。

また、週間計画を立てるときには「動かせない予定」でいっぱいに埋めず、柔軟性を残しておくことが大切だ。さまざまな事態を予測して計画したとしても、実際には計画したことがすんなり実現するわけではない。不測の事態を考慮せずにぎっしり計画を立てても、生活が息苦しくなるだけで、望ましいチャンスが訪れてもそれを見逃してしまうことになる。

第Ⅱ領域時間管理の最大の目的は、スケジュールを固定することではなく、その時々に「重要度」に基づく望ましい決断が下せるよう「意思決定」の体制をつくることである。

次の項目を自問することによって、このような「週間体制」の重要性を考えてみてほしい。
・計画的に過ごした一週間について、どのような感想を抱いたか。
・第Ⅱ領域の行動目標を週ごとに役割別に設定したら、どのような違いが出てくるだろうか。
・最初に「大きな石」を入れるという考え方を理解しただろうか。この論理を理解すれば、重要なことを実行するのにどのように役立つだろうか。

第五ステップ――選択の瞬間に誠実に行動する

週間予定の中に第Ⅱ領域の目標を入れてしまえば、あとは、突発的な出来事を何とか処理しながら最優先事項を優先すればよい。誠実な行動をとるということは、選択の瞬間に落ち着いてミッションを遂行することである。最優先事項を優先することが、計画どおりに実行することであれ、良心に従って計画を変更することであれ、だ。第一～第四ステップは、どれも実生活における意思決定の際に、あなたの人格と能力・判断力（心の羅針盤）を高めるためのものである。

一日の初めに、最優先事項を優先する能力を高めるためにすべきことがさらに三つある。

一日を予想する

この方法は、従来の時間管理の「一日単位の計画」とはかなり異なる方法だ。一日の初めに少し時間を取って、その日一日のスケジュールを見直す。これによって方向性が明確になり、コンパスをチェックでき、一日を一週間の視野から見ることができる。スケジュールを見直しているときに、こまごましたことを日程表に書き込むこともできる。

優先順位をつける

従来の方法で優先順位を決める前に、それぞれの活動が「第Ⅰ領域」なのか「第Ⅱ領域」なのかを確かめてほしい。そうすれば、「第Ⅲ領域」が間違って入り込んでくる隙間がなくなる。また、その日一日のコンパスを保つことができ、「重要度」のパラダイムを強化するのに役立つ。そして、自分がどのような選択をしているのかがわかるようになる。

もしさらに優先順位をつけたければ、それぞれの活動に何らかの印をつけるといいだろう。「重要度」をABCで評価して、いつもAから始めるようにするのもいいだろう。あるいは、数字で優先順位を示すのもいいだろう。

さらに詳しい優先順位をつけてもいいが、特におすすめしたいことは、優先順位がもっとも高いものには○や×をつけて強調することである。そのためには、その日予定している二つの第Ⅱ領域の活動のうちのどちらか一方に印をつけておかなければならないかもしれない。そのようにしておけば、もしその他に何もしなくても、少なくとも一つは最優先事項を行ったことで気持ちが満たされるだろう。

優先順位をつけるのは、その週の枠組みの中に入っているものだけにする。ただしそれは、予測できない事態や思いがけないチャンスに優先順位をつけるということではない。自分の役割と目標について十分熟慮すれば、その週の優先事項がわかってくるはずである。しかし、この世に全知全能の人はいない。予定していたことよりも大切なことが生じる可能性もある。必ずしもスケジュールどおりにならなくても、「心の羅針盤」に従えばよい。大切なことは誠実に行動することである。

柔軟に対応する

一日のうちの特定の時間に行わなければならない活動は、「時間が決まっている活動」と考えられる。しかし、ある活動が「時間が決まっている活動」の分野でスケジュールに入っていたとしても、その時間がきたら行っていることを自動的にやめてそれをしなければならないということではない。スケジュールを変更して、もっと重要なことをしてもかまわない。大切なことは、二つの活動を比べて、どちらがその時点でより重要かを見極めることである。

一日のうちには、計画していた活動を見直さなければならない事態が必ず起こる（上司による会議の召集、コンサートへの誘い、娘の急病を告げる電話、顧客のアポ取り消し、など）。「緊急度」ではなく「重要度」のパラダイムによる第Ⅱ領域時間管理を実行すれば、時間をもっとも効果的に使えるようになる。たとえ状況が変わったとしても、自分の時間とエネルギーの効果的な使い方を決めるのに、「心の羅針盤」に従うことができる。突発的な出来事が起きたとき、計画していたことがより重要なことであれば、ためらうことなく計画を続行することができる。逆に、突発的な出来事のほうが重要であれば、自信を持って計画を変更する順応性を持つことができる。

第六ステップ――時間の使い方と活動を、週ごとに評価してみる

第Ⅱ領域時間管理は、ループ（輪）を閉じない限り（その週の経験を、翌週の効果を高めるための基礎にしている限り）完了しない。人というものは経験から学ばなければ、同じことを繰り返すだけである。毎週同じミスをして、同じ問題に四苦八苦しなければならない。

週末にあたって翌週の計画を立てる前に、しばらくミッション・ステートメントを見直して、次の質問を考えてほしい。

・私は、どんな目標を達成しただろうか。
・私は、どんな困難にぶつかっただろうか。
・私は、どんな決断を下しただろうか。
・私は、決断を下すとき、最優先事項を優先しただろうか。

さて、この方法で、毎週三〇分間を翌週の計画のために五二週（一年間）にわたって費やしたとしよう。それによって、仮に第Ⅱ領域の目標の半分しか達成できなかったとすると、それは、今よりもさらに多くの時間を第Ⅱ領域のために費やさなければならないということだろうか。もしそうなら、少し増やせばいいのだろうか、それとも大幅に増やさなければならないのだろうか。もし第Ⅱ領域のためにより多くの時間を投資すれば、ビジネスやプライベートはどのように変わるのだろうか。

第Ⅱ領域時間管理はツールではなく、一つの考え方である。

第Ⅱ領域時間管理のパラダイムはきわめて基本的なものである。しかし、パラダイムにそぐわないツールを使ってしまうと、効率も悪くフラストレーションを感じるだろう。「重要度」に基づいた生活を望んでいるのに、「緊急度」に焦点を当てたツールを使っていたとすれば、それはちょうど「前方の道に障害物を置く人がいるのを知りながら、その道を進んでいくようなもの」である。そのようなシステムは、第Ⅱ領域時間管理のパラダイムさえも打ち負かしてしまうかもしれない。そうなってしまうと、システムが役立たないばかりか邪魔になってしまう。

第Ⅱ領域時間管理は、「重要度」のパラダイムを強化する。この時間管理の最大の価値は、スケジュールそのものよりも、考え方が変わることにある。この時間管理により、時間を違った目でとらえられるようになり、また、最重要事項を優先できるようになる。

ほとんどの人は、この時間管理（緊急なことよりも重要なことを優先すること、柔軟性を持って一週間を見通すこと、「大きな石」を最初に入れること）によってすぐに大きな恩恵が得られるだろう。

第4章
人間関係における
リーダーシップ

信頼関係を築く

信頼性に基づく信頼

個人としてセルフ・リーダーシップを発揮する際に必要なことは、個人が持つ信頼性だが、人間関係におけるリーダーシップの原則は、個人の信頼性に基づく「信頼」だ。

誰かに対してリーダーシップを発揮しようとすれば、そこには信頼関係が必要となる。人は信頼していない人にはついていかないからだ。

強い信頼関係が築かれているときのコミュニケーションは、どのようなものだろうか。事は簡単で、努力を要することなく瞬時にコミュニケーションが成り立つ。では、強い信頼関係が築かれてはいるが、失敗してしまった場合はどうだろうか？ それもほとんど問題ない。相手は、あなたという人間をわかっている。「心配ない。わかっている」「気にしないで。あなたの言いたいことはわかるし、あなた

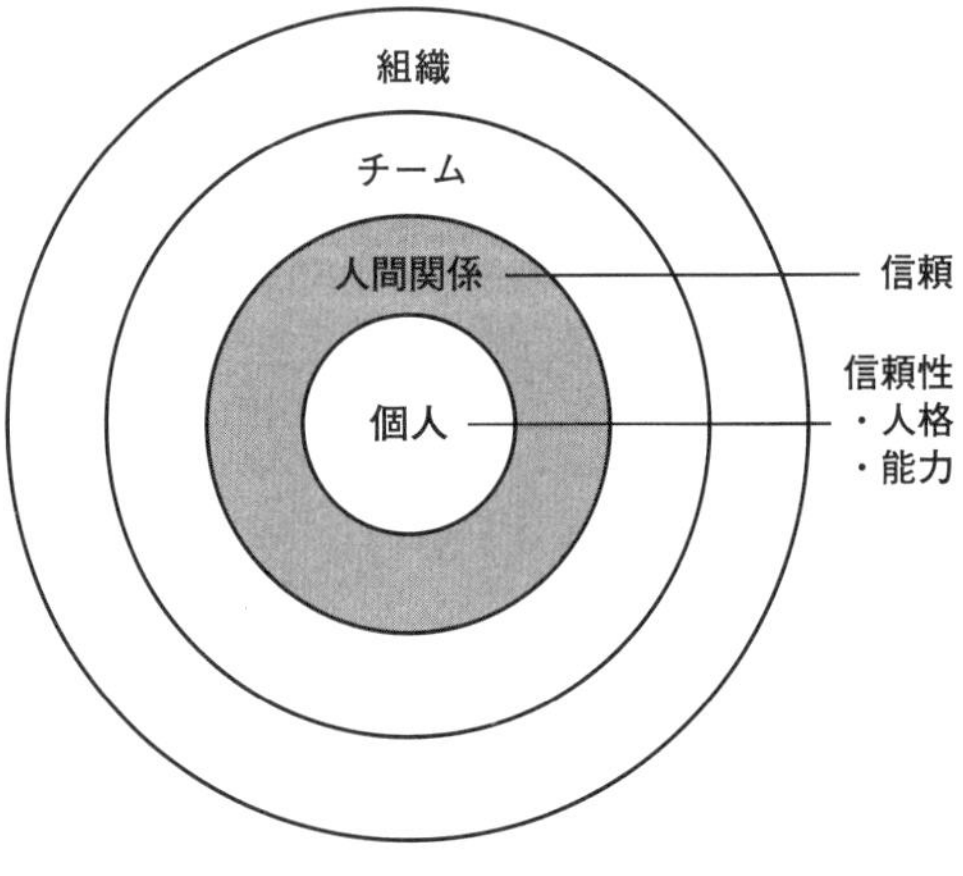

という人間をわかっているから」と言うだろう。これまでに発明されたどんなテクノロジーにもできないことだ。ある意味で、頭よりも心のほうが重要である理由はそこにあるのだ。

信頼がもたらすスピードほど速いものはない。そのスピードは、あなたが思いつくあらゆるものに勝っている。インターネットよりも速いのだ。というのは、信頼関係が存在すれば、ミスは許され忘れ去られる。信頼とは、生活の接着剤である。信頼は、組織、文化、人間関係をつなぎ合わせる接着剤なのだ。だが皮肉なことに、信頼はゆっくりと構築される。人が信頼関係を築く場合、そのスピードが速いということはゆっくりを意味し、ゆっくりとは速いを意味するのだ。つまり、信頼を築くには時間がかかるが、一度信頼が築ければ物事は速く進むということなのだ。

道徳的権威と信頼がもたらすスピード

人間関係における永続的信頼は、ごまかすことはできないし、一回限りの努力によって劇的に構築されることはほとんどない。良心や熱意によって裏づけられた習慣的な行動の賜物なのである。前述したように、私は信頼口座という信頼のレベルを表す比喩表現を使っている。銀行口座の貯金や引き出しに似ているからだ。ただし、信頼口座では、金ではなく自分の人間関係を構築したり崩壊させたりする信頼の預け入れや引き出しを行う。

人間関係において考えられる主な預け入れと引き出しを、以下に一〇個ずつ記載する。私の経験によれば、これらは人間関係における信頼レベルに大きく影響している。また、必要となる犠牲およびそれぞれの預け入れに具体化されている原則も記載する。

これら一〇個の預け入れが信頼を築くのは、それらが人間関係の中心となる原則を具体的に表しているからである。一〇個の預け入れをそれぞれ考えてみれば、何が共通要素であるかが見えてくるだろう。私は、預け入れの共通点の一つは、意志力と決意から構成される率先力であると思う。それぞれの預け入れのすべてが、自ら実行できることであり、自分の能力に影響を与えることができる。それらは原則に基づいているため、道徳的権威や信頼を生み出すのだ。個人レベルで「一〇個の個人的感情の腕立て伏せ」ができなければ、そしてそのような勇気、率先力、決意を行使できなければ、そうした預け入れを行うことはできないだろう。

預け入れの第二の共通点は何か? 私は、利己主義を排除した謙遜であると思う。それは自分よりも相手、個人的な価値観よりも崇高な大義を優先させようとする意志である。生活とは自分を中心に回っているわけではないし、自分のものではないと認識することである。哲学者マーティン・ブーバーの言葉を引用すれば、それは、「I and You（我と汝）」の世界であり、すべての人々の価値と可能性に深い畏敬の念を抱くことである。

特に職場や家庭で生活を共にする身近な人に対して、継続的に預け入れを行わなければ、道徳的権威も信頼も絆も、時間とともに消え失せてしまう可能性がある。彼らの期待のほうがはるかに大きいからだ。長年疎遠だった人とは、最後に会った時点から関係を再開できる可能性がある。この場合、相手は継続的預け入れを期待していないので、信頼、絆、愛情は、すぐに修復される。

第三の共通点は、生活において価値あることのほとんどがそうであるように、犠牲が伴うことである。忘れてはならないのは、犠牲の正当な定義は、改革のためには何か（それがよいことであっても）を諦めるということだ。

すでに信頼口座について知っているならば、ここでは新たな見方でそれを復習し、改めて取り組んでほしい。そうすれば、自分のボイス（内面の声）を発見し、他人が自分のボイス（内面の声）を発見できるよう人を奮起させることもできる。それぞれの預け入れが表しているのは、役に立たない個人的習慣を捨てるために自分の生来の才能を使い、それとは引き換えに人間関係で道徳的権威を構築する行動を選択するという行為である。

一・まず理解に徹する

「まず理解に徹する」がなぜ第一の預け入れなのか？　なぜなら、相手を理解できなければ、その人にどのような預け入れをすればよいかわからないからだ。相手を本当に理解しようとする姿勢は、もっとも重要な預け入れである。また他のすべての預け入れの鍵となる。

散歩に誘って語り合うとか、一緒にアイスクリームを食べるとか、仕事を手伝ってあげるといったようなことが、あなたにすれば預け入れのつもりでも、相手にとっては預け入れにならないかもしれない。相手の本当の関心やニーズと合っていなければ、預け入れどころか引き出しになるかもしれない。つまり、自分にとって重要な約束であっても、相手にとっては重要でないかもしれない。自分が表現する正直さ、率直さ、親切、礼儀正しさは、他の人が彼らの固有の文化的／個人的フィルターを通してみるとまったく違って見えるかもしれない。それぞれの預け入れの基本原則は、あらゆる状況に当てはまるが、それをどのように具体的に実践すべきかを把握するには、相手の立場から相手を理解することが必要なのだ。

私自身、相手を理解しようとする行為が大きな力を発揮することを何度も経験してきた。非常に高名で有能な経営者に招かれ、ある大学の新しい学長の選択について分析と提案を行うように求められたときのことを決して忘れられない。それは、私にとってもっとも奥深いコミュニケーションの経験の一つになっている。彼は私に挨拶したあと、丁重に彼のオフィスに私を招き入れ、私の目を見て話せるよう私を彼のすぐそばにある机の前に座らせた。簡単に言ってしまえば、彼は私にこのようなことを言ったのだ。「スティーブン、お越しいただきありがとう。あなたが私に理解してほしいと思っていることを、私はなんでも理解したいと思っている」

私は、この訪問のためにかなりの時間をかけて準備し、プレゼンテーション用の書類を作成した。彼にその書類のコピーを渡し、ポイント別にゆっくり説明した。彼は、いくつかの点について質問する以外は私の話を遮ることはなかった。熱心に集中して聞いてくれていたので、三〇分間のプレゼンテーションが終了したとき、私は完全に理解されたと感じることができた。彼からは、一切、なんのコメントもなかった。同意も、反論も、約束も。なのに、最後に立ち上がって私の目を見て、握手しながら私に対する評価と敬服を態度で示してくれた。それだけだったが、私は、彼の率直さ、謙虚な態度、礼儀正しさ、集中して聞く態度に深く感動すると同時に、感謝や忠誠の念に圧倒されてしまった。私の意見に真心から耳を傾けてくれたし尊重されたということがわかったので、完全に理解されたと感じることができ、どのような決断が下されても全面的に従う準備はできていた。

以前にもこの紳士とは何度も会っていたが、あの膝を交えての一対一の真のコミュニケーションで、彼が道徳的権威を備えていることをはっきりと感じることができた。だからこれ以上訪問しなくても、彼に対する道徳的権威は揺らぐことはなかった。自分でも驚いているが、これを書いている今でもあのときの貴重な会話の衝撃を感じられるほどである。

二．約束をしてそれを守る

約束をしてそれを破る行為ほど、即刻信頼を壊してしまうものはない。反対に、約束を守る行為ほど信頼の構築や強化につながるものはない。

約束をするのは簡単だ。相手はたいていすぐに満足する。特に悩んでいてこちらに問題を解決してほしいと思っているときや、何か心配ごとがあるときはそうだ。相手が約束に満足すれば、こちらに好感を持つ。また人は、他の人から好感を持たれたいと思っている。

もっとも切望していることに対しては、人はいとも簡単に信じてしまう。どのような人でも心からほしいものがあると、それを手に入れられるという説明、話、約束を容易に信じてしまうから、だまされて取り引きしたり契約したりしてしまう。彼らは、不利な情報を見ようとせずに、自分が信じることに固執してしまう。

しかし、約束を守ることは容易ではない。たいていは犠牲を伴う困難なプロセスになる。ときに、約束をするという気持ちのよいムードが過ぎたあと、厳しい現実を突きつけられたり、状況が変化したりするからだ。

特に相手が子どもの場合、私は約束を守るためにどのような犠牲でも払う用意が完全にできている場合を除き、約束するとは決して（「決して」という言葉は決して言うべきではない）言わないように自分を訓練してきた。子どもから「約束して」とせがまれることはよくあった。もし簡単にその要求に応じれば、彼らは、私がその約束を守ると理解して安心感を得るだろう。まるで、今ほしいものがなんでも手に入るかのように感じてしまうだろう。「約束する」と言えば、彼らはその場で満足感が得られるし、その瞬間なごやかな雰囲気がつくれるので、そうしたいという気持ちに強く駆られることが何度もあった。「やってみる」、「目標にする」、「そう願っている」では、彼らは満足しない。「約束する」以外に彼らを納得させることはできない。

三．正直と誠実

伝説的なバスケットボールコーチのリック・ピティーノは、正直という原則を次のように簡潔かつ奥深く表現した。「嘘は問題を先送りし、真実は問題を過去のものとする」

直面している難題やプロジェクトで自分が犯してしまった失敗に対してさえも、信じられないほど率直で正直な建設会社とかつて仕事をしたことがある。彼は、自分の失敗に対して責任をとった。矛盾のない完璧な見積書を提出し、建設の各段階で私たちが利用できるあらゆるオプションを提示したので、私はその人物を絶対的かつ直観的に信頼し、それ以降彼の言葉を信じられるようになった。何かが起きても自分の利益よりも私たちの利益を優先してくれるという確信があった。彼には、自分の失敗を隠して恥をかくことを避けたいという自尊心や自然の欲求よりも、自分の誠実さと私たちとの人間関係を優先したいという強い思いがあって、私たちの間に特別な信頼の絆をつくったのだ。勝ち得た信頼によって彼は、多くの仕事を得てきた。私は、同じような建設会社の問題で逆の経験をしたことも何度かある。

私が大学で働いていたとき、米国心理学会の元会長である高名な心理学者の接待役を務める、光栄な機会に恵まれたことがあった。この人は、心理学的治療法である「誠実療法」の父と言われていた。「誠実療法」とは、心の平穏、真の幸福、バランスが、良心に対して誠実な人生を生きるがゆえの効能であるというアイデアに基づいている。どの時代においても、あらゆる永続的な文化、宗教、社会に共通する普遍的な善悪正邪の観念には、良心が根底にあると彼は信じていた。

四．親切と礼儀正しさ

他人を相手にすると、些細なことでも大きなことになる。昔、学期末に一人の学生が私のところにやって来て、クラスを称賛したあとに本質的なことを言った。「コヴィー博士、あなたは、人間関係のエキスパートではあるが、私の名前さえもご存知ない」

彼の言うことは正しかった。私は無念で恥ずかしく、きちんと自分を改めることにした。私は常に知識の概念にとらわれ、職務に順応しようと務め、また物事の効率化を図ろうとしすぎる傾向を打破しなければならなかった。人間関係が強固に築き上げられて目的が共有されるまでは、特に不安定で「執拗に固執する」人が相手の場合には、効率性を追求した行為は効果がない。相手がモノなら、それほど効力がなくなることはない。モノには感情がないからだ。だが人には感情がある。いわゆる大物と言われるＶＩＰでさえも例外ではない。

人間関係においては、常に小さな礼儀正しさや親切を行う必要がある。そうした積み重ねによって、やがて大きな利益につながる。これがＥＱ（Emotional Intelligence Quotient）の世界である。

その一方、人はうわべだけの「親切」テクニックを見抜き、巧みに操られていることに気づく。真の親切、礼儀正しさ、敬意は、深い人格の蓄積を意味するＳＱ（Social Intelligence Quotient）に由来するもので、多くの社会的駆け引きや形式的な礼儀正しさは必要なくなる。

家庭や学校で子どもに話すときは、次の四つの表現を学習し、一貫して誠意を持って使用すれば、ほとんどの場合ほしいものは手に入るということを伝えるようにしている。

「お願いします」
「ありがとう」
「愛している」
「お手伝いしましょうか？」

大人も大きな子どもなのである。

五．Win－Win or No Deal（取引しない）の考え方

ほとんどすべての交渉や問題解決は、Win－Loseの考え方が前提にあるようなものである。この考え方は、相手が勝つほど、あるいは相手が得るほど、自分の取り分は少なくなるという社会の欠乏マインドのことだ。目標は、ほしいものを手に入れることだ。これは普通、相手を巧みに操って有利に立ち、相手にできるだけ敗北を認めさせることを意味する。多くの人は、他人との相違点をこれと同じ方法で解決しようとする。その相手が家族であっても同じことだ。両者ともどちらかが譲るまで、あるいは、両者が相互に折り合って解決するまで戦ってしまう。

私は、このWin－Loseの考え方から抜け出す鍵を握るのは、自分の勝利も相手の勝利もできるだけ同じように守ろうと、感情的にそして精神的に決意することにあるというWin－Winのアイデアをあるプレゼンテーションで発表したことがある。どちらかが妥協して解決するということにしないためには、勇気、豊かさマインド、大きな創造力が必要となる。そして私は、No Deal（取引しない）というオプションから始めることがさらなる鍵となることも伝えてきた。

事実、双方が勝者と感じている場合以外は、人は、頭の中でNo Dealが実行可能なオプションとなるまで、つまりNo Dealを求める覚悟、取引を破棄する覚悟、穏やかに合意または不合意に到達する覚悟が完全にできるまで、相手を巧みに操ったり、ときには圧力をかけたり脅したりして自分の勝利を認めさせようとする。しかし、No Dealが本当に実行可能なオプションである場合は、人は、相手に正直に言うことができる。「私あるいはあなたが、圧倒的に勝ったと心の底から思えないのならば、

今すぐＮｏ Ｄｅａｌということで合意しよう」これは、非常に解放された自由なプロセスだ。謙遜、親切と強さ、勇気の組み合わせが必要だが、いったん意見の違いをしっかり調整できれば両者は一変する。そこに強い絆が生まれると、その後は、一方がいなくても常に相手に忠節であろうとするのだ。

このプレゼンテーションを終えると、前列に座っていた一人の男性が私のところにやって来て、このタイムリーなアイデアに謝意を表してくれた。彼は、ディズニー・エプコットの代表者だった。その翌日エプコットセンターで行われる特定の国の展示に関する話し合いの中で、そのアイデアを実践するつもりだと言った。彼の説明によれば、多額の資金提供を申し出ている取引相手が、ある国の展示を希望していたが、ディズニーは、それでは公衆の関心を十分につかむことができないと感じていた。しかし、ディズニーは資金を獲得して開発を予定どおりに進めるためには、妥協せざるを得ないと圧力を感じていた。だが、今は新しいオプションを見出すことができたと彼は言う。

後日、彼は資金提供者に丁重に次のように伝えたと私に報告してくれた。「あなたとはＷｉｎ－Ｗｉｎの契約と関係を目指したいと本当に思っている。私どもは、あなた方が提供する資金がたしかに必要だ。だが、私たちの間にある根本的な意見の相違を考慮し、両者の間で交わされる契約や合同プロジェクトが双方にとって本当に大きな勝利とならないのならば、『Ｎｏ Ｄｅａｌ』としたほうがよい」資金提供者は、彼の説明の誠実さ、率直さ、正直さに気づくと、操ったり圧力をかけることを自らやめた。彼らは、真のシナジーのあるＷｉｎ－Ｗｉｎ体制ができるまで、バックアップし合い、編成し直し、真のコミュニケーションをとった。

この「Ｗｉｎ－Ｗｉｎ ｏｒ Ｎｏ Ｄｅａｌの考え方」という預け入れの力は、何かを犠牲にしてもかまわない、つまり相手がもっとも希望することやその理由を理解するまでは自己の利益を保留にしてもかまわないと、初めから思う気持ちの中にある。そうすることで結果的には、両者の利益となる新しい創造的な解決策を、両者が力を合わせて見出すことができる（人間関係におけるその他のパラダイムについては、後述する）。

六．期待を明確にする

「期待を明確にする」とは、実際には、前述した預け入れをすべて組み合せたものである。というのは、コミュニケーションを推進するには、深い相互理解や相互尊重が必要となる。特に、役割や目標についての期待を明確にする場合にそれが言える。コミュニケーションの中断や崩壊、あるいは、病んだ文化などあらゆることの根本原因を調べると、役割や目標（すなわち、誰がどのような役割を果たすか、その役割の優先目標は何か）が不明確であったり、予測が外れていたりすることがわかる。

昔、大手レストランチェーンの上層経営陣とチーム・ビルディングを行ったことがある。優先事項や目標について意見が分かれ、もはや無視することも耐えることもできない状態になってしまい、組織全体が悲惨な結末をたどることは目に見えていた。私は二枚のフリップチャートを用意し、それぞれの頭に「私の役割と目標に関するあなたの意見」、「相手の役割と目標に関するあなたの意見」と書き込み、各自にそこに記入させた。それぞれが納得いくまでチャートに記入させ、記入が完全に終わるまでは判定、同意、反論は一切しなかった。意見の違いを調整することは不可能のように思われていたのだが、それが役割や目標に対して「期待するものが違った」からなのだと全員が自分の目で確認すると、すぐに謙遜と尊重は修復された。彼らは期待を明確にすることで、初めて誠実にコミュニケーションすることができた。

七．その場にいない人に対して忠実になる

「その場にいない人に対して忠実になる」は、すべての預け入れの中でもっとも難しいものの一つである。それは、人格と人間関係の絆の深さの両方を証明する、最大の試金石の一つである。そこにいない人に対して、誰もがよってたかって陰口を言ったり、話を誇張しているようなときには特にそうである。利己的にならず公正な態度で次のように発言するとよい。

「私の見方は違うな」、あるいは「私の経験は違っていた」、あるいは「もっともな話だ。それでは彼(女)と直接話し合おう」。

そうすることで、誠実とはその場にいない人だけでなく、そこにいる人間に対しても忠節を示すものであるということが瞬時に伝わるだろう。そこにいる人全員が、自覚しているかどうかはわからないが、あなたのことを心の中で高く評価し尊敬することになるだろう。彼らがそこにいなくても、あなたは彼らを尊重してくれることが伝わる。しかし一方で、忠節のほうが誠実であることより高い価値感を持ってしまうと、その場の言いなりになり、迎合して陰口に参加してしまう。するとそこにいる誰もが、あなたは彼らに対しても同じことをするだろうと圧力とストレスを感じてしまう。

私は、ある大きな組織で、正式なリーダーたちがさまざまな人事問題を話し合う会議の議長を務めたことがある。ある特定の人物の弱点について、出席者全員の意見が一致していたようだった。面と向かっては絶対にとらないような態度で、この人物について冗談を言ったり茶化し始めた。その日、会議が終わったあとで、役員の一人が私のところにやって来て、私が今まで彼に対して示した感謝や好意を今初めて信用できると言った。「なぜか?」と私が尋ねると、彼は、「ある人物に対して会議で痛烈な批判をしていたときに、あなたは大多数の意見に逆らって心から彼のことを心配し、心遣いと敬意を示していた」と答えた。私がさらに、なぜそんなことに衝撃を受けたのかと尋ねると、彼はこう答えた。「私にも同じような弱点があり、しかもその弱点は、みんなから批判されていた彼よりも、もっとひどい。そのことは誰も、あなたさえも知らないことだ。だから、あなたが私に感謝や敬意を示してくれていたときに、いつも私は心の中で『でも、あなたはわかっていない』と言っていた。だけど今日は、あなたにわかってもらえているように感じる。私がそこにいないときでも、あなたは私に誠実で忠節でいてくれるように思える。あなたのことを信頼できるし、あなたの親切な態度が信じられる」

よくあることだが、多くの人間が集まっているときに信頼を得られるかどうかの鍵を握る人物は一人だ。つまり、ある人がその場にいるとき、またはいないときに、あなたがその人をどのように見てどのように話すかによって、多くの人は、自分がその場にいるとき、またはいないときにあなたが自分のことをどのように見てどのように話すかを感じ取るのである。

八. 謝罪する

「私が間違っていた、ごめんなさい」または「自己本位なことをしてしまった、過剰反応してしまった、あなたを無視した、一時的にせよ誠実よりも忠節を優先してしまった」と言えるようになること。また、それに応じた生き方ができるようになることは、もっとも効果的な謝罪の形の一つである。何年も壊れていた人間関係が、そうした深く心のこもった謝罪によって、比較的短期間で改善されたのを目にしたことがある。一時的な興奮で何かを口走ってしまったとき、それが本意でなかったならば、謝罪して、それが自尊心ゆえの行為だったことや、本当は自分がどう思っていたかをきちんと説明しなくてはならない。一時的な興奮で口走ったことでも、それが本意であったならば、謝罪の本質として実際に自分の心を入れ替えて、誠意を持って次のように言えるようになるまで反省しなくてはならない。「ごめんなさい。傷つける言葉と行いを悪く思っている。今後はそういうことをしないように、言葉も行動も正すように努めるつもりだ」

ある人に個人的な弱点をつかれたことで不愉快な思いをし、大論争となってしまったことがある。表面的には礼儀正しく明るく振る舞っているように見えても、それ以来、そのときの気持ちが私たちのコミュニケーションに影を落とし、純粋なコミュニケーションができなくなってしまった。するとある日、彼が私のところにやってきて、私たちの関係がぎくしゃくしていることを悲しく思っていて、元のような一体感や共感し合える関係を取り戻したいと言ってきた。彼は、自分の心を見つめ直し、どこで道を誤ってしまったのかを振り返ることはもっとも辛いことの一つだと言い、心から謝りたいと言った。彼の謝罪は謙虚な気持ちと誠意に溢れ、自己を正当化する痕跡は一切見られなかったので、私も自分の心を見つめ直し、自分がとるべき責任をとった。そして私たちは、再びかたい絆で結ばれた。

九．フィードバックをやり取りする

教師になった頃からとても親しくしている生徒たちには、たくさんフィードバックを与えてきた。「君はもっとやれる、楽な道はとるな、言い訳はするな、犠牲を払えるはずだ」と私は言ってきた。責任を伴う行動を彼らに要求してきたこと、すなわち、自分の行動がもたらす結果を受け入れさせてきたことは、当時の私にとっても生徒たちにとっても苦しいことだったが、それこそが人生の転機となり、人生が決まった瞬間でもあった。

ネガティブなフィードバックを与えることは、もっとも難しいコミュニケーションの一つである。また、もっとも必要なことの一つでもある。盲点（私たちが認めるもろい弱点の部分）を抱えている人は多いが、それに取り組もうとする者はほとんどいない。それは、彼らにどのようにフィードバックを与えたらよいのかを知っている人がいないからである。

一対一の状況でフィードバックを与えるもっともよい方法は、相手についてではなく自分自身のことについて話すことだ。相手を非難したり、評価したり、レッテルを貼るのではなく、その状況について自分が感じていること、心配していること、認識していることについて話す。このアプローチだと、相手は、脅威を感じることなく、自分の盲点に関する情報を受け入れやすくなる。

権限のある人は、フィードバックを押し戻すことやフィードバックを提供することを、正当な行為として認めておくべきである。フィードバックを受けたなら、それによってどんなに傷ついたとしても、フィードバックを受けたことに感謝の意を表する必要がある。それを明確にしないと、上司にネガティブなフィードバックを提供したり、それを押し戻すことが、基本的に不忠や不従順の一形態とする規範ができてしまう。「フィードバックを押し戻すこと」を正当な行為として認め、社会規範として認めてしまいさえすれば、正式な権限を持つ人は解放される。それが相手の気持ちを傷つけたり、相手との関係を壊してしまったり、「最後の言葉」として受け取られてしまうことを恐れずに、フィードバックを「押し戻す」ことができるようにもなる。

誰にとっても、特に自分の盲点についてはフィードバックが必要である。それこそが、個人的成長にとってきわめて重要なのである。実は盲点は、それほどもろくはないのだ。人の価値観は本質的なものだ。弱点を自覚していようがいまいが、価値観が特定の弱点によることはない。

一〇．許す

許すには、忘れる、思いきる、前に進むという行為が必要となる。かつて出張していたときに、あるマネージャーから電話がかかってきたことがある。彼は、直属の上司からこっぴどく批判され、辞職したいとのことだった。私が会って相談に乗るので、それまではそのような軽率な決心はしないようにと助言した。「あなたに電話したのは、相談に乗ってもらうためではなく報告するためで、私は辞職します」と彼は言った。そのとき、私は彼の言うことに耳を傾けていなかったことに気づき、その後は態度を改めてきちんと言い分を聞いた。彼は、パンドラの箱を開けて、経験したこと、上司に対する不平・不満や心境、そしてそれよりも強い妻への不平や心境をぶちまけた。私が心から彼の話に耳を傾けると、彼の言葉の中にあったネガティブなエネルギーが消え、私が出張から戻ったらすぐに会いたいと自分から言い出した。

私が戻るとすぐに、彼は、妻を連れて私のオフィスにやって来た。彼らは、表面的には明るく見えたが、本題の話し合いを始めるとすぐに、深い怒りや憤りがとめどなく溢れ出てきた。彼らが理解されたと感じるまで、私はじっと話を聞き続けた。そのうち、彼らはとても率直になってきた。その時点で、彼らに刺激と反応の間にあるスペースについてや、傷つく最大の原因は自分に対する他人の行動にあるのではなく、そうした他人の行動に対する自分の反応の中にあるのだということについて話した。最初彼は、私が辞職を思いとどまらせようと誘導しているのだと思っていた。そこで、彼らが別の問題について話し、こちらはそれを理解するまで、私はひたすら耳を傾けた。その中には、そうした仕事上の問題が、彼らの結婚生活や家庭生活にどのように影響していたかという話も含まれていた。それは、まるで内面にある核に達するまで、玉ねぎの皮をむいていくような作業であった。

彼らの気持ちがとても率直になり私の助言を受け入れられる状態になると、私は彼らに選択する能力があることを強調し、そのマネージャーが上司に憤りや怒りを抱いていたことについて、上司に許しを求めてみてはどうかと勧めた。彼の反応はこうだった。「どういう意味ですか？　まったく逆ではありませんか。許しを求めるのは私たちではなく、上司のほうが私たちの許しを求めるのが筋ではないでしょうか?」

さらにネガティブなエネルギーが放出されたが、最終的に彼らは、非常に率直になり次のアイデアを全面的に受け入れた。誰も私たちの同意なしに私たちを傷つけることはできないし、私たちが選ぶ反応こそが、自分たちの生活を決定する主要因子である。つまり、私たちとは、自分が存在する状態ではなく、自分が下す決断の産物なのだ。彼らは非常に謙虚になり、これについて考えることに同意した。後日、彼から電話があり、先日話し合った原則がいかに賢明なことか理解できたので受け入れることにしたこと、そして上司のところに行き許しを求めたこと、上司は、彼のその態度に文字どおり圧倒されたこと、上司も彼に許しを求めたこと、彼らの関係が修復されたことを伝えてくれた。彼とその妻は、刺激と反応の間にスペースがあることや、彼らに選択する能力があることを受け入れる気持ちになれたので、たとえ誠実に許しを求めてはねつけられたとしても、辞職せずにその場にとどまれるようできるだけ努力してみることができたのだ。

信頼とは動詞である

人間関係の構築に関する本章では、他人との信頼関係構築において意識的にできること、すなわち、名詞(状態)である信頼の構築に重点を置いてきた。

しかし、信頼とは、動詞でもあることを忘れてはならない。私が成人したころに、私の中にある可能性を私自身よりもはるかに高く評価した人がいた。彼は、表面からではなく底の隠れた部分にある、顕著で明白なこと以上のものを見つけ出してくれた。彼は、私の心、目、精神をのぞき込み、それぞれの人間が持っている、まだ洗練されていない優れた資質、未開発の目に見えない種を見たのである。

それで彼は、私の経験と客観的能力をはるかに超える責任を私に委ねたのだ。彼は、証拠も証明もないにもかかわらず私を信頼してくれた。彼はまっすぐに私が試練に立ち向かうことを信じ、期待し、そしてそのように私を扱ってくれた。それは、信頼行為だった。しかし、その信頼行為によってあまりにも私の価値と可能性が認められたので、私は、自分の中にそれを見たい気持ちに駆られた。彼が私を信用してくれたおかげで、私は自分に対する信用と自分自身を見つめる力を強化することができた。私は、自分の中の高潔な部分を最大限伸ばしたいと思った。それは、私にとって人生哲学にもなった。他人を認めよ。子どもを認めよ。彼らの見える部分ではなく見えない部分、つまり、可能性を信じよということだ。

真理を言い当てて奥深いのが詩人ゲーテの言葉である。ゲーテは、「現在の姿を見て接すれば、人は現在のままだろう。人のあるべき姿を見て接すれば、あるべき姿に成長していくだろう」と言っている。

信頼は、信頼性によって生み出されるというだけではなく、モチベーションの根源でもある。それはモチベーションの最高の形態である。信頼性を持つ人は、他人に価値と可能性を見つけると、「信頼する」行為を通じてチャンスを与えて彼らを育て、激励する。しかし、相手がこの信頼に忠実に生きていかないと事態は悪化する。自分の価値や可能性を見たいという気持ちに駆られることもない。人に自分の価値や可能性を伝える能力がないということになる。このような人にとって、信頼とは動詞ではない。事実、信頼性に欠く人にとって持続的に誰かを信頼したり信用することは非常に難しいことである。そして、同じように愛情も動詞となる。それは行動なのだ。人は、他人を愛したり他人に仕える。人は、他人を信頼する。

私がしばしば紹介する話を使って、信頼（同じように愛情）がどのようにして動詞になり得るかを説明しよう。

あるセミナーで主体性について講義していたとき、一人の男性が前に出てきてこう言った。

「先生のおっしゃっていることはよくわかるんですが、人によって状況は違うんです。たとえば私たち夫婦のことです。不安でたまりません。妻と私は昔のような気持ちがもう持てないんです。私は妻をもう愛していないと思うし、妻も私を愛していないでしょうね。どうしたらいいでしょう？」

「愛する気持ちがもうなくなったというのですね？」私は聞いた。

「そうです」と彼はきっぱり答える。「子どもが三人もいるので、不安なんです。アドバイスをお願いします」

「奥さんを愛してください」と私は答えた。

「ですから、もうそんな気持ちはないんです」

「だから、奥さんを愛してください」

「先生はわかっていません。私にはもう、愛という気持ちはないんです」

「だから、奥さんを愛するのです。そうした気持ちがないのなら、奥さんを愛する理由になるじゃないですか」

「でも、愛（Love）を感じないのに、どうやって愛するんです？」

「いいですか、愛（Love）は動詞なのです。愛という気持ちは、愛するという行動から得られる果実です。ですから奥さんを愛する。奥さんに奉仕する。犠牲を払う。奥さんの話を聴いて、共感し、理解する。感謝の気持ちを表す。奥さんを認める。そうしてみてはいかがです？」

古今東西の文学では、「愛」は動詞として使われている。反応的な人は、愛を感情としかとらえない。彼らは感情に流されるからだ。人はその時どきの感情で動くのであって、その責任はとりようがないというような筋書の映画も少なくない。しかし映画は現実を描いているわけではない。もし行動が感情に支配されているとしたら、それは自分の責任を放棄し、行動を支配する力を感情に与えてしまったからなのだ。

主体的な人にとって、愛は動詞である。愛は具体的な行動である。犠牲を払うことである。母親が新しい命をこの世に送り出すのと同じように、自分自身を捧げることである。愛を学びたいなら、他者のために、たとえ反抗的な相手でも、何の見返りも期待できない相手であっても、犠牲を払う人たちを見てみればいい。あなたが親であるなら、子どものためならどんな犠牲も辞さないはずだ。愛とは、愛するという行為によって実現される価値である。主体的な人は、気分を価値観に従わせる。愛、その気持ちは取り戻せるのである。

信頼を与えたり、人の価値や可能性を伝えるベストな場所はどこか？　その答えは、間違いなく家庭である。家庭が機能していなければ、次にベストな場所はどこか？　それは学校である。ここでは教師が親の代わりとなり、信頼するというプロセスを教えられる。

自分には自分の信頼を人に与える力があることを忘れてはならない。ただし、失望させられるリスクがあるので、この力を発揮するときには賢明になる必要がある。しかし、この力を発揮することは、人に貴重な天分とチャンスを与える。最大のリスクは、リスクのない人生を送るリスクである。

人間関係におけるリーダーシップのパラダイム

競争のパラダイム

以前、ある会社の社長から、社員同士が協力せず困っているので相談に乗ってほしいと頼まれたことがある。

「先生、一番の問題はですね、社員が自分のことしか考えていないことなんですよ。協力ということをしない。社員同士で力を合わせれば、もっと生産性が上がるのですがね。対人関係の研修プログラムを取り入れてこの問題を解決したいのですが、先生、力になっていただけるでしょうか」

「御社の問題は社員にあるのでしょうか、それともパラダイム、ものの見方にあるのでしょうか?」と私は聞いた。

「ご自分で確かめてみてください」

そこで、確かめてみた。なるほど社員は本当に身勝手で、力を合わせようなどという気はなさそうだ。上司には反抗的だし、わが身大事で、防衛的なコミュニケーションをとっている。信頼口座は見るからに赤字で、不信感に満ちた職場であることは間違いない。しかし私は重ねて聞いてみた。

「もっとよく調べてみましょう。なぜ社員の皆さんは協力しないのです？　協力しないと、社員にとって何か良いことがあるのでしょうか？」

「何もいいことはないですよ。協力したほうが良いにきまってるではないですか」

「本当にそうですか？」

私は念を押すように尋ねた。それというのも、社長室の壁にかかっているカーテンの向こう側に貼ってあるグラフが気になったからだ。グラフの線が競馬場の走路に見立てられ、競走馬の写真がいくつも貼りつけられている。それぞれの馬の頭の部分は、なんとマネージャーの顔写真になっているではないか。きわめつけは、グラフ右端のゴールのところに貼ってあるバミューダの美しい観光ポスターだ。青い空にふんわりと浮かぶ雲、真っ白な砂浜、手をつないで歩く恋人同士……

週に一度、社長は部下たちをこの部屋に集め、協力して仕事しろと訓示するらしい。「皆で力を合わせようじゃないか。そうすればもっと売上が伸びるぞ」と言い、おもむろにカーテンを引き、このグラフを見せるわけである。

「さて、バミューダ行きの切符を手にするのは誰かな？」

これでは、一つの花に大きく育ってくれよと言いながら、別の花に水をやっているようなものである。あるいは「士気が上がるまで解雇を続ける」と脅しているのと同じだ。社員同士が協力し、アイデアを出し合い、全員の努力で売上を伸ばしていくことを望んでいながら、実際には社員同士が競うように仕向けていたのである。一人のマネージャーが成功すれば、他のマネージャーたちは失敗する仕組みになっていたのだ。

職場や家庭、他の人間関係に見られる実に多くの問題と同じように、この会社の場合も、問題の原因はパラダイムの違いにある。社長は競争のパラダイムから協力という成果を得ようとしていた。そしてそれがうまくいかないとみるや、新しいテクニックや研修プログラム、応急処置で協力させようと考えたわけである。

しかし、根を変えずに、その木になる果実を変えることはできない。表に出る態度や行動だけに働きかけるのは、枝葉にハサミを入れる程度の効果しかない。そこで私は、協力することの価値が社員に伝わるようにし、社員同士の協力が報われる報酬制度を整えることによって組織を根本から変革し、個人と組織の優れた力を最大限に引き出すよう提案した。

たとえあなたの社会的立場が社長やマネージャーではなくとも、自立から相互依存の領域に足を踏み入れた瞬間に、リーダーシップの役割を引き受けたことになる。あなた自身が他者に影響を与える立場になるからである。

では人間関係において、私たちはどのようなパラダイムを持てばよいのだろうか。人間関係の六つのパラダイムを見ながら、私たちが持つべきパラダイムを考えていこう。

人間関係の六つのパラダイム

Win－Winとは、昨今よく耳にする言葉だが、単なるスキル・テクニックの一例として使われているケースが多い。しかし、Win－Winは決してテクニックではない。人間関係の総合的な哲学である。人間関係の六つのパラダイムの一つである。そしてWin－Winの他に、「Win－Lose」「Lose－Win」「Lose－Lose」「Win」「Win－Win or No Deal」のパラダイムがある。

一．Win－Win

Win－Winは、すべての人間関係において、必ずお互いの利益になる結果を見つけようとする考え方と姿勢である。何かを決めるときも、問題を解決するときも、お互いの利益になり、お互いに満足できる結果を目指すことである。Win－Winの姿勢で到達したソリューション、当事者全員が納得し、満足し、合意した行動計画には必ず実行する決心をするものである。Win－Winのパラダイムは、人生を競争の場ではなく協力の場ととらえる。私たちはえてして、強いか弱いか、厳しいか甘いか、勝つか負けるか、物事を「二者択一」で考えがちだ。しかし、このような考え方には根本的な欠陥がある。原則に基づいておらず、自分の権力や地位にものを言わせる態度だからだ。Win－Winの根本には、全員が満足できる方法は十分にあるという考え方がある。誰かが勝者になったからといって、そのために他者が犠牲になって敗者になる必要などない、全員が勝者になれると考えるのである。

Win－Winは、第3の案の存在を信じることである。あなたのやり方でもなければ、私のやり方でもない、もっとよい方法、もっとレベルの高い方法だ。

二．Win－Lose

Win－Winの別の選択肢としてWin－Loseがある。例の「バミューダ行きレース」のパラダイムだ。私が勝てば、あなたが負ける。

リーダーシップのスタイルで言えば、Win－Loseは「私のやり方を通す。君の意見は聞くまでもない」という権威主義的なアプローチになる。Win－Loseの考え方の人は、自分の地位、権力、学歴、所有物、あるいは個性の力を借りて、自分のやり方を押し通そうとする。

ほとんどの人は生まれたときからずっと、勝ち負けの脚本で育っているから、Win－Loseのメンタリティが深く染みついている。親が子どもたちを比較していたら、たとえば兄ばかりに理解や愛情を注いでいたら、弟は「自分が勝ち、相手が負ける」というWin－Loseを考えるようになる。

仲間同士の関係も強い影響力を持つ脚本になる。子どもは、まず親に受け入れられ、認めてもらおうとする。そして次に、友人などの「仲間」に受け入れられたいと思う。そして誰もが知っているとおり、仲間というのはときに極端なことになる。仲間うちのルールに従って行動できるかどうか、グループの期待に応えられるかどうかで、全面的に受け入れるか、徹底的に排除するかの二つに一つなのである。こうして子どもはますます、Win－Loseの脚本に染まっていく。

学校に上がれば、そこにもWin－Loseの脚本が待ち受けている。学業成績の指標である偏差値は相対的なものであり、誰かがAをとれば誰かがCになる仕組みである。個人の価値を人との比較で測っているのである。学校という世界では内面の価値はまったく考慮されず、外に表れる点数だけで全員の価値が判定されてしまうのだ。

生徒は潜在能力で評価されるわけではないし、本来持っている能力を存分に発揮したかどうかで評価されるのでもない。他の生徒との比較で成績が決まるのである。しかも学校の成績は社会に出るときも価値を持ち、チャンスの扉が開くか閉じられるかは成績次第だ。協力ではなく競争が教育の根幹をなしているのである。実際、生徒同士の協力といってすぐに思い浮かぶのは、試験の不正ぐらいではないだろうか。

もう一つの強烈なWin‐Loseの脚本で動いているのがスポーツである。特に高校や大学のスポーツはそうである。試合で「勝つ」というのは「相手を負かす」ことだ。だから多くの若者は、人生は勝者と敗者しかいないゼロサム・ゲームという考え方を内面に根づかせてしまうことになる。

法律もWin‐Loseのパラダイムだ。現代は訴訟社会である。何かトラブルが起きると裁判に持ち込んで白黒はっきりさせ、相手を負かして自分が勝とうとする。しかし、裁判沙汰になれば、当事者はどちらも自分の立場を守ることしか考えられなくなる。人が防衛的になれば、創造的にも、協力的にもならないのだ。

たしかに法律は必要だし、法律がなければ社会の秩序は保てない。しかし秩序は保てても、法律にシナジーを生み出す力はない。よくて妥協点が見つかる程度である。そもそも法律は敵対という概念に基づいている。

最近になってようやく、法律家もロースクールも裁判所に頼らず話し合いで解決するWin‐Winのテクニックに目を向け始めている。これですべてが解決できるわけではないが、Win-Winを考えた調停や交渉に対する関心は高まっている。

もちろん、本当に食うか食われるかの事態だったら、お互いの立場を尊重してWin-Winを目指そうなどと呑気なことは言っていられない。しかし人生の大半は競争ではない。あなたは毎日、パートナーと競争して暮らしているわけではないし、子ども、同僚、隣人、友人たちといつも競争しているわけではない。「お宅では夫婦のどちらが勝ってます?」などという質問は馬鹿げている。夫婦が二人とも勝者でなければ、二人とも敗者なのである。

人生のほとんどは、一人で自立して生きるのではない。他者とともに、お互いに依存しながら生きていく。それが現実である。あなたが望む事柄のほとんどは、周りの人たちと協力できるかどうかにかかっている。Win-Loseの考え方でいたら、人と力を合わせて結果を出すことはできない。

三. Lose-Win

Win-Loseとは反対のプログラムが組み込まれている人もいる。Lose-Winである。

Lose-WinはWin-Loseよりもたちが悪い。Lose-Winには基準というものがないからだ。Lose-Winを考える人は、相手に対して何も主張せず、何も期待せず、何の見通しも持たずに、ただ相手を喜ばせたり、なだめたりすることしか考えない。人に受け入れられ、好かれることに自分の強みを求める。自分の気持ちや信念をはっきりと言う勇気がなく、相手の我の強さにすぐ萎縮してしまう。

交渉の場でLose-Winの態度をとることは降参であり、譲歩するか、諦めるかしかない。リーダーシップのスタイルなら、放任主義か部下の意のままになることだ。要するに、Lose－Winのパラダイムを持つことで「いい人」と思われたいのである。たとえ「いい人」が最後は負けるとわかっていても、「いい人」と思われたいのだ。

Win－Loseの人は、Lose－Win思考の人が好きである。弱さにつけこみ、餌食にして、自分の思いどおりにできるからだ。Win－Loseの強気がLose－Winの弱気とぴったりとかみ合うわけである。しかし問題は、Lose－Winタイプの人はさまざまな感情を胸の奥底に押し隠していることである。口に出さないからといって、負けて悔しい感情が消えてなくなるわけではない。ずっとくすぶり続け、時間が経ってからもっとひどいかたちで表に出てくる。特に呼吸器系や神経系、循環器系に症状の出る心身症の多くは、Lose－Winの生き方を続けたことによって抑圧され、積もり積もった恨み、深い失望、幻滅が病気に姿を変えて表に噴出したのである。過度な怒り、些細な挑発への過剰反応、あるいは世をすねるような態度も、感情を押し殺してきたせいなのである。より高い目的に到達するために自分の気持ちを乗り越えようとせず、ひたすら感情を抑えることだけを考えていたら、自尊心を失い、しまいには人間関係にも影響が及んでしまう。

Win－Loseタイプの人もLose－Winタイプの人も、内面が安定していないから、自分の立場がぐらぐらと揺らぐのである。短いスパンで見れば、Win－Loseのほうが結果は出せるだろう。Win－Loseタイプは地位があり、力や才能に恵まれた人が多いから、そういう自分の強みを力にして、相手を負かすことができる。一方のLose－Winタイプの人は、初めから弱気だから、自分が何を手にしたいのかもわからなくなる。

多くの経営者や管理職、親はWin－LoseとLose－Winの間を振り子のように行ったり来たりしている。秩序が乱れ、方向がずれて期待どおりに進まず、規律のない混乱した状態に耐えられなくなるとWin－Loseになり、そのうち自分の高飛車な態度に良心が痛んでくると、Lose－Winになって、怒りやイライラが募ってWin－Loseに逆戻りするわけである。

四．Lose－Lose

Win－Loseタイプの人間が、角を突き合わせることもある。気が強く頑固で、我を通そうとする者同士がぶつかると、結果はLose－Loseになる。二人とも負けるのだ。そして二人とも「仕返ししてやる」「この借りは絶対に返すぞ」と復讐心に燃えることになる。相手を憎むあまり、相手を殺すことは自分も殺すこと、復讐は両刃の剣であることが見えなくなる。

ある夫婦が離婚したとき、裁判所は夫側に、資産を売却して半額を前妻に渡すよう命じた。前夫はその命令に従い、一万ドルの価値のある車を五〇ドルで売り飛ばし、前妻に二五ドル渡した。妻側の申し立てを受けて裁判所が調べてみると、前夫はすべての財産を同じように二束三文で売却していた。

敵を自分の人生の中心に置き、敵とみなす人物の一挙手一投足が気に障ってどうしようもなくなると、その人が失敗すればいい、たとえ自らを見失ってもとひたすら念じ、他には何も見えなくなる。Lose－Loseは敵対の思想、戦争の思想なのである。Lose－Loseタイプの人は、自分の目指すべき方向がまったく見えず、他者に極度に依存して生きている自分が惨めでならず、いっそのことみんな惨めになればいいと思ったりもする。早い話、「勝者がいなければ、自分が敗者であることが悪いことではないと思う」わけである。

五．Win

他者は関係なくただ自分が勝つことだけを考えるパラダイムもある。Winタイプの人は、他の誰かが負けることを望んでいるわけではない。他人の勝ち負けはどうでもよく、自分の欲しいものを手に入れることだけが大切なのである。

競争や争いの意識がない日々のやりとりの中では、Winはもっとも一般的なアプローチだろう。Winタイプの人は、自分の目標が達成できるかどうかしか頭にないから、他人の目標がどうなろうと自分には関係ないと考える。

もっとも優れているパラダイムはどれか

ここまで紹介した五つのパラダイム（Win－Win、Win－Lose、Lose－Win、Lose－Lose、Win）のうち、一番効果的なパラダイムはどれだろうか。答えは「ケース・バイ・ケース」である。サッカーの試合なら、どちらかのチームが勝ち、もう一方のチームは負ける。あるいは、あなたが勤める支店が他の支店と遠く離れていて、支店間の連携がなく、支店同士で業績を競う刺激が足りないなら、業績を上げるためにWin－Loseのパラダイムで他社の支店と競うかもしれない。しかし、会社の中で他のグループと協力して最大限の成果を出さなければならない状況では、例の「バミューダ行きレース」のようなＷｉｎ－Ｌｏｓｅを持ち込むことはしたくはないだろう。

あなたと誰かとの間に問題が起き、その問題が些細なことで、お互いの関係のほうがよっぽど大切なら、あなたが譲歩して相手の要求を丸ごと受け入れ、Ｌｏｓｅ－Ｗｉｎで対処するほうがよい場合もある。「私が欲しいものより、あなたとの関係のほうが大切です。今回はあなたの言うとおりにしましょう」という態度である。あるいは、今あるＷｉｎを選択することで、さらに大きな価値を損ねてしまうのであれば、Ｌｏｓｅ－Ｗｉｎを選択するだろう。そこに時間と労力をかけてまで選択する価値はない。

どうしても勝たなくてはならない、そのＷｉｎを自分が手にすることで、他人にどんな影響が及ぼうとかまわない、そんな状況もあるだろう。たとえばあなたの子どもの命が危険にさらされていたら、他人のことや周囲の状況など露ほども考えず、あなたの頭の中はわが子を救うことだけでいっぱいなはずだ。

だから、状況次第でどのパラダイムも一番になりうるのである。肝心なのは、状況を正しく読みとって使い分けることである。Ｗｉｎ－Ｌｏｓｅであれ、それ以外のパラダイムであれ、一つのパラダイムをどんな状況にも当てはめてはいけない。

そうは言っても、現実の人間社会においては、ほとんどが相互依存関係なのであり、五つのパラダイムの中でＷｉｎ－Ｗｉｎが唯一の実行可能な選択肢になるのだ。

Ｗｉｎ－Ｌｏｓｅでは、その場では自分が勝ったように見えても、相手の感情や自分に対する態度が相手の心にわだかまりを残し、お互いの関係に悪影響を与えないとも限らない。たとえば、私があなたの会社に商品を卸すとしよう。あるときの商談で私が自分の条件を通したとしたら、とりあえず私は自分の目的を達したことになる。しかしあなたは次も私と取引してくれるだろうか。一回限りの取引で終わってしまったら、今回は勝ちでも長い目で見れば負けである。だから相互依存の現実社会におけるWin－Loseは、実はどちらも負けるLose－Loseなのである。

逆に私がLose－Winの結果で妥協したとしたら、その場はあなたの希望どおりになるだろう。しかし今後、あなたに対する私の態度、契約を履行するときの私の態度にどんな影響があるだろうか。あなたに喜んでもらいたいから契約をしっかり履行しようという気持ちは薄れるだろうし、次回からの商談の席でも、このときに受けた心の傷を引きずっているかもしれない。同じ業界の他の会社と商談するときに、あなた個人とあなたの会社に対する反感をつい口にするかもしれない。これまた結局は双方敗者のLose－Loseである。

どんな場合でもLose－Loseが望ましい選択肢になりえないのは言うまでもないことだ。あるいは私が自分の勝ちしか考えないWinの態度で商談を進め、あなたの立場をまったく考えなかったら、この場合もやはり、生産的な関係を築く土台はできない。

先々のことを考えれば、どちらも勝者になれなければ、結局はどちらも負けなのである。だから、相互依存の現実社会の中で採れる案はWin－Winだけなのである。

六．Win－Win or No Deal（取引しない）

信頼口座への預け入れの箇所で紹介したが、Win－Winよりもさらに一歩進んだパラダイムがある。それは、お互いに満足でき、合意できる解決策を見出せなかったときの選択肢である、「Win－W

in or No Deal」だ。
No Deal（取引しない）とは、簡単に言えば、双方にメリットのある解決策が見つからなければ、お互いの意見の違いを認めて、「合意しないことに合意する」ことである。お互いに相手に何の期待も持たせず、何の契約も交わさない。私とあなたとでは、価値観も目的も明らかに正反対だから、私はあなたを雇わない、あるいは今回の仕事は一緒にはしないということだ。双方が勝手な期待を抱き、後々になって幻滅するよりは、最初からお互いの違いをはっきりさせ、認め合うほうがよっぽどいい。
No Dealを選択肢の一つとして持っていれば、余裕を持つことができる。相手を操ったり、こちらの思惑どおりに話を進めたりする必要はないのだし、何がなんでも目的を達しなければならないと必死にならずともすむ。心を開いて話せるし、感情の裏に潜む根本的な問題をわかろうとする余裕も生まれる。
No Dealの選択肢があれば、正直にこう話せる。「お互いに満足できるWin-Win以外の結論は出したくないんです。私も勝って、あなたにも勝ってほしい。だから、私のやり方を通しても、あなたに不満が残るのは嫌なんです。後々不満が噴き出さないとも限りません。それでは信頼関係が崩れます。逆に、私が我慢して、あなたの思いどおりになったとしても、あなたはあなたで後味が悪いでしょう。だからWin-Winの道を探しましょう。一緒に本気で考えましょう。それでも見つからなければ、この話はなしということでどうでしょうか。お互いに納得のいかない決定で我慢するよりは、今回は取引しないほうがいいと思います。また別の機会もあるでしょうから」

ある小さなコンピューターソフトウェア会社の社長に、「Ｗｉｎ－Ｗｉｎ ｏｒ Ｎｏ Ｄｅａｌ」の考え方を教えたところ、次のような経験を話してくれた。

「うちで開発した新しいソフトをある銀行に五年契約で販売したんです。頭取はそのソフトを高く評価してくれたのですが、他の役員はあまり乗り気ではなかったようです。契約から一ヵ月ほどたって、頭取が交代しましてね。新しい頭取からこう告げられたんです。『今回のシステム変更はちょっと厄介なことになっていまして、困っているのですよ。下の者たちはみんな口を揃えて、新しいソフトにはついていけないと言ってまして、私としても、今の時点で変更を無理には進められないと思います』と。

その頃、うちの会社は深刻な財政難に陥っていました。契約の履行を銀行に強要しても、法的には何の問題もないことはわかっていました。しかし私はＷｉｎ－Ｗｉｎの原則を信じていました。そこで頭取にこう言ったんです。

『この件はもう契約を交わしています。貴行は、システムの変更のために私どもの商品とサービスを購入する約束をしています。ですが、今回の変更に銀行の皆さんが満足していないということでしたら、契約は白紙に戻して、手付金はお返ししましょう。もし今後、何かソフトが必要になりましたら、どうぞよろしくお願いいたします』

八万四〇〇〇ドルの契約を自分から捨てたようなものです。会社の財政を考えれば、まるで自殺行為ですよ。しかし正しい原則に従ったのだから、いつか報われる、プラスになって返ってくる、そう信じていました。

それから三ヵ月後、あの頭取から電話がありまして、『データ処理システムを変える計画を進めている。

御社にお願いしたい』ということでした。これがなんと、二四万ドルの契約になったのです」

相互依存で成り立つ社会で人間関係を長く続けようと思ったら、Win-Win以外のパラダイムは次善の策とするにしても問題はどうしても残ってしまう。必ずネガティブな影響を残すからだ。どのくらいの代償を払うことになるのか、よくよく考えてみなければならない。本当のWin-Winに達しないのであれば、ほとんどの場合はNo Deal、「今回は取引しない」としたほうが得策である。

Win-Win or No Dealは、家族同士の関係においても精神的に大きな自由をもたらす。家族でビデオを観ようというとき、全員が楽しめるビデオがどうしても決まらなければ、誰かが我慢してまでビデオを観るよりは、その夜はビデオ鑑賞はせずに（No Deal）、全員で他のことをすればいいのである。

もちろん、No Dealのオプションを使えない場合もある。たとえば自分の子どもや妻・夫との関係にNo Dealを選び、なかったことにするわけにはいかない。必要ならば妥協を選んだほうがよいこともある。この場合の妥協は、低いレベルでのWin-Winになる。しかしたいていの場合は、Win-Win or No Dealの姿勢で交渉を進めることができる。そうすれば、お互いに腹の探り合いをせずに、自由に最善の案を探すことができるのである。

共感によるコミュニケーションの原則

処方する前に診断する

お互いがＷｉｎとなるためには、まず相手のＷｉｎが何であるかを理解しなければならない。相手を理解するためには、本当の意味でのコミュニケーションが必要となるが、果たして、私たちは相手のＷｉｎを理解するようなコミュニケーションを普段から行っているだろうか。次に紹介する医師と患者のコミュニケーションについて考えてみてほしい。

視力が落ちてきたので眼科に行ったとしよう。医者は、あなたの話をしばらく聞いてから、自分の眼鏡を外し、あなたに手渡してこう言う。

「かけてごらんなさい。かれこれ一〇年もこの眼鏡をかけていますが、本当にいい眼鏡ですよ。自宅に同じものがもう一つありますから、これはあなたに差し上げましょう」

あなたはその眼鏡をかけるが、ますます見えない。

「だめですよ。全然見えません！」とあなたは訴える。

「おかしいなあ。私はその眼鏡でよく見えるのだから、もっと頑張ってごらんなさい」と医者は言う。

「頑張ってますよ。でも何もかもぼやけて見えるんです」

「困った患者さんだ。前向きに考えてみなさい」

「前向きに考えても何も見えません」

「まったく、何という人だ！　私がこんなにもあなたの力になろうとしているのに」と医者はあなたを責める。

あなたは、もうこの医者に診てもらう気にはならないだろう。診断もせずに処方箋を出す医者など信頼できるわけがない。

ところが、私たちのコミュニケーションはどうだろう。診断せずに処方箋を出すようなまねをどれだけしているだろうか。私たちはえてして、問題が起きると慌ててしまい、その場で何か良いアドバイスをしてすぐに解決しようとする。しかし、その際私たちはしばしば診断するのを怠ってしまう。まず、問題をきちんと理解せずに解決しようとするのである。

私がこれまでに人間関係について学んだもっとも重要な原則を一言で言うなら、「まず理解に徹し、そして理解される」ということだ。この原則が効果的な人間関係におけるコミュニケーションの鍵なのである。

人格とコミュニケーション

読む、書く、話す、聴く、これらはコミュニケーションの四つの基本である。あなたはこれら四つのうち、どれにどのくらいの時間を費やしているだろうか。効果的な人生を生きるためには、コミュニケーションの四つの基本をうまく行える能力が不可欠なのである。

コミュニケーションは人生においてもっとも重要なスキルである。私たちは、起きている時間のほとんどをコミュニケーションに使っている。しかし、ここで考えてみてほしい。あなたは学校で何年も読み書きを習い、話し方を学んできたはずだ。だが聴くことはどうだろう。あなたは相手の立場になって、その人を深く理解できる聴き方を身につけるために、これまでにどのような訓練や教育を受けただろうか。

聴き方のトレーニングを受けたことのある人は、そう多くはいないはずだ。たとえ訓練を受けたことがあっても、ほとんどは個性主義のテクニックであり、それらのテクニックは相手を本当に理解するために不可欠な人格と人間関係を土台としているものではない。

あなたが、配偶者、子ども、隣人、上司、同僚、友人、誰とでも他者とうまく付き合い、影響を与えたいと思うなら、まずその人を理解しなければならない。しかし、それはテクニックだけでは絶対にできない。あなたがテクニックを使っていると感じたら、相手はあなたの二面性、操ろうとする気持ちをかぎとるだろう。

「何でそんなことをするのだろう、動機は何だろう」と詮索するだろう。そして、あなたには心を開いて話をしないほうがいい、と身構えることになる。

相手に自分をわかってもらえるかどうかは、あなたの日頃の行い次第である。あなた自身が模範になっているかどうかだ。常日頃の行いは、あなたが本当はどのような人間なのか、つまりあなたの人格から自然と流れ出てくるものである。他の人たちがあなたをこういう人間だと言っているとか、あなたが人にこう見られたいと思っているといったものではない。実際にあなたと接して相手がどう感じるか、それがすべてである。

あなたが熱しやすく冷めやすい人だったら、激怒したかと思うと優しくなるような人だったら、とりわけ人が見ているときと見ていないときとではまるで態度の違う人だったら、相手はあなたに心を開いて話をする気にはなれないだろう。どんなにあなたの愛情が欲しくとも、あなたの助けが必要でも、自分の意見や体験したこと、心の機微を安心して打ち明けることはできない。その後どんなことになるか、わからないからだ。

私があなたに心を開かない限り、あなたが私という人間のことも、私が置かれた状況や私の気持ちも理解できない限り、私の相談に乗ることもアドバイスしようにも無理だということである。あなたの言うことがいくら立派でも、私の悩みとは関係ないアドバイスになってしまう。

あなたは私のことを大切に思っていると言うかもしれない。私のことを気にかけ、価値を認めていると言うかもしれない。私だってその言葉をぜひ信じたい。しかし、私のことがわかってもいないのに、どうしてそんなことが言えるのだろうか。それは単に言葉だけにすぎないのだから、信じるわけにはいかない。

私はあなたの影響を受けることに対し怒りを覚え身構える。もしかすると罪悪感や恐怖感かもしれない。たとえ心の中ではあなたに力になってほしいと思っていてもだ。

私の独自性をあなたが深く理解し、心を動かされない限り、私があなたのアドバイスに心を動かされ、素直に受け止めて従うことはないだろう。だから、人と人とのコミュニケーションの習慣を本当の意味で身につけたいなら、テクニックだけではだめなのだ。相手が心を開き信頼してくれるような人格を土台にして、相手に共感して話を聴くスキルを積み上げていかなくてはならない。心と心の交流を始めるために、まずは信頼口座を開き、そこにたっぷりと預け入れをしなければならないのである。

共感による傾聴

「まず理解に徹する」ためには、大きなパラダイムシフトが必要である。私たちはたいていまず自分を理解してもらおうとする。ほとんどの人は、相手の話を聴くときも、理解しようとして聴いているわけではない。次に自分が何を話そうか考えながら聞いている。話しているか、話す準備をしているかのどちらかなのである。

すべての物事を自分のパラダイムのフィルターに通し、自分のそれまでの経験、いわば自叙伝（自分の経験に照らし合わせ）を相手の経験に重ね合わせて理解したつもりになっている。

「そうそう、その気持ち、よくわかるわ！」とか「ぼくも同じ経験をしたんだ、それはね……」

これでは、自分のホームビデオを相手の行動に投影しているだけである。自分がかけている眼鏡を誰にでもかけさせようとするのと同じだ。

こういう人たちは、息子や娘、配偶者、同僚など身近な人との関係に問題が起きると必ず、「向こうが理解していない」と思うものである。

相手が話しているとき、私たちの「聞く」姿勢はたいてい次の四つのレベルのどれかである。一番低いレベルは、相手を無視して話をまったく聞かない。次のレベルは、聞くふりをすること。「うん、うん」とあいづちは打つが、話の中身はまったく耳に入っていない。三番目のレベルは、選択的に聞く態度である。話の部分部分だけを耳に入れる。三〜四歳くらいの子どものとりとめもなく続くおしゃべりには、大人はたいていこんなふうにして付き合う。四番目のレベルは、注意して聞く。神経を集中して、相手が話すことに注意を払う。

ほとんどの人は四番目のレベルが最高なのだが、実はもう一段上、五番目のレベルがある。これが、相手の身になって聴く、共感による傾聴である。

ここでいう共感による傾聴とは、「積極的傾聴」とか「振り返りの傾聴」といったテクニックではない。これらのテクニックは、単に相手の言葉をオウム返しにするだけで、人格や人間関係の土台から切り離された小手先のテクニックにすぎない。テクニックを駆使して人の話を聞くのは、相手を侮辱することにもなる。それに、テクニックを使ったところで、相手の立場ではなく自分の立場で聞き、自分の自叙伝を押しつけようとすることに変わりはない。

共感による傾聴とは、まず相手を理解しようと聴くことであり、相手の身になって聴くことである。相手を理解しよう、本当に理解したいという気持ちで聴くことである。パラダイムがまったく違うのだ。

共感とは、自分の視点ではなく相手の視点に立ってみることである。相手の目で物事を眺め、相手の見ている世界を見ることである。それによって、相手のパラダイム、相手の気持ちを理解することである。

共感は同情とは違う。同情は一種の同意であり、価値判断である。たしかに、共感よりも同情してあげるほうが適切な場合もある。しかし同情されてばかりいたら、人は同情を当てにするようになり、依存心が強くなってしまう。共感の本質は、誰かに同情することではない。感情的にも知的にも、相手を深く理解することなのである。

共感による傾聴は、記憶し、反映し、理解する以上のものだ。コミュニケーションの専門家によれば、口から出る言葉は人間のコミュニケーションの一〇%足らずで、三〇%は音によるコミュニケーション、残りの六〇%がボディランゲージである。共感して聴くには、耳だけではなく、もっと大切なのは、目と心も使うことである。相手の気持ちを聴きとる。言葉の裏にある本当の意味を聴きとる。行動を聴きとる。左脳だけでなく右脳も使って、察し、読みとり、感じとるのである。

共感による傾聴の大きな強みは、正確なデータを得られることである。相手の考え、感情、動機を自分の自叙伝に沿って勝手に解釈するのではなく、相手の頭と心の中にある現実そのものに対応できるのである。相手を理解しようと思って聴く。自分ではない人間の魂が発する声をしっかりと受け止めるために、集中して聴くのである。

共感して聴くことは、信頼口座に預け入れできるかどうかの鍵も握っている。預け入れになるためには、あなたがすることを相手が預け入れだと思わなければならない。どんなに身を粉にしても、その人にとって本当に大切なことを理解していなければ、あなたの努力はただの自己満足ととられるかもしれないし、操ろうとしている、脅している、見下している、そんなふうに受け止められるかもしれない。これでは預け入れどころか残高を減らすことになってしまう。

だから、共感して聴くことができれば、それ自体が大きな預け入れになるのだ。相手に心理的な空気を送り込んで、心を深く癒す力を持つのである。

あなたが今いる部屋の空気が突然どんどん吸い出されていったら、この本への興味を持ち続けられるだろうか。本のことなどどうでもよくなるだろう。どうにかして空気を取り込もうと、生き延びることがあなたの最大の動機になる。

しかし今、空気はある。だから、あなたにとって空気は少しの動機づけにもならない。満たされている欲求は動機づけにはならないのだ。これは人間の動機づけに関するもっとも的確な洞察の一つである。人の動機になるのは、満たされていない欲求だけなのである。人間にとって肉体の生存の次に大きな欲求は、心理的な生存である。理解され、認められ、必要とされ、感謝されることである。

共感して話を聴いているとき、あなたは相手に心理的な空気を送り込んでいる。心理的な生存のための欲求を満たしてあげることによって初めて、相手に影響を与え、問題の解決へと向かえるのである。

誰しも心理的な空気を必要としている。この大きな欲求こそが、人と人とのあらゆるコミュニケーションで大きな鍵を握っているのである。

あるとき、シカゴで開かれたセミナーでこの考え方を教えたことがあった。セミナーの参加者に、「今晩、共感して話を聴く練習をしてみてください」と宿題を出した。翌朝、ある男性が私のところにやってきた。一刻も早く報告したくてたまらない様子だった。

「昨晩起きたことを聞いてください」と彼は言った。「実はですね、シカゴにいる間にどうしてもまとめたい大きな不動産の取引がありましてね。夕べ、取引相手とその弁護士に会いに行きましたら、他の不動産業者も来ていたんですよ。別の条件を出してきたらしくて。

どうも私のほうが分が悪く、その業者に持っていかれそうでした。この案件は半年以上も前から取り組んでいましたし、はっきり言って、すべてをこの取引に賭けていました。すべてです。だからもうパニックでしたよ。できる限りのことをしました。思いつく限りの手を打って、セールステクニックも駆使しました。そして、最後の手段で『結論を出すのはもう少し先に延ばしてもらえませんか』と頼みました。しかし話はどんどん進んでいましたし、これ以上交渉を続けるのはうんざりだっていう感じでした。ここで話をまとめてしまいたい、という様子がありありで。

そこで私は自分に言い聞かせたんです。『あれを試してみよう。今日教わったことをここでやってみようじゃないか。まず理解に徹する、それから自分を理解してもらう。そう教わったんだ。もう失うものは何もないんだし』とね。

お客さんにこう言ったんです。『お客様のお考えを私がきちんと理解できているか、確認させてくださいませんか。私の案のどこに引っかかっておられるのか、もう一度教えてください。私がちゃんと理解できているとお客様が思われたら、私の案が適当かどうか改めてご検討いただければ……』

私は本気でお客さんの身になって考えようとしました。お客さんのニーズや関心を言葉にしようと努力しました。

すると、お客さんのほうもだんだんと打ち解けてくれましてね。お客さんがどんなことを心配しているのか、どんな結果を予測しているのかを察して言葉にすると、向こうも心を開いてくれたんです。

そのうち会話の途中でお客さんは立ち上がって、奥さんに電話をかけたんです。しばらくして受話器を手で覆い、私の方を見て、『君にお願いすることにしたよ』と言ったんです。それはもう、びっくりですよ。今でも信じられないですよ」

この男性は、相手に心理的な空気を送り込んだから、信頼口座に大きな預け入れができたのである。結局のところ、このような商取引では、他の条件がだいたい同じならば、テクニックよりも人間性のほうが決め手になるのである。

まず理解に徹すること。処方箋を書く前に診断をすることは、実はとても難しい。自分が何年も具合よく使ってきた眼鏡を押しつけるほうがはるかに簡単なのだ。

しかし、そんなことを長く続けていたら、PとPCの両方をひどく消耗させる。相手の内面にあるものを本当に理解できなければ、その人と相互依存の関係は築かれず、したがって大きな成果も生まれない。そして相手が本当に理解されたと感じない限り、高い信頼残高という人間関係のPCを育てることはできないのだ。特に、意見が合わず相手を説得しようとしたり、自分が不利になるような交渉に臨んだりするときは難しくなる。どうしても自分の立場を理解して欲しいと思い、自分の意見を押しつけてしまうからだ。

しかし同時に、共感による傾聴にはリスクもある。相手の話を深く聴くには、強い安定性が必要になる。自分自身が心を開くことによって、相手から影響を受けるからだ。傷つくこともあるだろう。それでも相手に影響を与えようと思ったら、自分もその人から影響を受けなければならない。それが本当に相手を理解することなのである。

リスクもあり難しくもあるが、「まず理解に徹する」こと、つまり処方する前に診断することは、人生の多くの場面で表れる正しい原則である。それは、すべてのプロフェッショナルと呼ばれる人たちにとって必要不可欠な特徴である。もしあなたが医者の診断を信頼していなければ、医者の出した処方箋どおりの薬を飲む気にはなれないだろう。

診断に信頼性がなければ、処方を信頼することはできないというこの原則は、あらゆるビジネスにも当てはまる。有能なセールス・パーソンは、まず顧客のニーズと関心事を突きとめ、顧客の立場を理解しようとする。素人のセールス・パーソンは商品を売り、プロはニーズを満たし問題点を解決する方法を売るのである。アプローチの仕方がまったく異なるのだ。プロは、どうすれば診断できるか、どうすれば理解できるかを知っている。顧客のニーズを商品とサービスに結びつける方法も研究している。しかしそれに加えて本物のプロなら、ニーズに合わなければ「私どもの商品（サービス）は、お客様のご要望にはそぐわないのではないでしょうか」と正直に言う誠実さも持っている。

処方する前に診断を下す原則は、法律の基礎でもある。プロの弁護士は、まず事実を集めて状況を理解する。関係する法律と判例を確認してから、裁判をどう進めるか準備する。腕の良い弁護士は、自分の陳述書を書く前に相手方の陳述書が書けるくらいまで、綿密な準備をするものである。

商品開発も同じである。開発担当の社員が「ユーザーのニーズ調査なんかどうだっていいよ。さっさと開発にとりかかろう」などと言うだろうか。消費者の購買習慣や購買動機を理解せずに商品を開発しても、うまくいくわけがない。

優秀なエンジニアなら、橋を設計する前に、どれくらいの力がどのようにかかるかを理解するはずだ。良い教師は、教える前にクラスの生徒の学力を把握しておくだろう。真面目な生徒なら、応用する前に基礎を理解するだろう。賢い親なら、子どもを評価したり判断したりする前に、まず子どもを理解しようとするだろう。

正しい判断をするための鍵は、まず理解することである。最初に判断してしまうと、その人をきちんと理解することは決してできない。

まず理解に徹する。これが正しい原則であることは、人生のあらゆる場面で証明されている。それはすべての物事に当てはまる普遍的な原則だが、もっとも力を発揮する分野は、やはり人間関係だろう。

四つの自叙伝的反応

私たちはえてして、自分の過去の経験、いわば「自叙伝」を相手の話に重ね合わせてしまうため、人の話を聞く際に次の四つの反応をしがちになる。

・評価する——同意するか反対するか
・探る——自分の視点から質問する
・助言する——自分の経験から助言する
・解釈する——自分の動機や行動を基にして相手の動機や行動を説明する

これら四つの反応は、自然に出てくるものである。ほとんどの人はこれらの反応にすっかり脚本づけされている。周りを見ても、その実例だらけだ。しかし、こうした反応で相手を本当に理解できるだろうか。

私が息子と話をするとき、息子が話し終らないうちに息子の話を評価しだしたら、心を開いて自分の本当の気持ちを話そうとするだろうか。私は息子に心理的な空気を送っているだろうか。

あるいは、私が根ほり葉ほり質問して詮索したらどうだろう。探るというのは、自分が求める答えを引き出すまで何度でも質問することだ。子どもをコントロールし、自分の経験、自叙伝を押しつけ、子どもの心の中に入り込んでいく。たとえ言葉のうえで論理的であったとしても、相手の気持ちや感情に届かないこともある。一日中質問攻めにしたところで、相手にとって本当に大切なものはわからないだろう。多くの親が子どもとの距離を感じ、子どもが考えていることを理解できずにいるのは、いつもこうして探っていることも大きな原因なのである。

友だちとは長電話するのに、親の質問には一言で片づけてしまう。子どもにとって家は寝泊りするだけのホテルと変わりない。決して心を開かず悩みを打ち明けることはないのだ。

しかしよく考えてみれば、正直なところそれも当然といえば当然なのである。子どもは傷つきやすい柔らかな内面を見せるたびに、親から一方的に自叙伝を聞かせられ、「だから言っただろう」などと頭ごなしの言葉で踏みにじられてきたのだ。親には絶対に心を開くまいと思うのも無理はない。

私たちはこうした反応の脚本にすっかり染まっているから、意識せずにその脚本を使っている。私はこれまで共感による傾聴の概念をセミナーなどで大勢の人たちに教えてきたが、参加者に実際にロールプレーイングさせると、全員が必ず衝撃を受ける。いつもの自分が自叙伝的な反応をしていることに気づくからだ。しかし自分が普段どのような聞き方をしているかがわかり、相手に共感して聴くことを学ぶと、コミュニケーションに劇的な変化が生まれることに気づくのである。多くの人にとって、「まず理解に徹し、そして理解される」ことは有意義かつ即効性のあるものである。

ここで、父親とティーンエイジャーの息子の典型的な会話をのぞいてみよう。父親の言葉が四つの反応のどれに当てはまるか考えながら読んでほしい。

「父さん、学校なんてもういやだよ。くだらないよ」

「何かあったのか？」（探る）

「全然現実的じゃない。何の役にも立たないよ」

「まだ学校の大切さがわかっていないだけなんだ。父さんもおまえの年頃にはそんなふうに思っていたものさ。こんなのは時間の無駄だと決めつけていた授業もあった。だがな、その授業が今一番役に立っているんだ。だから頑張れよ。もう少し時間をかけてみないと」（助言する）

「もう一〇年も学校に行ってるんだ。Xプラス Y なんかやったって、自動車の整備士になるのに何の役に立つわけ？」

「自動車整備士になるだって？　冗談だろ」（評価する）

「冗談なんかじゃない。ジョーだってそうだよ。学校をやめて整備士になったんだ。結構稼いでるんだぜ。そのほうが現実的だと思うけどね」

「今はそう思えるかもしれないが、あと何年か経てば、ジョーだって学校に行っていればよかったと後悔するに決まっている。おまえだって本気で自動車整備士になりたいと思っているわけじゃないだろう。

ちゃんと勉強してもっといい仕事を探さなくちゃだめだろう」（助言する）
「そうかなあ。ジョーはちゃんと将来のことを考えて決めたみたいだけど」
「おまえ、学校で本当に努力したのか？」（探る、評価する）
「高校に入ってもう二年だよ。努力はしてきたさ。でも高校なんて無駄だね」
「立派な高校じゃないか。もっと学校を信用しなさい」（助言する、評価する）
「他のやつだってぼくと同じ気持ちだよ」
「おまえを今の高校に行かせるために、父さんも母さんもどれだけ大変な思いをしたかわかってるのか。せっかくここまで来て、やめるなんて絶対に許さないぞ」（評価する）
「いろいろ大変だったのはわかってる。だけど、ほんとに無駄なんだ」
「テレビばかり見ていないでもっと宿題をしたらどうなんだ」（助言する、評価する）
「もういいよ、父さん。これ以上話したくない」

もちろん、父親は息子によかれと思って言っている。息子の力になってやりたいと思って言っているのである。しかし、この父親は息子のことを少しでも理解しようとしただろうか。

今度は息子のほうに注目してみよう。彼の言葉だけでなく、考えや気持ち、自叙伝的な父親の反応が息子にどんな影響を与えているかも一緒に考えてみよう。

言葉だけで人を理解しようとしてもうまくいかないことがわかっただろうか。自分の眼鏡を通して相手を見ていたら、なおさらである。何とか自分のことをわかってもらおうとしている人にとって、相手の自叙伝的な反応がどれだけコミュニケーションを妨げているだろうか。

相手と同じ視点に立って、相手が見ているのと同じ世界を見られるようになるには、人格を磨き、本当に理解したいという純粋な気持ちになり、相手との高い信頼残高、共感による傾聴のスキルを育てることが必要である。

共感による傾聴の全体を氷山にたとえるなら、スキルは海面に突き出た一角、いわば表に出る部分である。このスキルには四つの段階がある。

一番効果の低い第一段階は、**相手の言葉をそのまま繰り返す**ことである。これは「積極的傾聴」とか「振り返りの傾聴」などと言われる。人格ができておらず、相手との信頼関係がないと、こういう聴き方は失礼になり、相手はかえって心を閉ざしてしまう。しかし、相手の話を注意して真剣に聴こうとする姿勢を持つという意味で、これが第一段階になる。

言葉をそのまま繰り返すのは簡単である。相手の口から出る言葉をよく聴いて、オウム返しにすればいい。頭を使う必要もないくらいだ。

「父さん、学校なんてもういやだよ」

「学校がいやなんだね」

父親は息子の言葉を繰り返しているだけである。何の評価もしていないし、質問して探っているわけでも、助言しているわけでも、自分勝手な解釈もしていない。オウム返しにするだけでも、息子の言葉に注意を向けている姿勢は伝わる。しかし本当に理解しようとするなら、これでは不十分だ。

共感して聴くスキルの第二段階は、相手の言葉を**自分の言葉に置き換える**ことである。ただオウム返しにするよりも少しは効果的になるが、まだ言葉だけのコミュニケーションの域を出ていない。

「父さん、学校なんてもういやだよ」

「そうか、学校に行きたくないんだ」

今度は、父親は息子の話したことを自分の言葉で言い直している。息子はどういう意味で今の言葉を口にしたのだろうと考えている。ここではほとんど、理性と論理をつかさどる左脳だけを働かせている。

第三段階に入ると、右脳を使い始める。**相手の気持ちを言葉にする**のである。

「父さん、学校なんてもういやだよ。くだらないよ」

「なんだかイライラしているようだね」

父親は、息子の言葉よりも、その言葉を口にした息子の気持ちに関心を向けている。

最後の第四段階は、二番目と三番目を組み合わせたものになる。**相手の言葉を自分の言葉に置き換えると同時に、相手の気持ちも言葉にする**のである。

「父さん、学校なんてもういやだよ。くだらないよ」

「学校に行きたくなくて、なんだかイライラしているようだね」

「学校に行きたくなくて」の部分が話の内容、「イライラしているようだね」の部分が気持ちである。ここでは左脳と右脳の両方を使って、相手が伝えようとしている言葉と気持ちの両方を理解しようとしている。

共感して聴くスキルの第四段階まで身につければ、信じられないような効果がある。本心から理解したいと思って相手の言葉を自分の言葉に置き換え、相手の気持ちも言葉にできれば、その人の心に心理的な空気を送り込むことができる。相手が自分の考えや感情を整理する手助けもできる。あなたが話を真剣に聴こうとしている誠意が伝われば、相手の心の中で思っていることと、実際に口から出てくる言葉の間の壁が消えていく。こうして、魂と魂の交流が始まる。考え、感じていることとコミュニケーションしていることが一致するのだ。相手はあなたを信頼し、胸の奥底の傷つきやすい感情や考えをあなたに見せても大丈夫だと思うようになる。

本心から理解しようと思って聴くと、そこに大きな違いが生じる。本当の問題を見誤っていたら、相手によかれと思っていくら助言したところで何の意味もない。そして、自分の自叙伝とパラダイムを通してしか物事を見られない人は、本当の問題を突き止めることはできない。相手の視点に立って、相手が見ている世界を見ようとするなら、自分の眼鏡をしばし外さなくてはならないのだ。

この父親は、まず息子を理解しようとすることで、息子との対話を、息子とのつながりを強めるチャンスに取り換えたのである。それは、表面をなぞるだけで手っ取り早く解決してしまえばいいというようなコミュニケーションではなく、息子にも、そして親子関係にも大きな影響を与える機会をつくり出した。自分の経験談、自分の自叙伝を得々と聞かせるのではなく、息子を本当に理解しようという姿勢によって信頼口座にたくさんの預け入れをしたから、息子も心を開き、少しずつ掘り下げ、ようやく本当の問題を打ち明ける勇気を持てたのである。

今、父親と息子はテーブルの同じ側に並んで座り、同じ視点から問題を見つめている。テーブルを挟んで睨み合っているのとは正反対の状況である。息子には、父親の自叙伝を聴いてアドバイスを求める心の余裕が生まれている。

ここで注意してほしいことがある。助言をする段階に入ってからも、父親は息子とのコミュニケーションに細やかに気を配らなければならない。息子が論理的に反応している間は、効果的に質問し、助言を与えることができる。しかし感情的な反応を見せたら、共感して聴く姿勢に戻らなければならない。そうすれば、息子は再び心を開き、論理的な反応をし始める。ここでもう一度、父親の自叙伝を聴く気になっている。父親が息子に影響を与え、二人の関係を大きく変化させる機会が再び巡ってきたのである。

私たちは多くの場合、外部の助言がなくとも自分をコントロールできる。心を開くチャンスさえ与えられれば、あとは自分の力で自分の問題を解きほぐしていける。すると解決策がその過程ではっきり見えてくるものである。

もちろん、他者のものの見方や助力がどうしても必要な場合もある。そのようなときは、その人のためになることを本気で考え、その人の身になって話を聴き、その人が自分のペースで、自分の力で問題を突きとめ、解決できるように促すことが大切である。タマネギの皮を一枚一枚むくように少しずつ、その人の柔らかい内面の核に近づいていくのである。

人が本当に傷つき、深い痛みを抱えているとき、心から理解したいという純粋な気持ちで話を聴いてやれば、驚くほどすぐに相手は心を開く。その人だって胸の中にあることを話したいのである。とりわけ子どもは、心を開いて自分の思いを打ち明けたい気持ちでいっぱいなのだ。そしてその切実な思いは、友だちよりも、実は親に対して向けられている。親は自分を無条件に愛している、悩みを打ち明けたら必ず味方になってくれる、自分の悩みを馬鹿にしたり、批判したりしない。そう確信できれば、子どもは親に何でも包み隠さず話すものだ。

偽善や下心からではなく、純粋に相手を理解しようと努力すれば、相手のあるがままの想い、理解が流れ出てきて、聴いているほうは文字どおり言葉を失うことがあるはずだ。相手の身になって共感するのに、言葉など要らないこともある。むしろ言葉が邪魔になることさえある。だからテクニックだけではうまくいかないのだ。このような深い理解には、テクニックではとても到達できるものではない。テクニックだけに頼っていたら、かえって理解を妨げてしまう。

共感による傾聴のスキルを詳しく紹介してきた。スキルは必要である。しかしここでもう一度言っておきたいのだが、本当に理解したいという真摯な望みがなければ、いくらスキルを使っても役には立たない。あなたの態度に偽善や下心を少しでも感じとったら、相手は絶対に心を開かないし、逆に反発するだろう。相手が親しい間柄の人なら、話を聴く前に、次のようなこと話しておくのもよいだろう。

「私はこの本を読んで、共感して聴くことを知った。そしてあなたとの関係について考えてみて、今まであなたの話を本当の意味では聴いていなかったことに気づいた。でも、これからはあなたの身になって話を聴きたい。簡単にできることではないだろう。うまくできないときもあるかもしれない。でも頑張ってみようと思う。私はあなたのことを大切に思っている。だからあなたを理解したい。あなたにも協力してほしい」こうしてあなたの動機を相手に対して宣言するのは、大きな預け入れになる。

しかし、あなたに誠意がなかったら、相手を傷つけるだけである。このような宣言をして相手に話をするよう促し、相手が心を開いて傷つきやすい心の中を見せてから、実はあなたに誠意がないとわかったら、その人は弱い部分をさらけ出したまま放り出され、傷はいっそう深くなる。氷山の一角であるテクニックは、その下にある人格という巨大な土台から生まれたものでなければならないのだ。相手の身になり共感して話を聴くといっても、時間がかかってまどろっこしいと反発する人もいるだろう。

たしかに最初は時間がかかるかもしれない。しかし先々まで考えれば、大きな時間の節約になる。仮にあなたが医者で、確実な治療を施したいと思えば、時間をかけてでも正確な診断を下すことが一番効率的である。医者が「今日は忙しくて診断を下す時間がないんです。この薬でも飲んでてください」とは言わないだろう。

共感して話を聴くのは時間がかかる。しかし、相手に心理的な空気を送らず未解決の問題を抱えたまま、ずっと先に進んでから誤解を正したり、やり直したりすることに比べれば、たいした時間ではない。洞察力があり、共感して話を聴ける人は、相手の心の奥底で何が起きているかをいち早く察し、相手を受け入れ、理解してあげることができる。だから相手も安心して心を開き、薄皮を一枚ずつ剥いでいき、やがて柔らかく傷つきやすい心の核を見せ、そこにある本当の問題を打ち明けられるのである。

人は誰でも、自分のことをわかってもらいたいと思っている。だから、相手を理解することにどんなに長い時間を投資したとしても、必ず大きな成果となって戻ってくる。なぜなら問題や課題が正しく理解された感じたとき、人が深く理解されていると感じたときに増える信頼口座の残高があれば、解決に向かって進めるようになるからだ。

まず理解することに大きな力があるのは、それがあなたの影響の輪の真ん中に入っているからである。他者と関わり合いを持つ相互依存の状況では、自分の力では解決できない問題や対立、自分には変えることのできない事情や他人の行動など、影響の輪の外のことが多くなる。輪の外にエネルギーを注いでいても、ほとんど何の成果もあげられず、ただ消耗するだけである。

しかし、まず相手を理解する努力なら、いつでもできる。これならば、あなたの力でどうにかできる。自分の影響の輪にエネルギーを注いでいれば、だんだんと他者を深く理解できるようになる。相手の正確な情報に基づいて問題の核心を素早くつかめる。信頼口座の残高を増やし、相手の心に心理的な空気を送り込める。そうして、一緒に問題を効果的に解決できる。

これはまさにインサイド・アウトのアプローチである。内から外への努力を続けていくと、影響の輪にどのような変化が起こるのだろうか。相手を本気で理解しようと思って聴くから、あなた自身も相手から影響を受ける。しかし、自分も心を開いて他者から影響を受けるからこそ、他者に影響を与えることもできるのである。こうしてあなたの影響の輪は広がり、やがて関心の輪の中にあるさまざまなことにまで影響を及ぼすようになっていく。

あなた自身に起こる変化にも注目してほしい。周りの人たちへの理解が深まるにつれ、その人たちの人間的価値が見え、敬虔な気持ちを抱くようになる。他者を理解し、その人の魂に触れることは、神聖な場所に足を踏み入れるのと同じなのである。

共感による傾聴は、今すぐにでも実行に移すことができる。今度誰かと話をするとき、自分の自叙伝を持ち出すのはやめて、その人を本気で理解する努力をしてみる。その人が心を開いて悩みを打ち明けなくとも、その人の身になり、共感することはできる。その人の気持ちを察し、心の痛みを感じとって、「今日は元気がないね」と言ってあげる。その人は何も言わないかもしれない。それでもいい。あなたのほうから、その人を理解しようとし、その人を思いやる気持ちを表したのだから。無理強いしてはいけない。辛抱強く、相手を尊重する気持ちを忘れずに。その人が口を開かなくとも、共感することはできる。表情やしぐさを見ることによって相手に共感することができる。その人の胸のうちを敏感に察してあげられれば、自分の経験談を話さずとも、寄り添うことはできるのだ。

主体性の高い人なら、問題が起こる前に手立てを講じる機会をつくるだろう。息子や娘が学校で大きな問題にぶつかるまで手をこまねいている必要はないのだ。あるいは、商談が行き詰まってから手を打つのではなく、次の商談からすぐにでも、まず相手を理解する努力をしてみる。

愛する人たちを深く理解するために投資した時間は、開かれた心と心のコミュニケーションという大きな配当になって返ってくる。家庭生活や結婚生活に影を落とす問題の多くは、深刻な問題に発展する前に解決できるものである。家庭の中に何でも話し合えるオープンな雰囲気があれば、問題になりそうな芽はすぐに摘み取れる。たとえ大きな問題が持ち上がっても、家族同士の信頼口座の残高がたっぷりあれば、対処できるのである。

ビジネスにおいても、部下と一対一で向かい合う時間をつくり、話を聴いて、理解しようと努力する。人事関係の問題に対処する窓口やステークホルダーから情報を集めるシステムを確立して、顧客や仕入れ先、スタッフから率直で正確なフィードバックを受ける仕組みを社内に設置することもできる。資金や技術と同じくらい、それ以上に人を大切にする。会社のあらゆるレベルの人の力を引き出すことができれば、時間もエネルギーも資金も大幅に節約できるだろう。自分の部下や同僚の話を真剣に聴き、彼らから学び、そして彼らの心に心理的な空気を送り込む。そのような会社であれば、九時から五時までの勤務時間の枠を超えて一生懸命に働く忠誠心も育つのである。

まず理解に徹する。問題が起こる前に、評価したり処方したりする前に、自分の考えを主張する前に、まず理解するよう努力する。それは、人と人とが力を合わせる相互依存に必要不可欠な習慣である。

お互いに本当に深く理解し合えたとき、創造的な解決策、第3の案に通じる扉が開かれる。私たちの相違点が、コミュニケーションや進歩を妨げることはなくなる。それどころか、違いが踏み台になって、シナジーを創り出すことができるのである。

インディアン・トーキング・スティック

米国やカナダのインディアン種族を率いるインディアンの酋長を相手に研修を行ったことがある。その後に、酋長たちから美しい贈り物をもらった。それは、複雑な彫刻が施された高さ五フィートのトーキング・スティックで、ハクトウワシという銘が刻み込まれていた。このトーキング・スティックは、何世紀にもわたってネイティブ・アメリカンの政治において重要な役割を果たしてきた。事実、アメリカ共和国建国の父に数えられる数人（特に、ベンジャミン・フランクリン）は、イロクォイ族連合のインディアン酋長からこのトーキング・スティックの背景にあるアイデアの教えを受けたことがある。それは、これまで見た中でもっともパワフルなコミュニケーション・ツールの一つであった。なぜならば、有形で物理的なものでありながら強力なシナジーを生み出す概念を具現しているからである。このトーキング・スティックを使うことで、意見の異なる人間が互いを尊重し理解し合い、そして結果的に、双方の妥協を最小限に抑えて意見の相違や問題をシナジーで解決できるようになるのだ。

その背景にある理論をここに紹介する。人々が集合するときには必ずこのトーキング・スティックを使う。このトーキング・スティックを握っている人だけが意見を述べることを許される。そのトーキング・スティックを持っている限り、理解されたと納得できるまで一人で話すことができる。他者は、主張することも、異論を唱えることも、反対や賛成することもできない。彼らにできることは、発言者を理解し、理解したことを明確に説明しようと努めることだけである。発言者が理解されたと認識できるように、傍聴者は、発言者の主張の趣旨を正しく説明する必要がある。または、発言者自身、傍聴者が理解していると感じる場合もある。

発言者は、理解されたと感じるとすぐに、トーキング・スティックを次の人に手渡して、その人が理解されたことを示す義務がある。次の人が主張を発言するときには、その人が本当に理解されたと感じるまで、傍聴者は、その人の主張に耳を傾けて趣旨を正しく説明し共感する必要がある。このようにすれば、当事者の全員がコミュニケーション（話すことと聞くこと）に一〇〇%責任をとることになる。各当事者が理解されたと感じると、通常、驚くべき効果が得られる。ネガティブなエネルギーが消え去り、口論がなくなり、相互尊重が育まれ、人は創造的になる。そして新たなアイデア、すなわち第3の案が生まれる。

理解することは、同意するという意味ではないことを忘れてはならない。相手の目、心、頭、精神で物事を見ることができるという意味である。人間の魂がもっとも深く求めることの一つが理解されることである。その欲求が満たされると、人は、相互依存の問題解決に集中できる。しかし、理解されたいというその非常に強い欲求が満たされないと、エゴの闘争が発生する。防衛的で保身的なコミュニケーションが日常茶飯事になる。ときには、口論、暴力さえも起こり得る。

トーキング・スティックがなくても、その概念だけで、前述したプロセスを追うこともできる。ただし、勇気を持って話し共感して聞くという責任を明確に手渡していくという有形の規律が、同様に発生するわけではない。物理的なスティックを実際に持っていれば、注意力や個人的関心が著しくフォーカスされる。本物のトーキング・スティックが必要だというわけではない。鉛筆、スプーン、チョーク（なんらかの有形の物で、発言者は、理解されたと感じたときに初めてそれを次の人に手渡す責任を課される）を使用してもよい。

ある会議に出席し、そこであいまいに議事が進んでいると感じたことはないだろうか？ そうした会議にトーキング・スティックのアイデアを取り入れることの威力を考えてみよう。本物のスティックや鉛筆を使用することが不適当であれば、その根底にある基本的な概念やアイデアを表明する。会議開始時、物議をかもす問題に出席者が共感してしまう前にはっきりとそれを表明する。会議の議長を務めていなくとも、次のように発言する。

「今日は、出席者が強い関心を持つ多くの重要な議題について話し合う。コミュニケーションをスムーズに行うために、発言者は、自分の前の発言者の主張の趣旨を、その人が納得するまで説明しない限り発言できないと決めてはどうだろうか？」（この提案によって物理的なトーキング・スティックが導入されるわけではないが、相手が「理解されたと感じる」と言うまで誰も発言できないので、トーキング・スティックのアイデアの神髄は浸透する）

このプロセスは多少平凡で、子どもじみていて、非能率的に見えるので、取り入れることに躊躇する人は多いかもしれない。だが、まったくその逆の効果があることを保証する。最初は非能率的に思えるかもしれないが、自制によってコミュニケーションが成熟することで、最終的には非常に能率的なものとなるはずだ。つまり、シナジーのある判断とシナジーのある関係の両方、さらに絆や信頼の点で望ましい結果が得られる。

あなたがインディアン・トーキング・スティックの概念で進行役を務めると会議がどのように進むか、その例を以下に紹介する。

シルビアとロジャーが会議に出席している。シルビアが自分の主張を述べようとしている最中に、ロジャーが次のようなことを言う。「シルビアには賛成できない。私が思うには、我々がやるべきことは……」

あなたがそれを遮って言う。「遮って悪いがロジャー、スムーズなコミュニケーションを可能にするために、我々が合意したことを忘れてはいないか？」

ロジャーは答える。「ああ、そうだった。シルビアの主張の趣旨をまず正しく説明したあとでないと自分は発言できないんだ」

あなたは答える。「そうではない、ロジャー。ただシルビアの主張の趣旨を正しく説明するのではなく、シルビアが納得するまで彼女の主張の趣旨を正しく説明して初めて自分の意見を述べることができるんだ」

「ああそうだった」と彼は答える。

「ロジャー、シルビアは、どのようなことを主張したか？」彼は、何とか説明する。

「シルビア、それでいいかい？」

「いいえ、そんなことは言っていない。私が言おうとしていたのは……」ロジャーがそれをまた遮る。

「まただ。我々が合意した基本原則をわかっているのか、ロジャー？」

「わかっている。私は、シルビアが納得するまで彼女の主張の趣旨を説明しなければならない」

彼は、初めてもっと集中して聞くように努めるが、基本的には彼女が言ったことをオウム返しに言う。

「シルビア、それでいいかい？」とあなたが尋ねる。

彼女は答える。「彼は、私が言ったことをオウム返しに言っただけで、自分が主張したことの趣旨をまったく理解していない」

「申し訳ないが、ロジャー、もう一度説明してくれ」

「私はいつになったら発言できるんだ？　私の番はいつくるんだ？　スタッフと二晩徹夜してこの会議の準備をしたんだ」

「基本原則を忘れないように、ロジャー」

相手の主張の趣旨を理解したと、相手からお墨付きを得ることなしに次の段階に移ることはできない。

そのため彼は、自分のエゴの欲求、あいまいな議事、話したい欲求、まず相手が納得いくまで相手の主張を理解しない限りプレーヤーにはなれないとの認識の狭間でゆれ動く。初めて、彼は共感して耳を傾けるようになる。

シルビアは、こう言う。「ありがとう、ロジャー。今は、理解されたと感じる」

「では、ロジャー、あなたの番だ」

ロジャーはシルビアの方を見て言う。「シルビアの意見に賛成だ」

私の経験上、人が互いに理解しようと本当に努力すれば、必ずではないとしてもほとんどの場合、意見が一致するようになる。それはなぜか？ コミュニケーションに関連したすべての問題の九〇％以上は、語義または認知の違いによるものだからである。繰り返すが、語義とは言葉や表現の定義の仕方を意味する。認知とは、データの解釈の仕方を意味する。互いに真に共感して、すなわち、相手の見地から相手の言うことを聞くようにすれば、必ず、語義と認知の問題の両方が解決される。つまり、相手が言葉や表現をどのように定義し、相手が意味やデータをどのように解釈しているかを、互いに感じ取るのだ。結果的に、両者は、同じ楽譜に同じ言葉を使ってそれらを記入し、残り一〇％の本当の意見不一致部分の問題解決に進むことができる。この相互理解の精神には非常に肯定的な効果、癒し効果、結束効果があるため、両者は、意見の不一致について話し合うときには受容できる方法でそれを行い、多くの場合は、シナジーまたは一種の妥協を通してそれを解決できる。

インディアン・トーキング・スティックを使った他人とのコミュニケーションでは、沈黙も鍵となる。他人に深く共感するときには、初めは静かに沈黙を守る必要がある。この沈黙の力については、ロバート・グリーンリーフ（サーバーント・リーダーシップの提唱者）が次のようにコメントしている。

多少の沈黙を恐れてはならない。人によっては沈黙を気詰まりまたは重苦しいと感じる。しかし、リラックスした対話アプローチでは、多少の沈黙は歓迎される。ひどく辛い問いを自らに投げかけることになることも多いが、それもときとして重要だ。自分の頭の中にあることを、沈黙の中で、自分の力ではっきりさせることができるのだろうか。


最近聞いた話が、インディアン・トーキング・スティックの概念を理解、実践していない人がもたらす影響についてよく表しているので、笑い話のようだが紹介する。

ある農夫が離婚訴訟を提起したいと思い弁護士事務所に行った。

弁護士が「ご用件は？」と尋ねると、その農夫は、「離婚訴訟を提起したい」と答えた。

弁護士が「grounds（根拠）はあるか」と尋ねると、農夫は（groundを「土地」と勘違いして）、「約一四〇エーカーを所有している」と答えた。

弁護士は、「そうではなくて、case（訴訟する言い分）があるか」と尋ねた。農夫は（caseを「ケース・トラクター」と勘違いして）、「ケース・トラクターは持っていないが、ジョン・ディア・トラクターは持っている」と答えた。

「そうではなく、grudge（恨み）があるかと尋ねているのだ」と弁護士は言った。それに答えて農夫は（grudgeをgarage「ガレージ」と勘違いして）、「ガレージはあるし、そこにジョン・ディア・トラクターを入れている」と答えた。

弁護士は、まだ何とか意思疎通を図ろうと努力し、「そうではなく、suit（訴訟）を起こすのか」と尋ねた。農夫は（suitを「洋服のスーツ」と勘違いして）、「スーツは持っている。日曜に教会に行くときに着る」と答えた。

いら立ちフラストレーションが募った弁護士は、「奥さんからbeat upされた（暴力を振るわれた）か、何か問題があったのか」と尋ねた。農夫は（beat upを「くたびれている」と勘違いして）、「二人とも朝四時半ごろ起きる」と答えた。

ついに弁護士は、「つまり、なぜ離婚がしたいのか」と尋ねた。農夫は言った。「妻とは有意義な会話ができない」

創造的協力　シナジーを創り出す

シナジーこそが目指すべき目的

自立した者同士が、一人ではなし得ないことを協力し合うことでより大きな成果を得ることを「シナジーを創り出す」と言う。

シナジーは、原則中心のリーダーシップの神髄である。人間の内面にある最高の力を引き出し、一つにまとめ、解き放つ。セルフ・リーダーシップを発揮し、Win-Winの精神によって相手を理解すること。これらは、シナジーの奇跡を創り出すための準備だったのである。

シナジーを正しく理解するなら、シナジーは、あらゆる人の人生においてもっとも崇高な活動であり、他のすべての習慣を実践しているかどうかの真価を問うものであり、またその目的である。どんなに困難な試練に直面しても、人間だけに授けられた四つの能力（自覚・想像・良心・意志）、Win-Winの精神、共感による傾聴のスキル、これらを総動員すれば、最高のシナジーを創り出すことができる。

家庭には、シナジーを観察し練習する多くの機会がある。男女の結びつきがこの世に新しい命を送り出すことこそが、まさにシナジーである。シナジーの本質は、お互いの違いを認め、尊重し、自分の強みを伸ばし、弱いところを補うことである。

男と女、夫と妻の肉体的な違いは誰でも認めるところである。しかし社会的、精神的、情緒的な違いはどうだろうか。これらの違いもまた、充実した人生を生きるため、お互いのためになる豊かな環境を生み出す源となるのではないだろうか。これらの違いこそが、お互いの自尊心を育み、価値を生かし、一人ひとりが成熟して自立し、やがて相互依存の関係を築く機会を与えてくれる環境をつくるのである。シナジーは他者と社会に奉仕し、貢献する、次の世代のための新しい脚本を創り出すことができるのではないだろうか。防衛的でもなく、敵対的でもなく、自己中心的でもない脚本だ。保身だけを考えて政治的に立ち回る脚本ではなく、心を開いて人を信じ、分かち合う生き方の脚本である。所有欲に縛られ、何でも自分勝手に決めつけて生きる脚本ではなく、人を愛し、人のためを思って生きる脚本なのではないだろうか。

シナジーを創り出すコミュニケーション

創造のプロセスに歩み出すときは、とてつもない不安を感じるものだ。これから何が起こるのか、どこに行き着くのか、まったく見当がつかず、しかもどんな危険や試練が待ち受けているのかもわからないからだ。冒険心、発見しようとする精神、創造しようとする精神を持ち、一歩を踏み出すには、確固とした内面の安定性が必要となる。居心地のよい自分の住処を離れて、未知なる荒野に分け入って行くとき、あなたは開拓者となり、先駆者となる。新しい可能性、新しい領土、新しい大地を発見し、後に続く者たちのために道を拓くのである。

そして、他者とのコミュニケーションが相乗効果的に展開すると、頭と心が開放されて新しい可能性や選択肢を受け入れ、自分のほうからも新しい自由な発想が出てくるようになる。一見、シナジーを創り出すコミュニケーションのプロセスでは、先行きがどうなるか、最後がどのようなものになるのかわからない。しかし内面に意欲がみなぎり、心が安定し、冒険心が満ちてきて、前に考えていたことよりもはるかに良い結果になると信じることができるはずだ。それこそが最初に描く「終わり」なのである。

そのコミュニケーションに参加している人たち全員が洞察を得られるという。そして、お互いの考えを知ることで得られる興奮がさらに洞察力を深め、新しいことを学び成長していけるという確信を持って、コミュニケーションを始めるのである。

家庭でもその他の場面でも、創造的協力の原則を信じようとせず、ささやかなシナジーさえ体験したことのない人は大勢いる。このような人たちは、自分の周りに殻をつくり、防衛的なコミュニケーションの仕方や人生も他人も信用できないと教わり、脚本づけられている。

これは人生の大きな悲劇だ。人生を無駄に生きてしまうことにもなりかねない。持って生まれた潜在能力のほとんどが手つかずのまま、生かされることもなく人生が過ぎていってしまうからである。シナジーを発揮する習慣を身につけていない人は、自分の潜在能力を発揮することなく日々を過ごしている。たとえ人生の中でシナジーを経験することがあったとしても、些細なことであり継続もしない。

あるいは記憶を手繰りよせれば、信じられないほど創造力を発揮した体験が呼び起されるかもしれない。若い頃の一時期に何かのスポーツで本物のチームスピリットを体験した記憶かもしれない。あるいは何か緊急事態に遭遇し、自分のわがままやプライドを捨て、居合わせた人たちと結束して人命を救ったり、危機的状況を解決する方法を考え出したりした記憶かもしれない。

多くの人は、これほどのシナジーは自分の人生には起こるはずもない奇跡のようなものだと思っていることだろう。だが、そうではない。このようなシナジーを創り出す経験は日常的に生み出せるのであり、毎日の生活で経験できるのだ。しかし、そのためには、内面がしっかりと安定し、心を開いて物事を受け入れ、冒険に心躍らせる必要がある。

創造的な活動のほとんどは、予測のつかない出来事がつきものである。先が見えず、当たるのか外れるのかもわからず、試行錯誤の連続である。だから、こうした曖昧な状況に耐えることができる安定性、原則と内なる価値観による誠実性がなければ、創造的な活動に参加しても不安を感じるだけで、楽しくもないだろう。こういう人たちは、枠組み、確実性、予測を過度に求めるのだ。

二者択一思考

シナジーの対極にあるのが、「二者択一」というパラダイムだ。二者択一とは、対立し相容れない二つが存在する場合、どちらしかないと考えることだ。そして、対立というのはたいてい二つの側に分かれる。誰もが「私のチーム対あなたのチーム」という図式で考えることに慣れている。私のチームは良い、あなたのチームは悪い、少なくとも私のチームほど良くない。私のチームは正しく、公平である。あなたのチームは間違っていて、不当でさえあるかもしれない。私の動機は純粋だが、あなたの動機は不純だ。私のグループ、私のチーム、私の国、私の子ども、私の会社、私の意見、これらがことごとく、あなたのグループ、チーム、国、子ども、会社、意見と対立する。どんなときでも二者択一なのである。

「二者択一」の考え方はどこにでもある。その極端なものが戦争だが、そこまでいかなくとも「大論争」のようなものはある。保守派が何を言ってもリベラル派は耳を貸さない。その反対もしかり。会社の長期的な利益を犠牲にし、目先の利益を追いかける経営者がいると思えば、会社は倒産寸前なのに当面の利益を考えようとせず、自分は「長期的な視野に立っている」と言い張る経営者もいる。いずれの経営者も考え方が短絡的だ。

二者択一思考の人は往々にして、他者を一人の人間として見ず、その人のイデオロギーしか見ていない。自分とは違う意見を尊重しないから、理解しようともしない。尊重する態度を装うだけで、実際には聞く耳を持とうとせず、相手を操ろうとする。二者択一思考の人が他者を攻撃するのは、不安だからである。自分の領分、セルフイメージ、アイデンティティが脅かされていると感じてしまうのだ。その挙句、「探し出して壊す」ことが自分と相手の違いに対処する戦略になる。こうした人たちにとって、一＋一はゼロ以下である。そんな環境でシナジーが起こるわけがない。

二者択一思考には、私たちのように分別ある人間でも容易に引っかかる、二極化という陰湿な罠が潜んでいる。それは次ページの表のようになる。私の側の人は（A欄のどれか）だ、あなたの側の人は（B欄のどれか）だ、という図式である。

私はかつて、ほとんどの大人はこうした単純な分類などせず、世界の複雑さを理解しているものだと思っていた。しかし昨今のメディアを見るにつけ、あるいは二者択一でしかものを考えない成功者たち

A	B
善人	悪人
寛容	薄情
頭が良い	頭が悪い
賢い	愚か
合理的	理不尽
高潔	卑劣
順応力がある	嘘つき
天才	間抜け
愛国者	非国民
世界最高の人々	世界最悪の人々

がいると思うといささか心もとなくなってくる。

しかし、満足のいく解答が出なそうな問題にぶつかると、二者択一の考え方ではどうにもならなくなりジレンマに陥ってしまう。あなたもそういう話はよく聞くはずだ。たとえば、教師は「この生徒にはお手上げだ。しかし投げ出すわけにはいかない」と悩み、企業経営者は「資本がもっとなければ、このビジネスを成長させることはできない。しかしビジネスを成長させなければ、資本を増やすことはできない。これは典型的なジレンマだ」ともがく。政治家は「質の高い医療を、全員にいきわたらせる財政的余裕はない。しかし医療費を払えない人が、治療を受けられないようなことがあってはならない」というようなジレンマを抱え、ある営業部長にとっては「売上トップ二人の販売員は犬猿の仲で、お互いの悪口ばかり言っているが、彼らがいなければ得意客を失ってしまう」ことがジレンマだ。「夫とは一緒に暮せない、しかし夫がいなければ生活に困る」と悩む妻もいる。

二者択一から第3の案へ

二者択一の考え方が多くの人に深く根づいているとなると、それを乗り越えるにはどうしたらよいのだろうか。普通は誰も乗り越えようとはしない。闘い続けるか、納得のいかない妥協をするかである。だからストレスのたまる袋小路に突き当たってしまうのだ。しかし、問題は自分が属している「側」の利害にあるのではなく、考え方にある。本当の問題は、私たちの心のパラダイムにあるのだ。

私たちが直面するもっとも厳しい問題、とても解決できそうにない問題も解決できる方法がある。それはあなたのやり方でも、私のやり方でもない。それらを超えるやり方である。これまで誰一人として思ったこともないほど効果的な方法である。

私はその方法を「第3の案」と名づけている。

仮に私が環境保護者で、私のパラダイム、つまり心の地図が美しい手つかずの森林だけを見せているとしたら、それを保存したいと思うだろう。仮にあなたが開発業者で、心の地図が地下に埋蔵されている石油だけを見せていれば、掘削したくなるのも無理はない。どちらのパラダイムにも理があると言えるかもしれない。たしかに陸上には原始の森がある。しかし石油も埋蔵されているのである。問題は、どちらの心の地図も完全ではないことだ。完全はありえない。

もし私が、心の地図、第一の案である自分自身の不完全な地図だけを見ていたら、問題を解決するには相手を説得してパラダイムを変えさせるか、こちらの案を押しつけるしかない。これは自分のセルフイメージを守る唯一の方法でもある。私は勝たねばならず、あなたは負けなくてはならないのだ。

逆に、私が自分の地図を捨て、あなたの心の地図、第二の案に従ったら、その場合も私は同じ問題にぶつかる。あなたの地図も完全ではないのだから、その地図に従っていくというのは私にとって大きな犠牲を伴う。あなたは勝つかもしれないが、私は負ける公算が高い。

しかし、私たちはお互いの地図を組み合わせることができる。これならばうまくいきそうだ。両者の見方を含めた地図ができるのである。私はあなたの見方を理解し、あなたは私の見方を理解する。これは一歩前進だ。それでもお互いの目標は、相容れないままかもしれない。私はやはり森に手をつけたくはないし、あなたは森に埋蔵される石油を掘削したい。あなたの地図を完全に理解したがために、私はあなたをもっと激しく攻撃するかもしれない。

しかしここから核心に入っていく。私があなたに「お互いに思ってもいなかった、より良い解決策を見出せるかもしれませんよ。まだ考えたこともない第3の案を探してみませんか?」と働きかければ、状況は一変する。このような働きかけをする人は滅多にいない。しかしこれこそが対立を解決し、さらに未来をも変える鍵なのである。

シナジーの原則

私たちはシナジーというプロセスを通って、第3の案を見出す。シナジーが起こると一+一が一〇にも一〇〇にもなる。それどころか一〇〇〇になることさえある。複数の人間がお互いを尊重し、それぞれの先入観を超えて一致協力して大きな問題に立ち向かったとき、驚くほど強力な結果が得られる。古い現実よりもはるかに良い新しい現実を生み出そうという情熱、エネルギー、創意、興奮が相まった状態がシナジーである。

シナジーは妥協とは違う。妥協なら、一＋一はせいぜい一・五にしかならない。全員が何かを失う。しかしシナジーが起きれば、対立を解決できるだけでなく、対立を超越し新しい何かに到達する。それは新たな約束で全員を活気づかせ、未来を変える何かである。シナジーは、私のやり方よりもあなたのやり方よりも優れている。シナジーは私たちのやり方なのである。

シナジーの本来の意味を理解している人はほとんどいない。その理由の一つは、誤用が蔓延し軽薄な言葉に成り下がっていることだ。たとえばビジネスの世界では、株価を上げるためだけの吸収合併の、体裁のよい言い換えとして皮肉まじりに使われることが多い。私の経験から言って、誰かの嘲笑を買いたいなら「シナジー」と言い放てばいいだろう。そのために多くの人は、実際には小さなシナジーすら経験していないのである。この言葉を耳にしたことがあっても、本来の意味を歪めて使われていることがほとんどである。

しかし、シナジーは一つの奇跡なのである。それは私たちの周りの至るところにある。自然界における基本の法則である。たとえばセコイアは互いの根を絡ませることで、風に倒れずに信じられない高さまで伸びる。藻類と菌類は結合して地衣類をなし、他の生物は育たない岩肌で増殖する。鳥がV字隊形をとって飛ぶときは、羽ばたきによる上昇気流に乗って、単独で飛ぶときのほぼ二倍の距離を飛ぶことができる。二本の木材を重ねれば、一本で支えられる重量の合計をはるかに上回る重量を支えられる。水滴中の微小な粒子が一緒になって、同じものが一つとしてない雪の結晶を生み出す。これらのどの例でも、全体は部分の総和よりも大きくなるのだ。

一＋一は二だが、シナジーが働いている場合はそうはならない。たとえば、機械で一インチ当たり（ＰＳＩ）六万ポンドの力を鉄棒にかけたら、その鉄棒は壊れる。同じサイズのクロムの棒は約七万ＰＳＩで壊れる。ニッケルの棒なら約八万ＰＳＩである。したがって、鉄とクロムとニッケルを混ぜて一本の棒にしたら、二一万ＰＳＩまで耐えられる計算になる。ところが実際はそうではない。鉄、クロム、ニッケルを一定の割合で混ぜてできた金属棒は、三〇万ＰＳＩまで耐えられるのである。三〇万ＰＳＩから二一万ＰＳＩを差し引くと九万ＰＳＩになる。この九万ＰＳＩの強さは、どこからともなく湧いて出たかのようだ。鉄・クロム・ニッケル合金の強度は、個々の強度の和を四三％も上回る。それがシナジーである。

これと同じシナジーの原則が人間にも当てはまる。何人かで協力すれば、個々人の強みが相まって、誰も予想していなかったことを成し遂げられる。

音楽は人間のシナジーの好例であろう。リズム、メロディ、ハーモニー、個々人の演奏スタイルが融合し、新しい感触、豊かさ、音楽的深さが生まれる。和音は、複数の音符を一度に演奏してできる。音符はそれぞれの特徴を失わないが、一緒に奏でれば、一個の音符ではできないハーモニーというシナジーを生み出す。音符と同じように人間も何人かで協力するとき、一人ひとりのアイデンティティは失われずに、各人の強みが一つになって、一人でできることをはるかに超える結果を生み出せるのである。

スポーツでは、シナジーはチームワークと言うことができる。チームワークを持っているチームは、たとえ相手チームが選手の能力面で優っていてもスタンドプレーヤーばかりであるならば、試合に勝つことができる。個々の選手の運動能力だけで、試合の行方を予想することはできない。優れたチームのパフォーマンスは、選手個々人の能力の総和をはるかに超えるのである。

ここで挙げた例以外にも無数の例が、世界を変えるシナジーの力を実証している。しかしシナジーは、世界だけでなくあなたの仕事や人生も変えることができる。シナジーがなければ、あなたの仕事は停滞する。あなたは成長せず、能力も向上しない。市場競争や技術の変化が進む中で、プラスのシナジーのマインドを持たなければ、市場の中であっという間に過去の遺物となってしまいかねない。シナジーがなければ成長はない。値引きという悲惨な下方スパイラルに陥り、いずれ会社はなくなってしまうだろう。しかしプラスのシナジーのマインドになれば、成長し影響力を強めていく良いサイクルに入り、ずっと最先端に立っていられるのである。

大いなる中間層

二者択一思考に対する一つの反応は、期待するのをやめるという無気力な態度である。どんな「論争」でも、どちらの側にもつかない「大いなる中間層」がある。彼らはチームワークと協力を大切にし、「相手の視点も考慮」する。しかし第3の案があるとは思っていない。上司との対立、不幸な結婚生活、訴訟、イスラエルとパレスチナの紛争、これらに現実の「解決策」があるとは少しも思っていないのだ。彼らの口ぶりはこうである。「我々は一緒にはやっていけない。性格が合わない。解決策はない」

彼らは妥協に価値を置く。望みうる最高の結果が妥協だと思っている。妥協という解決策が多くの人に受け入れられるのは、事態の悪化を防ぐからだろう。辞書によれば、妥協とは合意に至るために当事者双方が利益の一部を「譲り、犠牲にし、あるいは放棄する」ことである。これはWin-Winとは正反対のLose-Loseである。両者は妥協の結果に納得するかもしれないが、喜びはしないはずだ。関係の絆は弱くなり、対立がいずれ再燃するのはまず間違いない。

大いなる中間層の人たちは、Lose-Loseの世界で生きているがゆえに、大した期待は抱かない。彼らの多くは日々コツコツと仕事に励んではいるものの、自分の潜在能力をほとんど発揮していない。もはや過去のものとなった産業時代のレンズを通して人生を見る傾向が強い。彼らの仕事は、出勤し、職務記述書に書いてあることを機械的にこなすことであって、自分の世界を変えることでも、新しい未来を創ることでもない。プレーヤーとして不足はないかもしれないが、ゲームを変えられる人間ではない。だから、誰からも意見を求められない。

もっとも、二者択一思考に対する防御と思えば、彼らの懐疑的な態度も理解できる。職場での縄張り争いや家族のいざこざに巻き込まれそうになったとき、「どっちの側にもつかないぞ」と無言の抵抗をしているのである。リーダーが変わったり、戦略が新しくなったりすると、彼らはたちまちガードを固める。「古いやり方を捨て、新しいやり方でいこう。高い業績をあげられる効率的な組織になろう!」彼らにとってこれは、「当期純利益の見栄えを良くするために、諸手当をなくし、給料をカットし、一人で二人分の仕事をするのは良いことだと思いませんか? 全員が少しずつ我慢すべきだと思いませんか?」と言われているのと同じなのである。しかし彼らは首を縦に振るしかない。交換可能な部品とみられている彼らが、意見を求められることはないからだ。彼らはとうの昔に、希望を持たない術を身につけてしまっている。

したがって大いなる中間層の人たちのほとんどは、辛い結末を迎えることになる。皮肉という転移性のがんである。意欲的な人を煙たがり、新しいアイデアを軽蔑する。「シナジー」という言葉にアレルギー反応を起こす。彼らは、本当のシナジーを経験したことがないのである。

シナジーのパラダイム

特定の問題に対して二者択一の考え方しかできない人は、シナジーが可能であることすら認めようとしない。競争しか見えず、協力など問題外であり、常に「こちら対あちら」の図式になる。二者択一思考の人は、「自分の道を行くか、他人の道を行くか」という間違ったジレンマに陥る。二者択一の考え方は、見えるのは青か黄だけで緑は見えない、色覚異常の状態なのである。

第3の案を探すマインドセットを持たなければ、シナジーはまず起きない。しかし、二者択一思考を乗り越え、シナジーのマインドセットに到達している人はそういるものではない。到達した人々は、強い影響力を持ち、実に創造的で生産的である。すべてのジレンマが間違いであることを無意識に知っている。彼らはパラダイムを変え、ゲームを変え、新しいものを創出する。

彼らのように第3の案を探そうとするなら、まず四つの面で私たちのパラダイムを根本的に変えなければならない。それは容易ではないことを、ここで肝に銘じてほしい。四つのパラダイムシフトのすべ

	二者択一思考	第3の案を探す思考
1	私は自分の「側」だけを見る。	私は自分自身を見る。 自分の「側」とは無関係に自分を見る。
2	私はあなたを型にはめる。	私はあなたを見る。 あなたの「側」の一員ではなく、一人の人間として私はあなたを見る。
3	あなたは間違っているから、私は自分を防御する。	あなたの考えは私とは異なるから、私はあなたの考えを求める。
4	あなたを攻撃する。私たちは闘う。	私はあなたとシナジーを起こす。二人で協力し、お互いに考えたことのない素晴しい未来を創造する。

てが、直観に反しているからだ。エゴイズムを捨て、他者を本心から尊重する。「正しい」答えを探す道からそれ、「より良い」答えを探し出す。第3の案がどのようなものになるのか最初は誰もわからないのだから、先の見えない道を進んでいかなければならない。

上の表に示されているように、一般的でありきたりの二者択一思考と、第3の案を探す思考のパラダイムはまるで対照的である。二者択一の考え方は、段階を追うごとに創造的な解決策から離れていく。第3の案を探すパラダイムがなければ、創造的な解決策には到達できない。一つのパラダイムが次のパラダイムの土台となるというように、パラダイムの順序が重要である。

精神分析医によれば、患者の治癒と成長の第一の条件は、純粋性、真実性、あるいは自己一致である。取り繕っている自分の上辺を剥がすほど、シナジーに近づいていく。したがって、一つ目のパラダイムは**「私は自分自身を見る」**である。これは自己認識の状態であり、自分の心を探索して、動機、不安、偏見を突き止め、自分の思い込みを明らかにする。これによって、他者に対して誠実になる準備ができる。

二番目の条件は、他者を受け入れ、大切にし、尊重することである。私の尊敬する臨床心理学者のカール・ロジャーズは、この態度を「無条件の肯定的関心」と名づけている。相手の態度や行動、信念ではなく、一人の人間として尊重しているからこそ、相手に肯定的な感情を持つ状態である。他者をモノではなく、人間として見る。これが二つ目の「**私はあなたを見る**」というパラダイムであり、相手を兄弟姉妹として、神の子として見ることである。

三番目の条件は、共感的理解である。一番目と二番目のパラダイムを身につけていなければ、この状態には到達できない。共感とは、相手の考え方の根本まで真に理解することである。二人の人間が共感し合える状態はそうあるものではない。それどころか、ロジャーズの言葉を引けば、私たちは「あなたが間違っていることはわかる、というようなお門違いの理解」をするものである。これとは対照的で効果的な三つ目のパラダイムは、「**私はあなたの考えを求める**」である。相手について判断を下すのではなく、感情、心、精神の内にあるものをしっかりとつかむのである。新しいアイデアは、真の相互理解があって初めて生まれる。

三番目までの条件を満たせば、四番目の状態に到達できる。ここでようやく、両者がそれまで経験したことのない真の解決策「W・i・n－W・i・n」に向かって共に学び、成長していくことができる。相手と自分自身に対して真の肯定的関心を持たなければ、第四のパラダイム「**私はあなたとシナジーを起こす**」は実現しない。二つの選択肢しかなく、どちらかが間違っていると思い込む欠乏マインドを脱却し、刺激的で創造的な、両者のプラスになる選択肢が無限にあると考える豊かさマインドを獲得して初めて、「他者とシナジーを起こす」ことができるのである。

パラダイム一：私は自分自身を見る

一番目は、主体的に判断し行動できる唯一無二の個人として、「私は自分自身を見る」パラダイムである。私は、鏡に映る自分をどう見るだろうか？　思慮深く、他者を尊重し、原則を守り、心を開いた人間だろうか？　すべての答えを知っていると思い込み、対立の「向こう側」の人たちを見下す人間だろうか？　物事を主体的に考える人間だろうか、他者の考えに引きずられる人間だろうか？

私は、何かの議論の賛成か反対かのどちらか一方ではない。私という人間の全体は、自分が抱いている偏見や先入観、自分の役割の総和を超えている。私の考え方は、自分の家族や文化、会社によって決められているのではない。ジョージ・バーナード・ショーの言葉を借りれば、私は、世界が自分の（あるいは「こちら側の」）思いどおりにならないと不平ばかり唱える利己的な愚か者ではない。私は自分自身を客観的に見つめ、自分のパラダイムが自分の行動にどう影響しているか評価ができる。

次ページの表でわかるように、「私は自分自身を見る」パラダイムは「自分の側を見る」という典型的なパラダイムとは正反対である。どんな対立にあっても、自分自身が物事をどう「見る」かが自分の「行動」を決め、その「行動」によって「結果」が決まるのである。

自分の外側にある何かに規定されるものとして自分を見るのは、無益なパラダイムである。このよう

	私は自分自身を見る	自分の側を見る
見る	自分が好む「側」を超え、創造的で自覚的な個人として自分を見る。私は特定の信条を共有しているかもしれないし、特定のグループに属しているかもしれない。しかしそれらは私を規定するものではない。私の考えは、自分の内面から外へ表れるものである。	私は、自分が所属しているグループの視点から自分を見る。私の「側」、私の仲間、私の会社、私の国、私の性別、私の人種。私は自分を一人の個人として見るのではなく、保守的、働き者、フェミニスト、不良、というような型にはめる。私の考えは、外から内面に入ってくる。
行動	私は自分が何を考えているのか考える。他者だけでなく自分の考え方も疑問視する。	私は自分のグループが考えていることを考える。私は正しいのだから、自分の考えを疑問視する必要などない。
結果	他者との創造的な交わり。	他者との破壊的な対立。

なパラダイムでは、自分が価値を置くものは、すべて外から入ってくることになる。規定されるとは固定されることであり、つまり限界が定められることである。だが人は、自分が何になるか、何をするのかを自由に選べる。それが人間の根本である。

ある女性が自分は環境保護者だと言うとき、彼女は、他の環境保護者と同じような意見を持っているのだと言っているにすぎない。その人は環境保護者であるだけではない。女性でもあり、誰かの娘でもあり、誰かの妻あるいは恋人であるかもしれない。音楽家、弁護士、調理師、あるいは運動選手でもあるかもしれない。

要するに、これらの役割のどれか一つで、彼女を完全に規定することはできないのである。鏡を覗いたとき、彼女が賢明であれば、そこに見えるのは、自分が果たしている役割全部を超えた何かであるはずだ。それが彼女「自身」である。いかなる規定も超越した、思慮深く主体的で、創造的な人格である。

理性的で現実的、合理的なビジネスマンを自認するリーダーが失敗する例が相次いでいる。MBA（経営学修士号）文化の前提にならえば、彼が下す決定はすべて「正しい」はずなのだが、会社は倒産してしまう。このような例は日々生まれている。何も目新しいことではない。一九五〇年以降、フォーチュン五〇〇に名を連ねた企業は二〇〇〇社を超えるが、そのほとんどが過去のものとなっている。数年来の不況の中で、「合理的な思考」なるものの脆弱さを私たちは間近で見てきたではないか。傑出した経営学教授のヘンリー・ミンツバーグは、金融の度重なるメルトダウンの根本には、MBAという思い上がり文化があるのではないかと危惧している。

もちろん、私たちは自分自身のかなりの部分を、自分が属する文化によって規定されている。自分を重ね合わせられる人たちと同じような服装、話し方、食べ方、遊び方、考え方をする傾向は誰にでもある。企業の幹部であろうが、バレリーナ、神父、政治家、警察官であろうが関係ない。誰もが制服を着ている。専門家の話を聞いたり、映画を観に行ったりすることが、私たちの言動に影響を与えるのである。

パラダイム二：私はあなたを見る

二番目は、他者をモノではなく人として見るパラダイムである。

他者に目を向けるとき、私たちは何を見ているのだろうか？ その人の年齢、性別、人種、政治信条、信仰、身体的障害、国籍、性的指向など、一人の個人を見ているのだろうか？ 自分の「仲間内」あるいは「その他大勢」の一人として見ているのだろうか？ 個々人がそれぞれに持つ独自性、力、天賦の

	私はあなたを見る	あなたを型にはめる
見る	固有の価値を持つ個人、かけがえのない才能、情熱、長所を授けられた全人格として私はあなたを見る。対立における単なる「あちら側」ではない。尊厳のある個人としてのあなたに、私は敬意を払う。	あなたが所属しているグループを見る。あなたの「側」、あなたの仲間、あなたの性別、あなたの国籍、あなたの会社、あなたの人種。リベラル派、上司、ヒスパニック、イスラム教徒というように、あなたは何かの象徴である。唯一無二の個人ではなく「モノ」である。
行動	あなたを心から尊重する。	あなたを無視する。あるいは、あなたを尊重しているふりをする。
結果	シナジーの雰囲気が生まれ、一人ひとりの場合よりもはるかに強くなる。	敵対的な雰囲気が生まれ、お互いの相違、敵意によって、二人とも弱くなる。

才を見ているのだろうか？

実際には、相手に対する自分の考えや先入観を、ことによれば偏見からしか見ていないのではないだろうか。人が「取りすまし」ていれば誰でもわかるものだし、相手が本当の自分を見せているのか仮面をかぶっているのかは判断がつく。ここで自問してみてほしい。自分は本当に敬意を持って他者を見ることのできる人間だろうか、と。

上の表からもわかるように、「私はあなたを見る」パラダイムは、「あなたを型にはめる」という一般的なパラダイムとは正反対である。思い出してほしい。自分の「見る」ものが自分の「行動」を決め、その行動によって「結果」が決まるのである。

「私はあなたを見る」パラダイムは、基本的には人格の問題であると言えるだろう。人間愛、寛容、懐の深さ、誠実さの問題である。「あなたを型にはめる」パラダイムでは、相手に対する関心が長続きしないだけでなく、こちらに対する関心をつなぎとめておけるほど相手から信頼されないから、第3の案は生まれようがない。他者を見るといっても、その人の特徴的な「一面」しか見ていない。礼儀正しい態度はとっているだろうが、実際には、相手を人間として尊重しているふりをしているだけなのである。

「私はあなたを見る（アイ・シー・ユー）」パラダイムは、アフリカのバンツー族の知恵にも見ることができる。バンツー族の文化では、人々は互いに「アイ・シー・ユー」と言って挨拶する。「アイ・シー・ユー」と言えば、「唯一無二の個人であるあなたを受け入れる」という意味になる。「私という人間はあなたという人間とつながり、分かちがたく結びついている」と言っているのである。これはアフリカの言葉ウブンツの精神そのものである。

ウブンツは一言では訳しにくい言葉である。「人間性」のような意味だが、それだけでは伝えきれない。より正確に言えば、「人は互いに依存し合って一人の人間として存在する」となる。ウェルネス論の専門家エリザベス・レッサーは、ウブンツの概念を「私が私であるためにはあなたが必要であり、あなたがあなたであるためには私が必要である」と説明している。

このアフリカ独自の概念を理解するために、例を一つ挙げよう。たとえば「メアリーはウブンツを持っている」と言えば、「メアリーはあらゆる社会的義務を忠実に果たし、他者を気遣う思いやりのある女性」であることを意味する。しかし同時に、「もしウブンツを持っていなければ、自分が美しく知的で、ユーモアのある女性であることを自覚できない。メアリーは他者との関係の中で初めて自分のアイデンティティを知る」という意味でもあるのだ。

ウブンツをさらに深く理解するために、その正反対の「型にはめる」パラダイムを考えてみよう。型にはめるというのは、相手の全体像から、その人を唯一無二の個人にしている特徴を排除することである。「彼はセールスマンタイプだよ。押しが強くてさ」「彼女は自己中心的だ。物事が自分を中心に回っていると思ってる」「あいつはA型人間だね」「奴は間抜けさ」「彼は財務畑の人間だ」「彼に期待しても無駄だね。臆病者なんだから」「彼女はCEOの座を狙うようなタイプだよ」こういう言い方をよく聞くが、これは人を個人として見ているのではなく、タイプに分類しているのである。

ウブンツの精神では、他者を見るというのは、その人だけが持っているもの――素質、知性、経験、知恵、意見の違い――を歓迎し受け入れることである。ウブンツの社会では、旅行者は食糧を持参する必要はない。旅の途上で出会った人たちからの贈物で間に合うからだ。とはいえ、そうした有形の贈物はあくまで、相手の自己というはるかに大きな贈物の代用でしかない。相手の自己という贈物を拒絶したり、見下したりしたら、お互いの能力を与え合うことはできない。

先日、ある友人が車を運転していたとき、別の車の運転者がクラクションを鳴らし、彼女に手を振った。彼女は自分の車に何か非があったと思い、速度を落とした。だがその車は速度を上げ、危うく衝突しそうなほど彼女の車に近づき、とある政治家を罵倒する言葉を投げつけた。そのとき彼女は、その政治家を支持するステッカーを車のバンパーに貼っていたことに気づいたのである。それを見て憤慨した運転者にとって、彼女は人間ではなく、バンパーステッカーというモノであり、憎悪の的だったのである。

怒ったその男は、私の友人を人間として見ていなかった。しかしそれによって、彼は自分の人間性をも否定したのである。おそらく彼には家庭も仕事もあるだろう。彼を愛する人たちもいるはずだ。しかしあの選択の瞬間、彼は人間以下に成り下がってしまった。イデオロギーの鈍器以外の何物でもなかったのである。

このように他者を人間として見ない態度——類型化と言ってもいい——は、自己の内面深くに潜む不安から生まれる。それが対立の発端である。精神分析医によれば、他者については、肯定的なことよりも否定的なことを覚えている傾向がほとんどの人に見られるという。著名な精神分析医のオスカー・イバラは、「我々は他者の間違った行動を責め、良い行動は認めようとしないものである」と語っている。それは、他者を否定的に見れば優越感を持てるからだ、とイバラは指摘している。彼によれば、人が自分自身を健全で現実的な眼差しで見つめるようになれば、否定的な記憶は薄れていくという。だから、「私はあなたを見る」パラダイムの前に、「私は自分自身を見る」パラダイムを確立しなければならないのである。

人はモノではない

偉大な哲学者マルティン・ブーバーは、名著『我と汝』の中で、私たち人間の関わり合いとは、ほとんど人ではなくモノとしての関係であると書いている。モノは「それ」だが、人は「汝」である。私が誰かを自分の目的に使うモノであるかのように「それ」扱いしたら、私もまた「それ」になり、生きている人間ではなく機械となる。「我とそれ」の関係は、「我と汝」の関係と同じではない。「想像する

『それ』の世界の人間性は、真に『なんじ』を呼びかける具体的な人間性とはまったく異なったものである」とブーバーは書いている。「もし人間がこのような状態に身を任せ、たえず増大する『それ』の世界をはびこらせるならば、人間から本来の『われ』が奪い去られるであろう」

私たちは、他者をモノとして扱えばコントロールしやすいと考える。その証拠に企業は、社員を「人的資源」などという皮肉な呼び方をしている。まるで税金や買掛金のように、貸借対照表に記載される負債の扱いである。ほとんどの組織のほとんどの社員が、それぞれの役割でしか見られていないが、彼らは仕事で求められる以上の創造力や機知、創意、知力、才能を持っているのであり、しかもそうした能力を発揮することが許されていない場合すらある。人をモノにしか見ないことで生じる機会損失費用は莫大である。閉じ込められている社員の潜在能力は驚くほどの規模になるというのに、貸借対照表には記載できないのだ。

「私はあなたを見る」パラダイムでは、あなたの強みと私の強みはお互いを補うから、二人で協力すれば他に類のない力を発揮できる。私とあなたの組み合わせと同じものはどこを探してもない。私たちは第3の案を一緒に探すことができるのである。型にはめるパラダイムでそれぞれが勝手に動いていたらそんなことはできない。

「私はあなたを見る」パラダイムでは、私はウブンツを持っている。私は他者と共感する広い輪を持っている。私が本当にあなたを見るなら、あなたという人間を理解し、あなたの気持ちを感じとることができるはずである。そして、あなたとの対立を最小限に抑え、最大限のシナジーを実現できるはずである。逆に、あなたが私の共感の輪の外にいたら、私はあなたが思っていることも見ていることも感じ取れない。二人が力を合わせるときほどあなたも私も強くはなれず、洞察力を持てず、革新的な考えもできない。

このパラダイムをあなたの人生に真剣に取り入れてほしい。同僚や友人、家族の中から、あなたが見るべき人を一人か二人思い浮かべ、自問してみてほしい。彼らは、あなたに低く見られている、無視されている、あるいは表面的な敬意しか払われていないと思ってはいないだろうか？ あなたは陰で彼らの悪口を言っていないだろうか？ 彼らを記号のように見ていないだろうか？ 強みも弱みもあり、独自性もあれば矛盾もあり、素晴らしい天賦の才があると同時に死角もある、自分と同じような生身の人間として見ているだろうか？

パラダイム三：私はあなたの考えを求める

三番目は、他者を避けたり、他者に対して防御的な態度をとるのではなく、対立点を意識的に探すパラダイムである。

あなたのやり方を認めようとしない人に対して、もっとも効果のある対応は、「私のやり方に反対？ ではあなたの意見を聴かせてほしい！」と言い、そのとおりに耳を傾けることである。

有能なリーダーは、対立を否定もしなければ抑え込もうともしない。前進する絶好のチャンスととらえる。対立を生む問題を明るみにし、それに本気で取り組まない限り、成長も、発見も、革新もなく、むろん平和もないことを彼らは知っている。

	私はあなたの考えを求める	あなたから自分を守る
見る	他者の視点は異なる「真実の断片」であるから、知りたいし、知らなければならない。	他者の視点は間違っている。仮に間違っていないとしても、それほど役には立たない。
行動	「私とは考えが違うなら、あなたの意見を聴かせてほしい！」あなたの考え方を本当に理解するまで、あなたの身になって話を聴く。	「私とは考えが違うなら、あなたは脅威だ」あなたを説得できなければ、私はあなたを無視し、避ける。あるいは積極的にあなたと対立する。
結果	堅固な解決策を生み出すための、問題に対する包括的な視点。	欠陥のある解決策を生み出してしまうような、問題に対する狭く排他的な視点。

有能なリーダーは、反対する社員を無視したり、降格したりせず、まして解雇などしない。その社員のところに行き、こう言うのである。「君のように頭がよく、能力が高く、やる気もある人が、私のやり方に納得できないというのだから、それ相応の理由があるはずだ。私にはそれがわからないから、教えてくれないだろうか。君の視点、考え方をぜひとも知りたい」

私はこのパラダイムを「私はあなたの考えを求める」と呼んでいるが、この名称は、第3の案を見出すためには、考え方を根本的に変える必要があることを示唆している。自分と意見を異にする人を前にすると、誰もがするように私もつい身構えてしまう。このように、第3の案を探すという考え方は直観とは相容れないものである。このパラダイムでは、自分と意見の違う人たちに対して防御の壁を築くのではなく、彼らを尊重しなければならない。

上の表に対照的に示されているように、「私はあなたの考えを求める」パラダイムと「あなたから自分を守る」パラダイムは正反対である。私たちの「見る」ものが私たちの「行動」を決め、その行動によって「結果」が決まるのである。

私のアイデンティティは、私の意見、考え、直観に表れている。もちろん偏見にも。だから、「私はあなたの考えを求める」パラダイムの前に、「私は自分自身を見る」と「私はあなたを見る」の二つのパラダイムが確立されていなければならない。内面の奥深くで安心を得ていなければ、第3の案を探すことはできない。この安心は、ありのままの自分を見つめ、そして他者の優れた才能と視点を認めることによって生まれる。防御的なマインドセットはその正反対である。不安と自己欺瞞を助長し、自分とは異なる人を人間とは見なくなる。

「私はあなたの考えを求める」パラダイムの出発点は、真実は複雑で、誰もが真実の断片を持っているという原則である。「真実が純粋であることはけっしてなく、単純であることは稀である」とオスカー・ワイルドは言っている。すべてを持っている人間などいない。第3の案を探そうとする人は、真実の断片を多く持っているほど多くの物事をありのままに見られることを知っている。だから真実のさまざまな断片を意識的に探し出そうとする。私の知らない真実をあなたが知っているなら、あなたに教えてもらいに行くのが当然ではないだろうか。

これはきわめて根源的なパラダイムシフトであることを強調しておきたい。対立を問題としてとらえるのではなく、チャンスと見るのである。激しい反発をレンガの壁ととらえるのではなく、学習に通じる道と見るのである。交渉術を教える多くの本は、合意点、共通の利益を見つけよと説く。むろんそれは重要である。しかし、違いを見つけ、活かすことのほうがよっぽど重要であろう。

人によって意見が異なるのは自然であり、そして重要なことでもある。昔から何度も言っているが、二人の人間が同じ意見を持っていたら、どちらか一人は不要なのだ。相違のない世界は同一性の世界であり、そのような世界に進歩はない。それなのに私たちは違う意見にぶつかると、違いを尊重せず、自分のアイデンティティが脅かされると思い、自分を守ろうとする。防御のマインドに縛られている人は、自分の周りに壁を築いて自分の立場を固めてしまい、前進できないのである。

パラダイム四：私はあなたとシナジーを起こす

最後は、攻撃が応酬されるサイクルに取り込まれず、これまで誰も考えたことのない解決策を探し出すパラダイムである。

私はこのパラダイムを「私はあなたとシナジーを起こす」と呼んでいる。ここまで見てきたように、シナジーは第3の案を実際に生み出すプロセスである。古い現実よりもはるかに良い、新しい現実を創造することへの情熱、エネルギー、創意、興奮に満ちたプロセスだ。したがって「創造のパラダイム」と言うこともできる。

次ページの表を見てもわかるように、シナジーのパラダイムと攻撃のパラダイムは正反対である。「あなたを型にはめる」マインドセットと「あなたから自分を守る」マインドセットは当然、「あなたを攻撃する」マインドセットに行き着く。これは破壊のパラダイムだ。人間関係、パートナーシップ、会社、家族、組織、国、そして未来を破壊する。私があなたに対してこのようなマインドセットで接していたら、私に見えるあなたは何かの類型であって人ではない。私にしてみれば、あなたのほうが明ら

	私はあなたとシナジーを起こす	あなたを攻撃する
見る	1＋1は10、100、1000にもなる！	1＋1は0以下！
行動	第3の案を探すために、問いかける。「私たちがお互いに考えたこともない解決策を探さないか？」	闘うつもりだ。一人で考えた解決策にこだわる。結局は妥協することになって、相手を必ず負かしたい。
結果	第3の案を見つけると、どのようなメリットがあるか？	他者を軽視すると、仕事、国、あるいは家庭はどのような代償を支払うことになるか？

かに間違っているのだから、あなたは私には耐えられないイデオロギーそのものとなる。あるいは、私のアイデンティティ、私の自尊心を脅かす妻、夫、パートナー、家族の誰かと見ているかもしれない。もし私があなたをそのように見ていたら、私はあなたに対して、「借りは返す」とか「一緒に入れる余地はない。あなたか私のどちらかしか入れない」というようなことを思うだろう。

あるいはあなたを憐れみ、私の考え方に変えさせようとするかもしれない。いずれにせよ、あなたが象徴しているものが私には耐えられない何かであることに変わりはなく、私はあなたを無視し、ばかにし、見下して、あなたから自分を守ろうとするだろう。そして最後はあなたを直接攻撃し、倒そうとする。自分が勝つだけでは満足できない。あなたを負かさなくてはならない。これはゼロサム・ゲームであり、一＋一はゼロになってしまう。あなたと私が一緒になって得られる結果は、戦いだけなのである。

攻撃のマインドセットで考えられる最善の結末は、妥協である。つまり両方が何かを失い、一＋一は二以下にしかならない。妥協はシナジーではない。ところが妥協はなかなか評判がよく、妥協に達するのは良いことだと思われている。しかしこれはシナジーではない。

それとは対照的に、「私は自分自身を見る」「私はあなたを見る」「私はあなたの考えを求める」マインドセットが到達するのは、「私はあなたとシナジーを起こす」マインドセットである。自分自身と相手に真の関心を向けることが、すべての始まりであることを思い出してほしい。マルティン・ブーバー的に言えば、それは「我は汝と出会い、我は汝を利用しない」段階である。

この段階は熱心な共感であり、「真実の断片」を探し出し、理解しようとする決意である。話の内容と気持ちの両方が完全に理解してもらえたと全員が感じるまで、シナジーに達することはできない。国際的なビジネススクールのオラシオ・ファルカン教授は、これについて次のように述べている。「私は自分自身の行動によって、あなたが私を恐れる必要はないことを示す。私はあなたを攻撃しないのだから、あなたは自分を防御する必要はない。私は自分の権力を持ち出しはしないのだから、あなたも権力を持ち出す必要はないし、抵抗する必要もない」

シナジーのプロセス

正しいマインドセットを身につけていないと、シナジーを起こすためのスキルも身につかない。シナジーは第3の案を探すプロセスであり、そのプロセスがどのように進むのかを知る必要がある。ここまでは、シナジーを起こせる人に不可欠な性質を取り上げ、第3の案を探す考え方を構成するパラダイムを見てきた。ここからは、シナジーを起こせる人のスキルを考えてみよう。

子どもはシナジーを自然に実践している。子どもは創造のパラダイムを持って生まれてくる。私の友人は、二人の息子とその友人たちが町をつくる遊びをしているのを見た。材料は、食品の箱、風で落ちた桜の花びら（町を行きかう人々になる）、石、バナナの皮（これは王様の宮殿）である。町をつくりながら皆で話し合い、偉大な文明の物語を練り上げていった。その物語には政治や戦争、経済もあれば、愛、嫉妬、情熱もある。子どもというものは、世界を創造するスキルを自然と身につけている。成長し、学校や職場で専門的なことを学ぶうちに、私たちはこのスキルをどこかに置き忘れてしまうのだ。

だがこれらのスキルは失われたわけではない。人はときに、必要に迫られて第3の案を探し出し、自分でも驚くことがある。不運に見舞われた一九七〇年四月の有人月飛行計画、アポロ一三号の事故を巡る一連の出来事がそうであったように、危機的事態は第3の案を探すことを余儀なくする。爆発が起き、制御不能となった宇宙船の乗組員三人は、自分たちの肺から吐き出される二酸化炭素が船内にたまり、徐々に息苦しくなっていった。電力を喪失したため、飛行士たちは司令船から月着陸船に避難しなければならなかったが、月着陸船には酸素がなかった。二酸化炭素フィルターは徐々に減っていく。死がゆっくりと近づいていたのだ。司令船には未使用のフィルターがたくさん残っていたが、それは立方形で、月着陸船のシステムでは円筒形のフィルターしか使えない。それはまさに、丸い穴に四角い杭を押し込むという典型的な「二者択一」だった。

地上では、飛行主任のジーン・クランツが「我々の選択肢に失敗はない！」と断言した。第3の案を見つけなければならない。地上の技術者たちはすぐに、飛行士たちに使える材料（プラスチックラップ、ダクトテープ、ボール紙、ゴムホース）で、形の合わないフィルターを接続するための装置を組み立てた。

郵便受けのような奇妙なものだった。この即席の解決策が乗組員に無線で伝えられた。彼らは装置をつくり、そして成功した。

ここでの第3の案は、生か死かというプレッシャーの中で生まれたのであり、極端な例であることはたしかだ。しかしアポロのミッションチームが起こしたシナジーは、私たちに多くのことを教えてくれる。まず、第3の案はすぐに見つかることがわかる。さらに、自分たちが持っているリソースで第3の案を創り出せることもわかる。リソースの追加や異なるリソースが要るとは限らない。そしてこの場合もまた、ほとんどのジレンマは間違ったジレンマであることを証明している。何より、お互いに深く関わり合えば、奇跡のようなシナジーを実現できることがわかるだろう。

シナジーに到達する四つのステップ

ステップ一：第3の案を探そうと問いかける

ここまでシナジーを創り出す四つのパラダイムを見てきた。ここから、具体的なシナジーのプロセスを紹介しよう。シナジーに到達するプロセスの第一歩は、「あなたも私も考えたことのない、効果的な解決策を探してみないか？」と問いかけ、第3の案を一緒に探そうと誘うことである。

この問いかけですべてが変わる。答えがイエスなら、単に妥協に至るだけの交渉をする必要はなくなり、対立の緊張感が消える。信頼の度合いが低ければ、答えが「イエス」でも躊躇しているかもしれないし、渋々応じただけかもしれない。だがここが、硬直した状況から有望な解決策へと向かう第一歩になる。

このように相手に問いかけるためには、自分自身の考え方を見直す必要がある。自分は物事を客観的に正しく考え、あらゆる知恵を生み出せるという自負心は捨てなければいけない。お互いを尊重し、違いを大切にするパラダイムで思考する。前に述べたように、両者の意見は違っていると同時に、どちらも正しいという逆説的な原則を理解しなければならない。

さらに、自分を単に何らかの「側」の一員とみなすのもやめる。私という人間は、自分の不満、立場、イデオロギー、チーム、会社、あるいはグループを超えた存在である。私は過去の犠牲者ではない。私は全人格であり、唯一無二の存在であり、自分の運命を自分で創っていくことができる。私は違う未来を選択できるのである。また、特定の解決策に対する先入観を、進んで捨てなければならない（「進んで捨てる」という部分が重要だ）。心を開き、これまで考えたこともない可能性を受け入れる。シナジーはその性質上、予測不可能なプロセスなのだから、シナジーによって導かれるところへ行く覚悟がなければならない。

「もっと良い解決策を探してみないか？」

「いいけど、それはどういう解決策なんだろう。妥協はしたくないから」

「妥協じゃなく、お互いに協力して、君の考えよりも、私の考えよりも良いものを創り出そうと言っているんだ。いままでになかった解決策だ。それを一緒に創り出そう」

このようなパラダイムを身につけていなければ、自分の心の限界は越えられないのだから、第3の案を探そうと促す問いかけは絶対にできない。

だが、あなたがこのパラダイムを身につけていても、相手がそうでなかったらどうだろう？　相手のパラダイムが、不信、蔑視、党利党略以外の何物でもなかったら？

たとえそのような相手でも、第3の案を一緒に探そうと促せば、態度を軟化させるはずだ。新しいチャンスを積極的に受け入れようとする私の態度に驚き、たいていは興味をそそられるだろう。ひょっとしたらこちらの真意を疑うかもしれないが、日ごろから相手を尊重して行動し、相手の利益と立場を理解しようと努めていれば、多少の躊躇はあっても、答えはまず間違いなく「イエス」である。ただし、相手を深く理解したうえで働きかけなければ、新しい解決策を探そうと提案しても拒否される公算が高いし、相手が実際に拒否したとしても当然である。

私の経験から言えば、ほぼ例外なく驚くような結果が得られている。何年も続いていた激しい対立が、わずか数時間で解決した例もある。問題が解決するだけでなく、関係も強くなる。当事者双方が真の相互理解に達し、攻撃の応酬ではない解決策を模索し始めるや、容赦ない法廷闘争がたちまち終わった例も知っている。

第3の案を探そうと働きかけるのは、相手に対して、考えや立場を捨てるよう迫るものではない。「……だったらどうだろう？」と、一緒に思考実験をするのである。両方が自分の立場を離れ、この思考実験を行う。

勝つのは楽しい。しかし勝利のあり方は一つではない。人生は、どちらか一方の選手だけがネットを飛び越えて勝利を喜ぶテニスの試合ではない。どちらも満足できる新しい現実を一緒に創造し、一緒に勝てれば、もっとずっと楽しい。だから、シナジーのプロセスは、「お互いに心から満足できるWin-Winの解決策を一緒に探しませんか？」という問いかけで始まるのである。

ステップ二：成功の基準を定義する

争いの原因を知ると、争点が些細であることに驚くことが多い。何の役にも立ちそうない狭い土地の領有権を巡って、戦争に突入する国と国。夕食後の皿洗いをどっちがするかということで離婚する夫婦。つまらない争いで倒産する企業。

だが多くの場合、対立点は「点」ではない。激しい対立には、もっとずっと根深い問題が潜んでいるものである。私の友人のクレイトン・M・クリステンセン教授によれば、やるべきことは、対立点を解決することではなく、最初に対立を生んだときのパラダイムを変えることである。

パレスチナ人がイスラエル人の新たな入植に抗議するとき、実際には入植そのものが問題なのではない。本当に「なすべきこと」は、心を変えることである。数世紀とは言わないまでも数十年前から続く中東の根深い対立は、公正や正義というような、人が心の中で堅持する原則に関わっている。心の対立は、もっとも厳しく、もっとも解決しにくい対立になる。

日本語でいうシナジーのマインドセット「合気」は、お互いの強さを合わせ、調和のとれた結果を生み出す。原則が対立する場合、相手の原則は簡単に否定できるものではない。皮肉なことに、相手の原則をこちらも共有しているのである。イスラエル人とパレスチナ人、あるいはトルコ人とギリシャ系キプロス人、あるいはまた北アイルランドのカトリックとプロテスタントは、公正という基本の原則に訴えてそれぞれの立場の正当性を主張できるし、実際にそうしている。このような対立を解決する鍵は、合気のマインドを働かせ、共通の原則をより良く、新しいかたちで実践できるようにすることである。その共通の原則を新しいレベルに引き上げるために、両者が協力して取り組めば、お互いの強さを引き出すことができるのだ。

お互いの物語、それぞれが持つ「真実の断片」を深く理解できたら、お互いのもっとも深いところにある必要と欲求を満たして、両者の勝利となるまったく新しいビジョンを創造できるだろう。このようなシナジーマインドを働かせるには、成功の基準を定める必要がある。基準（criterion）はギリシャ語を語源とし、「原則または標準と適合するための手段」の意味である。対立の解決では、誰もが最高の結果を求めるものだが、問題は、どのようになれば最高の結果と言えるのかということである。

ステップ三：第3の案を創造する

世界中の人々と関わってきた私自身の年月を振り返ってみると、クライマックスは必ずシナジーによってもたらされたと言うことができる。たいていは、誰かが勇気を持って真実を語ることから始まる。すると他の人たちは、自分も本心を出せると感じ、やがて共感がシナジーに達する。

シナジーのサイクルを動かすには、たった一人、あなたがいればいい。あなたが他の人たちに「あなた方の考えは違うようだ。話を聞かせてほしい」と言えば、シナジーは始まる。自分の話を聴いてもらえたと全員が感じたら、「第3の案を一緒に探さないか」と促す。答えが「イエス」なら、成功基準を満たすさまざまな解決策を出し合い、検討し始める。「さまざまな解決策」という点に注目してほしい。考えられる解決策はいくつもある。第3の案を探すときは、多くの可能性が浮上するものである。モデルをつくり、古いものを新しい方法で取りまとめ、自分たちの考え方を逆さまにしてみる。解決策はたくさんあると信じて、自由闊達に話し合う。興奮に包まれ、シナジーに達したと全員が実感できる瞬間まで、一切の判断は差し控える。

すべてのシナジーは、自由に、豊かに、ほとんど無制限に試してみることを、自分に許せるどうかにかかっている。私がそう言うと、誰もがそのとおりだと賛成するが、そうした自由を持つ人はあまりいない。猫も杓子も新しいアイデアを崇め、テクノロジーが光速で進歩している現代にあって、何とも皮肉なことではないだろうか。ほとんどの作業チームや組織の文化はひどく硬直している。これは世界中で見られる現象だ。だからシナジーを試そうとする人は誰でも、大きなリスクを負うことになる。

私たちはまったく新しい解決策を探すのだから、第3の案という創造的なアイデアが生まれる余地をつくるために、自分の立場は一切捨てる覚悟がなければならない。「捨てる」ことによって、自ら進んで弱い立場にならなければいけない。私たちの直観は対立したら闘え（あるいは逃げろ）と告げるのだから、これはそう簡単にできることではない。だから、立ち止まってよく考え、第3の案を探すことを意識的に、覚悟して選ぶことが重要である。しかしシナジーの法則に従えば、より良い道は必ずある。

ステップ四：シナジーに到達する

では、どうなれば第3の案が見つかったとわかるのだろうか？

最初に定めた成功基準を満たし、なすべきことをなし、全員が求める結果を実現し、ゲームを変え、全員に勝利をもたらす案、それが第3の案である。一言で言えば、「私はあなたとシナジーを創り出す」パラダイムは、私たちを戦争から平和へと導く。争いをなくすだけでなく、新しい可能性も開く。お互いの違いを排除するのではなく、活用する。豊かさマインド、解決策、名声、利益、報奨、可能性のすべてを含むパラダイムである。「攻撃」のパラダイムの正反対、「創造」のパラダイムである。

第3の案だとわかると、室内が興奮に包まれる。無口、不機嫌、あるいは防御的な態度はすっかりなくなっている。第3の案が見つかったその瞬間に、創造的な躍動感に満ち溢れる。第3の案だと感じれば、それは間違いなく第3の案である。それは理解が「飛躍的」に高まった瞬間であり、「至高体験」であり、「流れ」に乗った状態である。発見の感動に湧き、隠されていた宝物を見つけた子どものようにはしゃぐ。発見したことを誰かれとなく話したくなる。ボリバー・J・ブエノは、シナジーの冒険について次のように語っている。

子どもはかくれんぼが大好きだ。隠されているものを見つけることには喜びがあるからだ。大人になっても、驚きを求める気持ちはなくなってはいない。誰しも隠された宝を発見し、それを他の人たちと分かち合いたいのである。

第3の案だとわかると、それまでの争いや思い込みに関心がなくなる。新しい案は意外なほどシンプルで洗練されている。私たちはそのことに驚き、圧倒され、考え方が根本的に変化する。新しい案は、合意に達するために何かを諦め、恨みを残すような妥協ではない。第3の案は、かつての敵との関係を変える。戦場の敵が、突如として発見のパートナーとなるのだ。

第3の案だとわかると、気持ちが高揚する。はっきりとわかる瞬間がある。なぜそれまでわからなかったのか不思議に思える。正しく理解すれば、シナジーは人生最高の経験になる。個人、家族、チーム、組織としての潜在能力が試され、引き出されるからだ。シナジーを経験しなければ、計り知れない潜在能力はずっと眠ったままで使われることはない。人生でこれほどの悲劇はないだろう。力を発揮できない人たちは、潜在能力を使わないまま日々生きている。彼らは日々の生活の中で、取るに足らないちっぽけなシナジーしか経験していないのだ。しかし真のシナジーなら、私たちの独自の才能、見識、多様な視野のすべてを、人生で直面するもっとも困難な問題の解決に使うことができる。それによって得られる結果は、奇跡と言ってもいいほどだ。私たちがもっとも求めていることを実現する新しい案、それまでは存在しなかった答えを創造できるのである。

本当に効果があるのであれば、それは第3の案である。徐々に良くなっていくのではなく、抜本的に変化し、飛躍的に前進する。製品、サービス、会社、あるいは業界全体までもが、爆発的に変容を遂げる。新しい科学やテクノロジーを生み、新しい文化さえ創造する。人間関係を一変させる。第3の案は、それを探し出した人たちにとって信じられないほどの価値がある。世界中の人々を喜ばせるほどに。

第3の案に到達するプロセスで訪れるシナジーの瞬間を「ステップ」と呼ぶのは、誤解を与えるかもしれない。「遭遇」あるいは「飛躍」のほうがふさわしいだろう。控えめに言っても、シナジーは衝撃的で予測不能である。必ずシナジーに達するという保証はない。だが、シナジーによって得られる結果はとてつもなく大きい。妥協でけりをつけるのではなく、シナジーに到達するまで進み続けるべきなのだ。

第5章

チームのレベルにおけるリーダーシップの原則

全人格型パラダイム

時代の変遷とパラダイムシフト

ここからは、チームの領域におけるリーダーシップへと移る。まぎれもなく、リーダーの仕事はチームとしての成果を出すことである。そのためには、チームのメンバー一人ひとりの力を最大限に引き出し、チームとしてシナジーを発揮することができるよう、チームを正しい方向へと導かなければならない。

チームを率いるリーダーとして持つべきパラダイム、そしてリーダーとして果たすべき四つの役割を紹介することにしよう。

まず歴史の大まかな流れを把握しておこう。文明の大きな流れには五つの段階がある。第一は狩猟採集の時代。第二は農耕の時代。第三は産業の時代。第四は知識労働者の

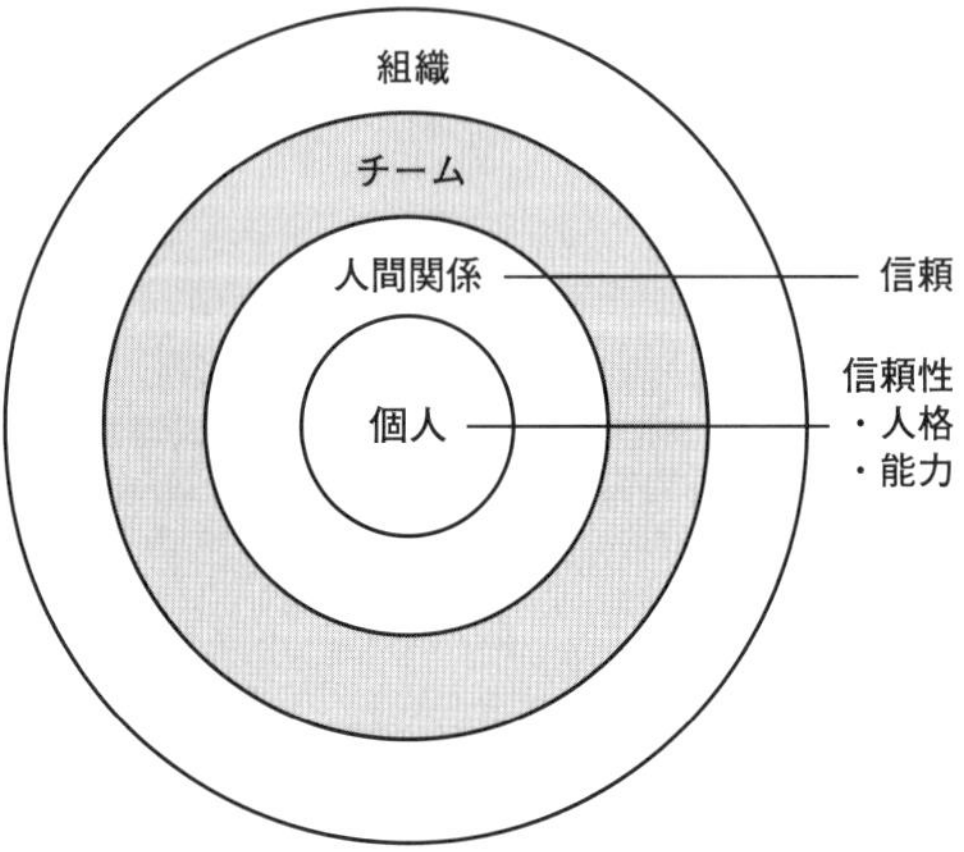

時代。そして最後の第五段階は、知恵の時代だ。

狩猟採集の時代では、獲物を狙って日々活動を続けていた。獲物が捕れる日もあれば捕れない日もあったはずだ。あなたが狩猟採集時代の人間だとしよう。さてそこにある人がやってきて「農民」というものにならないかとあなたを誘ってきた。

その農民を見ていると、地面を引っかいて種を蒔き、水をあげたり雑草を抜いたりしていた。最初は何も変化が起きなかったのだが、次第に作物が実り、豊かな収穫が得られるようになった。それは優秀な狩猟採集民であるあなたの獲物の五〇倍にもなった。さあ、あなたならどうする?

農民の生産力は狩猟民とは比べようもないほど高くなった。計画的に生産し、さらに生産高は拡大していく。徐々に、あなたは農民になるために真剣に学習したいと思い始める。そして子どもや孫にも農業をやらせることを決意する。人間の歴史の黎明期には、まさにこのとおりのことが起きていたのではないだろうか。そして狩猟採集民の数は九〇%以上減少した。狩猟民たちは職を失ったのだ。

何世代かを経て、産業の時代がやってきた。今度は工場を建て、機械を使って製品を生産するようになった。産業の時代の生産性は、農耕の時代のさらに五〇倍に達するようになった。さて、今度はあなたが狩猟採集民の五〇倍の生産性を誇る農民だとしよう。あなたの五〇倍もの生産高を見せつけられたらあなたはどうするだろうか? 歴史を見ると、産業の時代の工場は農民の五〇倍の生産性を実現し、やがて農民の数は九〇%減少している。また農民として生き残った人々も、産業の時代の手法やシステムを採用して、産業型の農場を生み出した。

そして、現在は、産業の時代から知識労働者の時代へと移っている。果たして知識労働者の時代は、産業の時代の生産性を五〇倍も上回ることができるのだろうか？

私は、「できる」と信じている。しかもその傾向はすでに出ている。生産性の向上によるアウトソーシングやリストラクチャリングは増加しているとはいえ、まだまだ氷山の一角にすぎず、産業時代型の雇用の縮小傾向は、知識労働者の時代へと経済が劇的に移行しつつあることを反映しているのだ。

ピーター・ドラッカーは産業の時代と今日の知識労働者の時代を次のように対比している。


二〇世紀のマネジメントのもっとも重要で真に特筆すべき貢献は、製造業に従事する肉体労働者の生産性を五〇倍に引き上げたことである。

二一世紀にマネジメントがなすべきもっとも重要な貢献は、知識労働と知識労働者の生産性を同じように向上させることである。

二〇世紀の企業のもっとも価値のある資産は、生産設備だった。それが二一世紀には、企業でもその他の組織でも、もっとも価値のある資産は、知識労働者と彼らの生産性になるだろう。


歴史を振り返ると、新しい時代を迎えるときはいつも生産性が飛躍的に増加してきた。そして、新しい時代へと移行し、成果を拡大できるかどうかは、思考またはパラダイムを変化させる意思があるかどうかにかかっているのだ。

質の高い知識労働の価値は計り知れない。その潜在的な可能性を解き放てば、組織は価値を生み出す途方もなく大きなチャンスを得ることができるだろう。

テーマ	産業の時代	知識労働者の時代
リーダーシップ	与えられた地位（形式的な権限）	自らの選択（道徳的権威）
マネジメント	モノや人を管理する	モノを管理し、人を解放（エンパワーメント）する
モチベーション	外的、アメとムチ	内面的、人の持つ四つの側面のニーズ
パフォーマンス評価	外的な業績、スキル評価	360度フィードバックを活用した自己評価
情報	主に短期的業績	バランスのとれたスコアボード（長期／短期）
コミュニケーション	主にトップダウン	オープン：アップ／ダウン、横方向
文化	社会的規制／職場の慣習	原則中心の価値観と市場ニーズ
トレーニング／啓発	二次的課題、スキル重視、使い捨て	メンテナンス、戦略的、全人格、価値観
人員	損益の犠牲、経費	資産、最大の投資
ボイス	あまり重要ではない	もっとも尊重すべきこと、組織の成長に欠かすことができないもの

産業の時代の「モノ型思考様式」

産業の時代には、機械と資本こそ、経済的繁栄をもたらす主要な資産であり原動力だった。つまり主役はモノだったのだ。もちろん機械を使う人は必要だったが、他の人でも代わることができる仕事だった。人の異動や入れ替えを行っても大した問題はなかったのだ。有能な人材などいくらでも確保できる買い手市場だった。つまり、作業をする労働者の身体が必要であり、極端に言えば、人を機械であるかのようにとらえ、対処していたのだ。

現代のマネジメントの手法の多くは、産業の時代の産物だ。私たちは、必要な人員をうまく管理・運用すべきだと信じてきた。実は会計にもこの考えが反映されている。社員やスタッフは人件費という経費とみなされ、資産といえば機械や設備だった。人間は損益計算書に経費として記載される一方で、設備は貸借対照表に投資として記載されていたのだ。

こうしたことは現在でもほとんど変わっていない。つまり問題なのは、管理職・マネージャーたちが、この現代の知識労働者の時代においても、いまだに産業の時代の管理型モデルを知識労働者に適用していることだ。要するに、人間を機械やモノのように管理しているため、部下たちが持つ本当の価値や潜在的な可能性に気づかず、社員たちのもっとも質の高い才能や資質、やる気を引き出せずにいる。権力を握る立場にある多くの人が、人間の本質についての正確な理解を持ち合わせていないのだ。

ここで、産業の時代と知識労働者の時代を比較してみよう（前ページ表参照）。

たとえば、リーダーシップについてはどうだろう？　古い産業型モデルでは与えられた職位や地位と考えられていたが、新しい考え方では自らの選択ということになる。

マネジメントに関してはどうどうだろう？　かつてのパラダイムではモノと人を管理するというパラダイムだったが、新しいモデルではモノは管理するが人は解放する。そして、体制、モチベーション、パフォーマンス評価に至るまで、大きな違いがある。

共依存関係の悪循環

産業の時代と知識労働者の時代のパラダイムを比較したが、もっとも大きなパラダイムの違いは、人に対するパラダイムだろう。

古いパラダイムによって、まるで機械のように扱われたとしたら、社員やチームメンバーはどうなるかを考えてみよう。

彼らは、自ら率先して考え判断するといったリーダーシップを発揮することがほとんどなくなってしまうだろう。リーダーシップはある特定の地位に付随するものだと大半の人が考えるようになり、自分がリーダーになることなど想像もできなくなることもある。そうなると、進むべき方向は権力を握る地位にある人が決めるべきだと思い込んでしまう。あたかも無意識のうちに、人々がモノのように扱われるかのようだ。だから何かがうまくいかなくなると上司であるリーダーのせいにしたり、逆にうまくいっても功績はもっぱらリーダーのものになってしまうことがあるのだ。

社員やメンバーの人たちが自立し、かつ率先して行動することをためらうほど、ますます地位が上のリーダーたちは部下に指示を出し、管理しなければならないという考えになっていく。

その結果起こることは、共に馴れ合うという依存し合う悪循環だ。そしてマネージャーが部下を管理すればするほど部下は指示通りの態度しかとらなくなり、いっそうのコントロールが必要となる。このような共に依存し合う文化はやがて慣例となり、ついには誰も責任をとらなくなる。そして、相手が変わらない限り自分の現状も良い方向に変わることはないと信じこんでしまい、自ら変わる可能性が非常に少なくなってしまう。

このようなことは至るところに存在している。私はよく講演の途中で、次のような質問をする。

「講演の話はそのとおりだが、本当にこの話を聞くべき人は別の人たちだと思う人は挙手してください」するとたいてい大爆笑が起きて、ほとんどの人が手を挙げる。

もし、あなたが「勉強すべきは自分ではなく上司（部下）だ」と思っているとすれば、それこそ共依存の兆候だ。「責任は自分にはない」と考えた瞬間に、あなたは自分を自ら無力化し、他人の欠点をますます強固なものにしてしまうのだ。

人に対するパラダイムが不正確なら、いくら問題を探す努力をし、いくら前向きに考えても問題を解決することはできないだろう。逆に、正確であれば勤勉さと適切な態度が報われ、現状を正しく理解することができ、今とるべき行動が明確になるはずだ。

なぜ大勢の人が仕事に不満なのか？ なぜ大半の組織が、社員のもっとも優れた才能や創意工夫、創造性を引き出せずに、真に偉大であり続ける組織になれずにいるのか？

問題の核心には一つの単純で支配的な理由がある。それは「我々が何者なのか」ということ、人間の本質に関する根本的な見方に関して、不完全なパラダイムに基づいているということである。

根本的な真実はこうだ。人間は、管理して尻を叩かなければ動かないモノではない。人間は四つの側面から成る存在だ。肉体、知性、情緒、そして精神である。

私たちには選択肢がある

さて、今日管理職の人々や組織は、社員を奮起させて最高の才能と貢献を引き出すことができずにいる。この現実は、現代の職場で主流をなす管理型の「モノ（部分的人格）型パラダイム」とどのように関係しているのだろうか？ 答えは単純だ。人は選択をするということだ。意識的にしろ無意識的にしろ、人は仕事にどれほど自分を捧げるかを決めている。その選択は、自分がどのように扱われているか、自

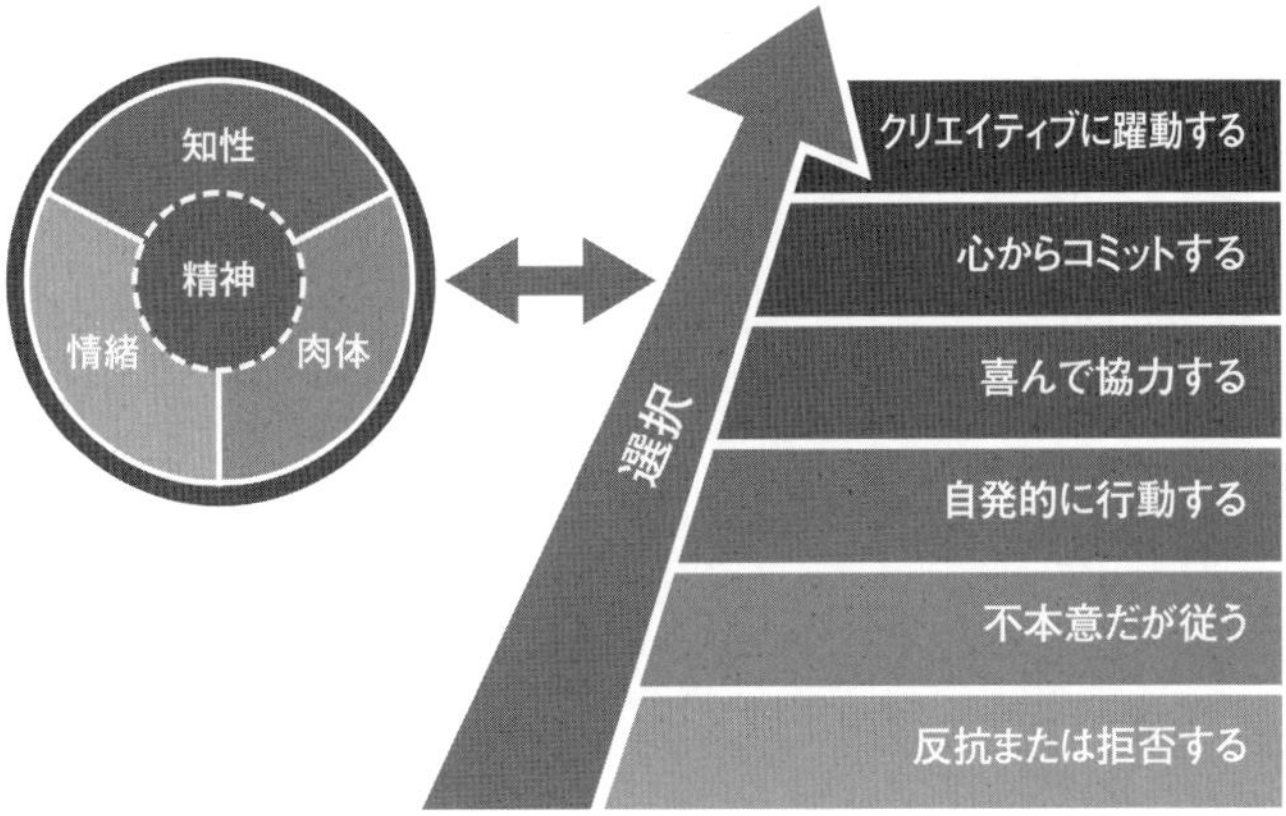

分の四つの側面のすべてを生かす可能性がどの程度あるかによって決まる。そして実際に表れる行動としては、反抗や拒否からクリエイティブな躍動まで幅広い。

次に挙げる五つのケースについて、図の六つの選択肢のどれをとるかを考えてみてほしい。六つとは、反抗または拒否する、不本意だが従う、自発的に行動する、喜んで協力する、心からコミットする、クリエイティブに躍動するである。

第一のケース

あなたが公平に扱われない場合。組織の中は政治的駆け引きだらけ。えこひいきもある。給与体系も公平かつ公正と思えない。あなた自身の給与もあなたの貢献度を正しく反映していると思えない。さてあなたの選択は？

第二のケース

給与の面では公平な扱いを受けているとしよう（肉体的側面）。しかし組織があなたに思いやりを持っているとは言えない。尊重してくれているとは思えない。あなたに対する扱いは一貫しておらず、独断的できまぐれで、ボスの気分に大きく左右される。さてあなたの選択は?

第三のケース

給与も公平だし、あなたに対する扱いもよいとしよう(情緒的側面)。しかし意見を求められるはずの場面で、上司の意見を押しつけられる。言い換えれば、評価されているのはあなたの肉体と情緒だけで、知性ではない。さてあなたの選択は?

第四のケース

給与は公平、扱いも良い、与えられた仕事にはクリエイティブに関与している(知性的側面)としよう。しかしその仕事は実は、穴を掘っては埋め戻すようなことばかり。誰も読まず、活用もしないような報告書を書かされる。つまり仕事自体が無意味(精神的側面)だとしたら。さてあなたの選択は?

第五のケース

給与も公平、扱いも悪くない、そしてあなたは意義のある職務に、クリエイティブに関与しているとしよう。しかし顧客や仕入先との間に多くの嘘やごまかしがある。他の社員もそうだ(精神的側面)。さてあなたの選択は?

五つのケースで、人が持つ四つの側面のすべてを検討してみた。この点に注意してほしい。四つの側面とは、肉体、知性、情緒、そして精神である（精神は二つの部分に分けて考えた。仕事が無意味だという場合と、仕事の進め方が無原則だという場合）。ここでの要点は、人間の四つの側面のうち一つでも無視すれば、人間をモノに変えてしまうということだ。管理し、運用し、アメとムチでやる気を出させようとすることになるのだ。

私はこれまで世界中のさまざまな人々を相手に、このような五つのケースを投げかけてみた。するとほとんど必然的に、答えは三種類になる。反抗または拒否する、不本意だが従う（言われたとおりやるにはやるが、結果的にうまくいかなければよいと思う）、そしてもっともましな場合でも、自発的に行動するという選択だ。今日の情報・知識労働者の時代には、全人格的な仕事の中で全人格的に尊重されている人しか、上位の三つの選択をすることはない。つまり、公平な報酬をもらい、まっとうな扱いを受け、クリエイティブで、原則に基づく方法で人間の要求に応えるような仕事に従事している人だけが、喜んで協力し、心からコミットし、クリエイティブに躍動することを選び取れるのである。

こうした人をモノとして扱うことを繰り返す組織に起きる問題とは何だろう？

慢性的問題と急性的問題

今日の職場をめぐる問題とその解決策の核心は、人間の本質に関するパラダイムに基づいており、私たちの家庭や地域社会における問題の解決策も同じパラダイムのもとにある。

人間の体にも企業にも慢性と急性の二種類の問題がある。慢性は問題の根底に原因があり、頑固で永続的だ。急性は痛みと症状を伴い、一時的に体力を衰弱させる。人間と同様に企業も、慢性的な問題を抱えてはいるが急性の症状はまだ出ていない場合がある。急性の症状に対症療法的措置を施すと、根本的で慢性的な問題を覆い隠してしまうことになりかねない。

すべての慢性病が急性の症状を伴うわけではない。癌のような病気は最初の急性症状が現れる前から進行していて、手遅れになることが多い。症状が現れていないからといって根本的な問題がないということにはならない。

企業や組織についても同じことが言える。急性の症状がなくても重大な慢性疾患を抱えている場合がある。世界を相手に厳しい競争をしているわけではなく、狭い保護された市場での競争しか経験がないから問題が表面化していないだけなのだ。今のところは財務的にも問題なく、大きな成功を収めているかもしれないが、ご承知のとおり、成功とは相対的なものだ。競争力という点で問題がより拡大しているかもしれないのだ。

四つの慢性的問題とその急性症状を予測する

では、企業という設定の中で話を進めよう。この考え方はチームや家族、地域社会など、どんな関係にも適用できる。

はじめに、次のページの図の中心にある精神から見ていこう。精神とは良心のことである。もし良心が企業の中で軽んじられたらどんな問題が発生するか、考えてみよう。社員がそれぞれの良心に反する扱いをされたり行動をとったりしたら、人間関係はどうなるだろうか? 信頼など生まれないのは明らかだ。低い信頼は、すべての企業が直面する第一の慢性的問題である。では、その急性の症状とは? 厳しい市場環境で生きる低信頼企業には、陰口や内輪もめ、中傷、保身、情報の独占、自己防衛的で自己弁護的なコミュニケーションが充満する。

第二に、企業内で知性またはビジョンがおろそかにされるとどうなるか? この場合はビジョンも価値観も共有されない組織ができあがる。では、このような状況下で見られる行動とは? 社員は裏の思惑で動き、政治ゲームが横行し、意思決定の際には異なる判断基準が用いられる。そして、あいまいで混沌とした組織文化が形成される。

第三に、企業の肉体的側面(組織構造、システム、プロセス)で規律を軽視する風潮が蔓延すると、どんな問題が引き起こされるか? 言い換えれば、優先課題の実行力もなく、組織的な支援体制もないときはどんな状況に陥るだろうか? 組織構造やシステム、プロセス、企業文化の中にアライメントも規律も生まれないに違いない。マネージャーが人間の本質について不正確で不完全なパラダイムを持ってい

急性の痛み

低品質、コスト増大
柔軟性の欠如
行動の鈍さ
「市場」での失敗
マイナスのキャッシュフロー

慢性的問題の症状

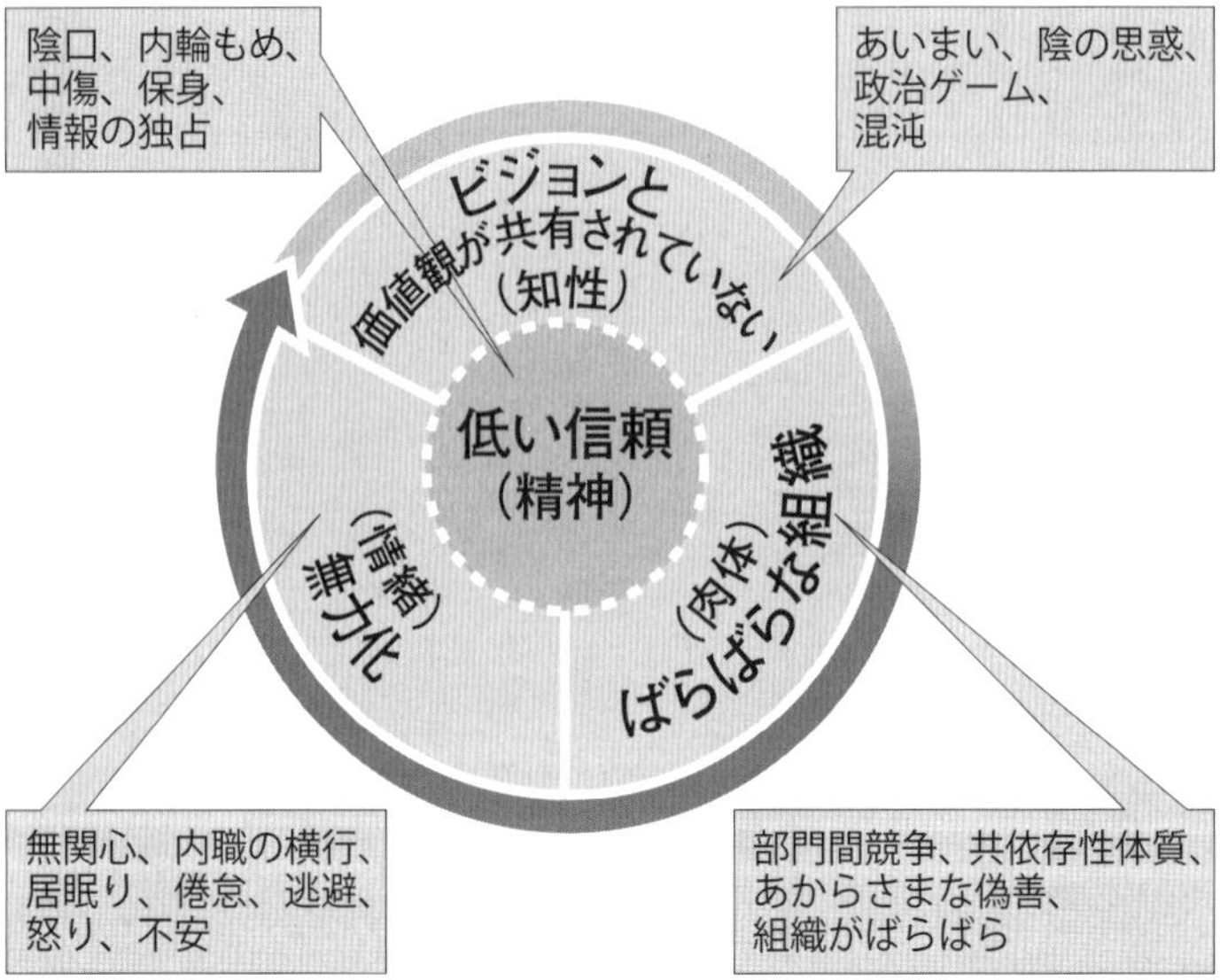

リーダーシップの四つの役割

模範になる
方向性を示す
組織を整える
エンパワーメントを進める

緊急の痛みを伴う
四つの慢性的問題の解毒剤

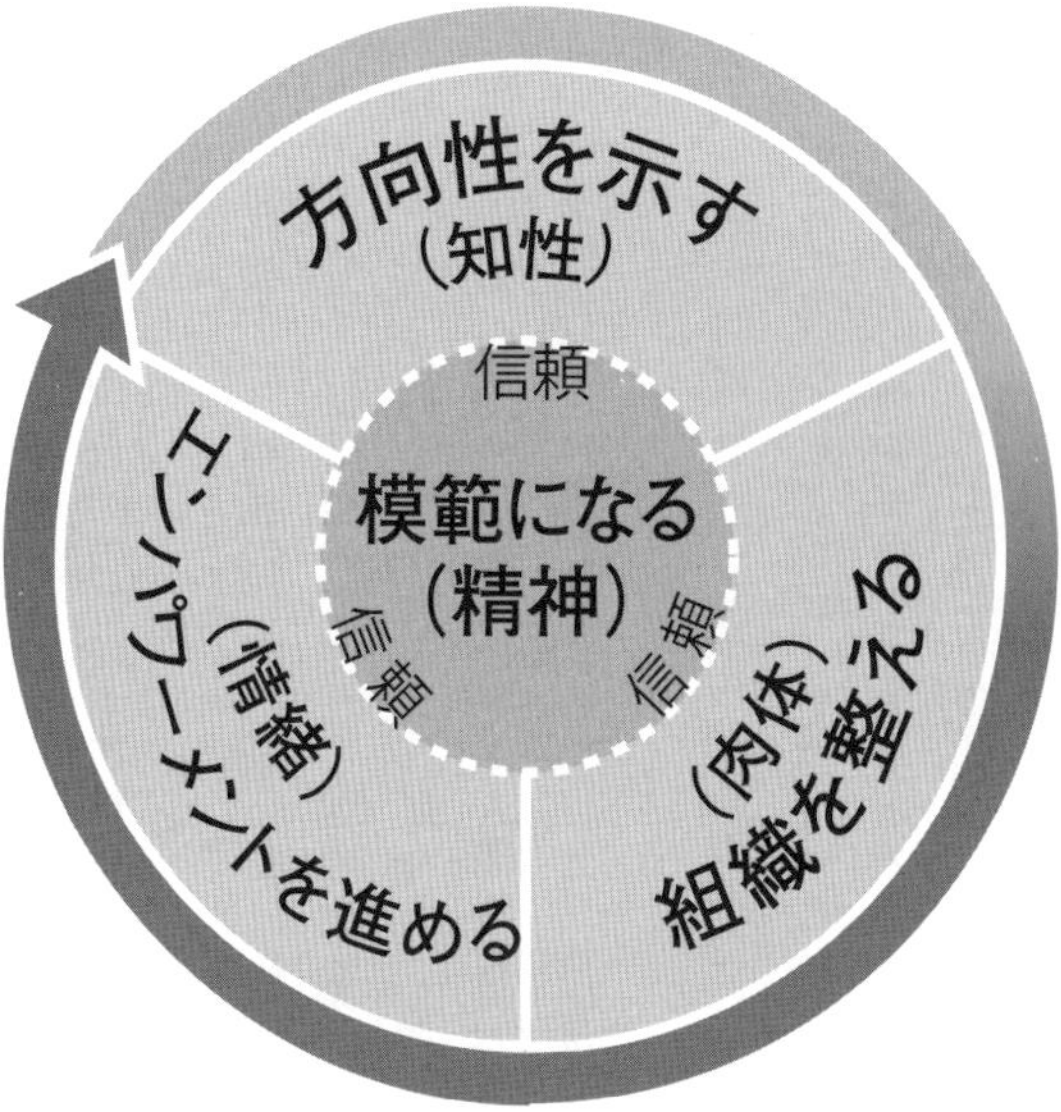

ると、コミュニケーション、採用、選抜、配置、説明責任、褒賞や報酬、昇進、研修や能力開発、情報システムなどを含む包括的なシステムの構築を図ったとしても、部下の可能性を最大限に引き出すことはできないだろう。中核となるミッションや価値観、戦略のもとに個人やチーム、部署、さらには企業全体が一つにまとまることは決してない。このため、企業の外にある市場や顧客、取引先とのアラインメントはきわめて貧弱なものとなってしまう。

貧弱なアラインメントはさまざまな形で表面化する。相互の信頼は低下し、政治的駆け引きと部署間の争いが繰り広げられ、事態に手を焼くマネージャーは管理のたずなを強める必要性を感じるようになるだろう。そのため、人間の判断に代わってルールが幅を利かせるようになる。信頼を補うために登場するのが、四角四面のお役所的手続き、階級主義、規則や規範。いくら人間重視だ、リーダーシップ育成だと声をあげても、とらえどころのない「感覚だけの」非現実的な時間と金の浪費とみなされ、人間もモノと同様に投資としてではなく経費として考えられるようになるだろう。

指示を出し管理する必要性がますます声高に叫ばれ、大多数の社員の間には前述のように「指示待ち」の共依存体質ができあがる。だからこそ、といわゆる職位上のリーダーたちは確信する。アメとムチをちらつかせて、部下のやる気を外から刺激し、管理統制し、必要とあれば鉄拳をくださなければ何も変わらないと。外から刺激するのは姿勢が受身だからであり、受身だから管理統制するというのだ。どんなに部下を操ろう、管理統制しようとしても、自分たちの真のボイスと情熱のもとに意義ある仕事をしたい、貢献したいという気持ちを引き出すことはできない。そうした気持ちは自発的に出てくるものなのだから。

第四に、情緒的側面をおろそかにするとどうなるだろうか？　企業の中に、目標や仕事に対する情熱も気持ちの上での一体感もなく、内から湧き起こってくる自発的な熱意やコミットメントもないとどうなるか？　結果は、非力なエンパワーメントである。組織の文化全体に無力感が広がる。するとどんな急性症状が現れるだろう？　仕事の掛け持ち、居眠り、倦怠、逃避、怒り、不安、無関心、面従腹背……。さまざまな症状が現れるだろう。

要するに、肉体、知性、情緒、精神をおろそかにすると、組織内に四つの慢性的な問題が生じる。信頼が低下する、ビジョンと価値観が共有されない、アライメントが行われない、無力化する、がそれである。こうした慢性的問題とその症状がいくつも重なると、さまざまな急性の痛みとなって表面化する。市場での失敗、マイナスのキャッシュフロー、低品質、コストの増大、柔軟性の欠如、行動の鈍さ、告発など。そして、責任を転嫁し非難の応酬が続く組織文化が生まれる。

産業の時代の反応

産業の時代と呼ばれる古い時代には、四つの慢性的問題に対してどのような反応が見られただろうか？ もし企業内の信頼度が低く道徳的権威が欠如すると、ボス中心のワンマン組織ができる。リーダーにはなんでもわかっていてすべてを決定する、「俺のやり方に従えないなら出ていけ」という考え方が蔓延する。

共有されるビジョンや価値観がないと、代わってルールが支配する。「自分の仕事以外のことは心配するな。言われたことだけルールに従ってやっていればいい。考えるのは俺の仕事だ」

アライメントが貧弱だと、何事にも効率が求められるようになる。機械にも、政策にも、人間にも、すべてに。効率性がすべてという考え方が支配的になる。

エンパワーメントが非力だと、管理の必要性が叫ばれる。人を信じてはいけない、人を動かすにはアメとムチを使うしかない、鼻先にニンジン（褒賞）をぶらさげてやる気を引き出し、うまくいかないときはムチ（罰や失職）をふりかざして適度の恐怖心を植えつけるしかないと。

ボイスを発見するよう人を奮起させようと決断したあなたの前にあるのは、今日の産業の時代における管理モデルから引き起こされる四つの慢性的問題である。しかし、ボイスを発見した私たちの誰もが、「ボスとルールと効率性と管理統制」という古き悪しきソフトウエアを書き換える力を備えている。

そのパラダイムとスキルを紹介しよう。

企業におけるリーダーシップの問題を解決する「リーダーの四つの役割」

では、四つの慢性的問題を解決するには、具体的にどのようにすれば良いのだろうか。

組織内の信頼が薄ければ、自らが信頼性の**「模範になる」**ことによって信頼を築き、ビジョンや価値観が共有されていなければ、共通のビジョンや価値体系を出すための**「方向性を示す」**ことに注力する必要がある。

協力関係が欠如していれば、目標や構造、システム、プロセスなどの**「組織を整える」**ことに腐心して社員の能力を引き出し育てて、ビジョンや価値観を具現化する組織文化の形成に努めることが求められる。また、社員の力が十分でなければ、プロジェクトや作業遂行の段階で個人やチームの**「エンパワーメントを進める」**ことにフォーカスしなければならない。

私はこの四つを「リーダーの四つの役割」と呼んでいる。ここでいうリーダーが発揮すべきリーダーシップとは、役職やポジションとしてのリーダーシップではなく、「私たちの周囲にいる人々（部下やチームメンバーなど）の、人としての価値と可能性を認め、高めようとする主体的な意思としてのリーダーシップ」である。それは、私たち一人ひとりの存在意義を高めることで、組織の影響力と重要性を高め、結果的に相互補完的なチームとしてメンバーをまとめあげることになる。

そもそもリーダーが存在する目的は、チームの結果を出すことだ。そのチームでなければ成し得ない、チームとしてのより大きな結果を生み出すのがリーダーの持つ目的であり、大きな役割である。そしてチームとして大きな結果を出すということは、メンバー一人ひとりの力を最大限に発揮させ、メンバー同士が相互に補完し、シナジーを創り出すようなチームをつくり上げることでもある。

そのようなチームをつくり上げるためにあるのが、リーダーの四つの役割というわけだ。

これらの四つの役割は互いに深く関連しており、しかもリーダーはすべての役割を果たす必要がある。ある役割ができなくても、違う役割ができれば良いということではない。

どれ一つ欠いても、チームとしての本当の長期的な成果を生み出すことはできない。たとえば、方向性が明確で、有効なシステムもあり、エンパワーメントが推進されていたとしても、リーダーとしての信頼性に乏しければ、やがてはチーム内の信頼関係は希薄になり、協力的文化は育たず、チームとしての有効性は失われていくだろう。また、リーダーとしてエンパワーメントが進まなければ、リーダー一人に依存してしまい、チームとしてのシナジーを創り出すことなく、イノベーションも起こりにくくなるだろう。

また、これら四つの役割は連続的でもある。この連続性について、競争の激しいプロスポーツにたとえて考えてみよう。ある選手がひどく太った体でキャンプに参加したとする。筋力も持久力も落ちているから、十分なスキルを磨くことはできない。そしてスキルを磨かなければチームの一員として十分な働きはできないし、チームの勝利に貢献することもできない。言い換えれば、筋力の発達があって初めてスキルの向上があり、スキルの向上があって初めてチームやシステムの発展がある。子どもは走る前にまず歩き、歩く前にはいはいができなければならない。同様に、微積分を理解するには代数の知識が必要であり、代数を理解するには基礎的な算数の知識が必要だ。ものにはすべて順序があるのだ。

リーダーの四つの役割　一．模範になる

リーダーシップの中核、模範になる

模範になること――それはリーダーシップの神髄であり、中核をなすものだ。模範を示すには、まず第一歩として、自分のボイス（内面の声）を発見することが求められる。つまりビジョン、自制心、情熱、良心という四つの側面で、自分のボイスを表現するのだ。このようにセルフ・リーダーシップの四つの側面で模範になることによって、リーダーに求められる他の三つの役割（方向性を示す、組織を整える、エンパワーメント）のあり方が根源から変わってくる。

模範になるという行為は、リーダーとしてこの三つの役割を果たしていく中で具体化される。それ以前にもリーダーが模範を示し、それによってリーダーへの信用、信頼感が生まれることもある。しかし真にリーダーシップが発揮されるのは前者の場合だ。方向性を示す、組織を整える、エンパワーメントを進めるといった面で、良心に突き動かされたリーダーがいかに模範を示しているか。部下たちがそれを実際に経験してこそ、リーダーへの信頼感が生まれる。部下たちは、自分たちがどれほど尊敬され、評価され、価値を認められているかを認識することになるからだ。

では、なぜこのような認識が可能になるのだろうか？　それは、彼らに意見が求められ、彼らの意見や経験が尊重されるからである。人々は、方向性を見定めて道を切り開くというプロセスに真に関わる

ことになる。つまり参加者となるのだ。ミッション・ステートメントや戦略計画を一方的に聞かされるのではない。それらの作成に力を貸し、自分たちでつくるのだ。また、すでにミッション・ステートメントや戦略計画が存在する場合でも、彼らはそれらに共感するはずだ。なぜならば、組織のメンバーになる前からリーダーを意識的に尊敬していた場合を別にして、模範となるリーダーに対する敬愛の念が共感を生むからである。

ときには、参加することよりも精神的・情緒的な共感のほうが強力な力となることもある。そのよい例がガンジー、マーチン・ルーサー・キング、ネルソン・マンデラなどの信奉者たちだ。ビジョンの構築には関与していなくとも、その人を心から敬愛しているために、そのビジョンをとことん受け入れることがある。おそらく誰でも経験したことがあるだろう。それが共感である。それはとても強い心理的な力であり、創造の過程に実際に参加するよりも影響力が大きい場合もある。特に、価値観よりも、ビジョンや戦略計画などに対する共感でこの傾向が見られる。多くの場合、優れたビジョンを抱く人や戦略家たちは傑出した存在で、組織や国民の文化自体がそれを認知していることも多いのだ（ただし前述したように、その人に信頼性があり、人々が信頼していることが条件だが）。しかしながら、結局のところ共感は、直接、間接を問わずなんらかの関与（コミットメント）に基づいているものだと言えるだろう。

模範になるということはまた、個人が一人で実現できるものではない。チームによって実現するものである。各個人の長所を土台にし、お互いの弱点をカバーする形でチームを編成すれば、真に力のある組織となる。したがって模範になることを考える際には、個人だけでなく、相互に補い合うチームのことも念頭に置かなければならない。メンバーは互いの弱点を補い合いながらそれぞれに自分の役割を果たす。それがチームの神髄である。他人の弱点を見つけてそれを強調したり、陰口を言うのではない。各人は他のメンバーの弱点を埋め合わせる立場にあるのだ。あらゆる能力を備えた人などいないし、あらゆる役割で優れた成果を出せる人もごく限られている。だから道徳上、互いに尊重し合うことが求められるのである。

信頼関係を築く

あらゆる人間関係にとって重要な鍵である「信頼」は、組織を結束させる接着剤の役目も果たす。レンガをつなぎ合わせるセメントのようなものだ。また、信頼とは、個人も組織も、信頼する価値があると感じた結果生まれてくるものであるということを私は学んだ。信頼は三つの源泉――個人的なもの、制度的なもの、それに意識して他人を信頼する一人の人間から生まれる。すなわち、私が価値ある人間であることをあなたはわかっていると、私に感じさせてくれる行為である。つまり、信頼を寄せれば、相手からも信頼が得られるということである。

信頼は行為であり状態でもある。それは、信頼が人の間で共有され、返したり返されたりするものであることを意味する。これこそ、人がどうやって上司のリーダーになるかという問題の核心を示している。人は、他人を信頼することによって信頼を得る資格が与えられる。行為を表す「信頼する」は、信頼される側が相手に潜在的に抱く信頼感と、信頼する側の信頼感が明確に見えることで成立する。四番目の役割――「エンパワーメントを進める」は、信頼を行為として考えるときに実態を持つ。

信頼関係を築くうえで、個人の信頼性を高めることが基礎となることは、個人におけるリーダーシップの章で述べた。また、他人と信頼関係を築くためには、信頼の預け入れをする必要があり、人間関係における信頼関係を築くための一〇の行動として紹介した。

チームの中でリーダーシップを発揮する段階においても、そうした信頼性や信頼の預け入れが基礎となることは間違いない。

信頼関係を築こうと思えば、人格と能力による信頼性を高めることが必要だし、チームワークや協力関係、社会への貢献等には、信頼関係が不可欠なのだ。

たとえば、自分で約束したことを守れない人がいるとしよう。その人の生活ぶりは一貫性がなく、気まぐれであるに違いない。それで他の人との間に健全な信頼関係を築くことができるだろうか？ 答えは明白だ。信頼関係がないままにチームの確固たる土台を築き、意義ある貢献を果たすことなどできない。

最終的には、厚い信頼関係から社員が互いに協力し合うチームや組織を築き上げる基盤が築かれ、チームとしてのシナジーが生まれる。社員が目的や価値観を共有し、そのような状況の中で自ら進んで自分たちの役割を果たそうとする中で理想的なチームができていくのだ。

トリム・タブになる

リーダーとして模範になるための、もう一つの行動は「トリム・タブ」になることだ。

素晴らしいパラダイムシフトをもたらした哲学者であり、建築家であったバックミンスター・フラーは、その墓石に「トリム・タブに徹する」という銘を選んだという。

トリム・タブというのは、船や飛行機についている小さな方向舵のことだ。このトリム・タブが大きな方向舵を回し、結果的に船や飛行機全体の進路を変える働きをする。

あらゆる組織（企業、政府、学校、家族、非営利組織、地域組織）には潜在的なトリム・タブ的な人物が何人も存在する。彼らは地位に関係なく、率先力を発揮して自分の影響力を広めることができる人だ。自分自身やチームや部署を少しずつ動かすことで、やがては組織全体に対して積極的な影響を与えることができるようになる。

トリム・タブになることができるリーダーには、ある特徴がある。それは自分が影響を与えることができること、自分自身がコントロールできること（「影響の輪」の事柄）に集中しているということだ。単に関心のあること、たとえば景気の問題、法律や市場全体のこと、他部門の戦略、担当外の人事の問題など、関心はあっても自分ではコントロールできないことなど（「関心の輪」の事柄）に時間を費やしてしまうのではなく、自分がコントロールし影響力を及ぼすことができる事柄、たとえば、業務プロセス改善のためのヒアリングを行ったり、プロジェクトの成功のために現実的なアドバイスを行ったり、顧客提案用に知識を得たりすることなどに集中しているのだ。

フランクリン・コヴィー社が行った調査に、「直接影響を与えることができない事柄ではなく、影響を与えることができる物事にフォーカスしていると答えたのは、わずかに三一％」という結果がある。トリム・タブ的なリーダーは、ビジョン、自制心、情熱、良心を使って影響の輪の中の事柄に対して、率先力を発揮する人たちなのだ。トリム・タブの働きをするリーダーは、自分の「影響の輪」がどんなに小さくても、その中で率先力を発揮することができる。

影響できる範囲（影響の輪）は広げることができる。その秘訣は、影響を及ぼすことができるギリギリの部分（影響の輪の外縁部分）の事柄に対し、エネルギーを注ぎ込み込むことだ。重要な地位にない人や正式な意思決定権を持たない人であっても、「外縁部分」に集中することで、「影響の輪」を大きくすることができるのだ。

このように「影響の輪」を大きくできる人は、自分自身に力を与えることができる人と言ってもいい。このような人たちは、リーダーや組織から権限を与えられたわけではない。人は、目前の問題や試練を通じて、自分がどのような選択を行えばいいのかを学ぶ。こうして適切なレベルの率先力を発揮することができる。

選択の自由と内的な能力《ちから》を開発し増大させていく人々は、いわゆる「流れを変える人」になることができる。たとえ、血筋や家柄など昔から続いていることがあったとしても、子どもや孫など未来の世代のためにならないことがあったとしたら、それを伝えないようにすることも可能だ。私は全米ファーザーフッド・イニシアチブ（ＮＦＩ：子育てや地域活動における父親の役割と参加の重要性を唱導する非営利団体）からファーザーフッド賞（父親としての活動を評価した賞）を受賞した際、同じ受賞者の男性のスピーチに深い感銘を受けた。

その男性は開口一番、この賞は今までもらった賞の中でもっとも名誉と価値があるものだと話した。他のさまざまな賞は彼の職業人としての成功の証しだったが、この賞はもっと偉大な「成功」の証しだというのだ。彼は「私は父のことをほとんど知らない。父も自分の父親について何も知らなかった。しかし、親子の絆のないこの関係を断ち切るかのように、私の息子は父親である私のことをよく知ろうとしてくれた」と、息子との間に築いた絆について述べている。この言葉は人生のもっとも優れた、意義ある成功について語っている。真の偉大さ、真の成功とは何かを示している。そして何よりも重要なのは、それまで代々希薄だった父親と子どもの絆を生み出した彼は「流れを変える人」になったということであり、この功績がこれから何世代にもわたって計り知れないほど貴重な影響を及ぼしていくに違いないという事実だ。

あなたも、あなたの職場で流れを変える人になることができる。あなたには手に負えないひどい上司がいて、職場環境は不快かつ不公正だとしよう。それでも選択の自由を賢明に生かせばあなたは状況を変えることができるはずだ。大きな影響を与えて上司をよい方へ変えることができるかもしれない。少なくとも上司や周囲の人々の欠点から距離を置いて、マイナス要素に陥ったり、染まったりすることは避けられるはずなのだ。

リーダーの四つの役割　二．方向性を示す

チームや組織が目指すものは何か

「方向性を示す」というリーダーシップの役割を果たすうえで、第一の案は、チームや組織のメンバーを実質的に関与させることなく、ビジョン、価値観、戦略を一方的に通知することだ。

第二の案は、メンバーに過度の関与を許すやり方だ。しかしこれでは、やたらと分析したり委員会を開くことばかりに熱心で、結局は身動きがとれなくなってしまう。あるいは何度もオフサイト・ミーティングや果てしない議論ばかりになり、戦略の実行やエンパワーメントはほとんど忘れ去られてしまう。

第3の案は、ビジョン、ミッション、戦略を策定するプロセスに適度に人を関与させることだ。ただし同時に、十分に強い信頼の文化を築き、自分自身が個人的に信頼に足る人物であれば、共感の力は関与の力と同等になることを認識することである。

模範になることで信頼の念が生まれる。一方、方向性を示すことで、要求せずとも秩序を生み出すことができる。組織のメンバーたちは、組織にとって何がもっとも重要かという点で意見が一致すれば、その後のあらゆる意思決定につながる基準をその時点で共有することができる。この明確化を進めるコミュニケーションの過程でフォーカスが生まれ、それが秩序に、そして安定につながる。それはまた、

機敏さももたらす。機敏さについてはあとでエンパワーメントの役割を説明する際に考察する。

個人的なレベルではビジョンを抱くが、組織という枠組みの中では、それは方向性を示すという行為になる。個人的なレベルでは、あなたが重要だと思うものを明確にするわけだが、組織という枠組みの中におけるリーダーの課題と役割は、何がもっとも重要か、かけがえのないものは何かについて、共通した見方を確立することになる。チームメンバーについて次の二点を自問してみてほしい。


一．チームメンバーは組織の目標を明確に理解しているか？

二．チームメンバーはコミットしているか？


部下に重要な目標をはっきり理解させ、それにコミットさせるには、彼らを意思決定に参加させる必要がある。組織が目指すものは何か（ビジョンとミッション）を一緒に見極める。そうすれば、組織のメンバー全員がそこに到達するまでの過程（価値観と戦略的計画）を自分のものにすることができる。

組織やチームにとって何がもっとも重要かを共に決めていくには、目下直面している現実と向き合う必要がある。まず現実的な問題を理解したうえで、共通のビジョンや価値体系を、ミッション・ステートメントや戦略的計画として具現化するよう努力するのだ。まず根本的な現実をしっかり把握しておく必要があるという点について、ハーバード大学教授のクレイトン・M・クリステンセンが次のように述べている。

どの業界のどの企業も特定の「力」（いわば組織にとっての「自然の力」）の影響下にある。この力によって、ある企業ができること、できないことが大きく決定づけられる。それまでのやり方を打ち破る破壊的技術が登場すると、マネージャーはその力に圧倒されて企業を失敗に導いてしまう。

たとえ話で言えば、羽根の翼を腕に縛りつけ、全力で羽ばたきながら高所から飛び降りた古代人たちは、必ず失敗したのだ。夢を追求し懸命に取り組んだが、彼らはあまりにも強力な自然の力と戦っていたのである。

この戦いに勝つだけの力を持った人はいなかった。飛行が可能になるには、この世の中の物事を規定する自然の法則や諸原則を理解する必要があった――重力の法則、ベルヌーイの定理、揚力、抗力、抵抗などの概念である。そしてこれらの法則や原則の力と戦うのではなく、それらを認識し利用した飛行システムを設計して初めて、人は以前は想像もできなかったほどの高度や距離の飛行を達成できたのである。

四つの現実

方向性を示す役割を十分に理解し、その役割を果たす準備ができるようになるには、まず四つの現実を正しく理解、認識する必要がある。四つの現実とは、市場の現実、コア・コンピテンス（中核的能力）、利害関係者の欲求とニーズ、そして価値観である。

一．市場の現実

・あなたが所属する組織やチームのメンバーは、どのように市場を認識しているか？
・より大きな政治的、経済的、技術的状況はどうなっているか？
・どのような勢力が競争優位性を持っているか？
・業界にはどのようなトレンドや特徴があるか？
・業界全体や業界の基本的な伝統を陳腐化してしまうような、クリステンセンの言う「破壊的技術」や「破壊的ビジネスモデル」が登場する可能性はあるか？

二．コア・コンピテンス（中核的能力）

あなた独自の強みは何か？ 方向性を示すということに関して、私はジム・コリンズのアプローチにとても感銘を受けた。コリンズは著書『ビジョナリー・カンパニー2』で、三つの輪が重なり合う図解を用いている。それらは人間の主要な強みを表すもので、コリンズはそれを「針鼠の概念」と呼んでいる。三つの輪は三つの質問を表す。

第一に、あなたが本当に得意なものは何か（もっと大胆に言えば、あなたが世界一になれる可能性があるものは何か）？

第二に、あなたが心の底から情熱を感じるものは何か？

第三に、人はあなたの何に対して金を払うか？ つまり、あなたなら人間のどのようなニーズや欲求を満たして経済活動を営むことができるか？

この三つの輪が重なり合った中心の部分が、あなたの価値命題の基礎になるものである。

もう一つ質問を加えるならば、「あなたの良心は何を勧めるか？」という問いになるだろう。こうすれば全人格型アプローチが可能になる（肉体：経済活動、知性：もっとも得意とすること、情緒：情熱、そして精神：良心）。この四つの分野が重なり合うところに、あなたのボイス（内面の声）がある。前述したように、このアプローチは個人が自分のボイスを発見することだけでなく、組織がそのボイスを発見することにも適用できるものである。

三．利害関係者のニーズ

さまざまな利害関係者のことを考える（まず第一に顧客のことを考えることが最重要だ）。

・顧客が本当に欲し、必要としているのは何か？
・顧客の問題、課題、関心事は何か？
・顧客の顧客は、何を欲し何を必要としているか？ 彼らの業界では市場の動向はどうなっているか？
・どのようなテクノロジーやビジネスモデルが彼らの支障となったり、彼らを衰退させる可能性があるか？
・オーナーたち、つまり資本を提供してくれたり税金を払ってくれる当事者たちはどうか？ 彼らの欲求とニーズは何か？
・共同事業者、社員、同僚はどうか？ 彼らの欲求とニーズは何か？
・サプライヤー（供給者）、ディストリビューター（卸業者）、ディーラー（サプライ・チェーン全体）はどうか？
・コミュニティと自然環境はどうか？

四. 価値観

・これらの人々の価値観は何か？
・あなたの価値観は何か？
・組織の中心的目的は何か？
・その目的を達成するための、組織の中心的戦略は何か？
・どんな職務のためにあなたは雇われているのか？
・指針となる価値観は何か？

ストレスや圧力を受けたとき、さまざまな状況下でどのように価値観の優先順位を決めるのだろうか。ほとんどの人は、彼らにとって何がもっとも大切かさえ見極めたことがない。他のあらゆる意思決定を特徴づけ、かつ律すべき基準を確立していない。それなのに、いまやあなた方リーダーたちは、グループ、チーム、組織全体のために優先順位を決めようとしている。しかし、組織における価値観がどんなに複雑で、どんなに相互依存的であるか考えてみたこともない——本当にどんなに難しいことか。

ビジョンと価値観の共有を実現する

ビジョンや価値観が共有されている状態を比喩的に表現するのに、「同じページを読む」「同じ楽譜を使う」などと言う。これは素晴らしい比喩だ。なぜなら、組織のビジョン、価値観、戦略的価値命題の中で何がもっとも重要かという点で、意見が一致していることを含意しているからである。一緒に演奏したり歌ったりすると、音楽はハーモニーを奏でるのだ。

「共有」とは興味深い言葉だ。何かを人と共有するとは、自分が持っているものを相手に与えることである。あなたが私に共感したり、私がしようとしていることを信じ、信頼すれば、私はあなたと喜んでビジョンを共有するだろう。そのビジョンに対して、あなたは自分自身でそのビジョンを築いた場合よりも深く心酔するかもしれない。それは、自分自身の経験よりも私の経験のほうを強く信じるからである。一方、あなたが自分を有能と感じ、関与したいと思っているときに、私が「私の計画」を「あなたと私の計画」として一方的に発表したり共有したりしようとすれば、あなたが感情的にコミットすることはないだろう。つまり計画は「共有」されない。あなたは、ミッションや価値命題を押しつけられたものだと感じるだろう。二人は同じ歌を歌うことにならないのだ。

要するに、ミッション・ステートメントや戦略計画が重要であることはたしかだが、全員が同じ曲を奏でるようにするプロセスも同じように重要な、大きな仕事なのだ。「模範になる」というリーダーの仕事は、「方向性を示す」という役割において真に現れてくる。そうでなければ、組織のメンバーたちが同じ歌を歌うことはない。戦略的な問題について共通の思いを抱くこともなく、組織の底辺に向かうほど人々は道に迷うことになる。その場合、唯一の救いは人々の心の中にある純粋な生存本能のみである。競争相手も混乱状態であれば、生き延びることができるかもしれない。しかし、主要な競争相手が団結してシナジーを発揮すれば（特に相手が世界一流であれば）、間違いなく負けてしまう。

方向性を示すツール：ミッション・ステートメント

組織やチームにとって「方向性を示す」ということは、個人にとっての「模範になる」という行為に相当する。それは、組織、チーム、家族として何にフォーカスすべきか決めることである。個人のレベルで自問するのと同じく、価値観や目的に関して問いかけるのだ。ただしこの場合は、グループ全員がグループの特定のミッションについて問いに答える。対話のプロセスを通して、ミッション・ステートメントと戦略計画（価値命題と目標）を書面にする。ミッション・ステートメントには自分たちの目的意識、ビジョン、価値観を盛り込む。

私は素晴らしいミッション・ステートメントを持つ企業をたくさん知っている。しかし、組織の全員によって作成されたミッション・ステートメントと、上から押しつけられたミッション・ステートメントとの間には、天と地ほどの開きがある。

家族も含めて、あらゆる組織に共通する根本的な問題の一つは、自分の働き方、あるいは生き方を他の人から決められるとしたら、本気で取り組むのは無理だということだ。

私は、企業のコンサルティングをするたびに、自分の会社の目標とはまるで異なる個人の目標を立てて働いている人を大勢見かける。企業が掲げている価値体系と給与体系がまったくかみ合っていない例も多い。

ミッション・ステートメントのようなものをすでに持っている企業のコンサルティングをするとき、私はまず「ミッション・ステートメントがあることを知っている社員は何人くらいですか？　内容を知っている人はどのくらいいるのでしょう？　作成に関わったのは何人ですか？　心から受け入れて意思決定の基準として使っている人はどれくらいいますか？」と尋ねることにしている。

自分が参加していないことに打ち込む決意をする人などいない。参加なければ決意なしと紙に書いて、星印をつけ、丸で囲み、アンダーラインを引いてほしい。関わらなければ、決意はできないのだ。

初期の段階にいる人、たとえば入社したばかりの新人や家族の中の幼い子どもが相手なら、目標を与えても素直に受け入れるものである。信頼関係ができ、こちらの指導が適切ならば、しばらくはうまくいくだろう。

しかし、新入社員が会社の仕事に慣れてくれば、あるいは子どもがだんだんと成長し自分なりの生き方ができてくると、言われるだけでなく、自分のほうからも意見を言いたいと思うようになる。その機会が持てなければ、本気で身を入れられるわけがない。問題が生じたときと同じレベルでは解決できない、深刻なやる気の問題を抱えることになる。

だから、組織のミッション・ステートメントをつくるときは、時間、忍耐、参加、能力、共感が必要とされる。これも応急処置で何とかなるものではない。全員が共有するビジョンと価値観に合わせて会社のシステムや組織構造、経営スタイルを整えるには、時間、正直さ、誠実さ、勇気、正しい原則が必要とされる。しかし、正しい原則に基づいているミッション・ステートメントなら、必ず効果を発揮する。

組織の全員が本心から共感できるビジョンと価値観を反映したミッション・ステートメントは、組織の結束と決意を生み出す。そのようなミッション・ステートメントを持つ組織では、一人ひとりが自分の役割に打ち込める。一人ひとりの心と頭の中に、自分の行動を導く基準、ガイドラインができているから、他人からの管理、指示も要らなくなる。アメとムチを使わなくとも、全員が自発的に行動する。組織がもっとも大切にする不変の中心を、全員が自分のものとしているからである。

戦略計画は、顧客や利害関係者にどのように価値を提供するかを簡潔明瞭に記したものである。それは企業の価値命題である。フォーカスであり、組織の「ボイス（内面の声）」である。戦略計画を作成するには、顧客や利害関係者が誰か、誰が顧客や利害関係者であってほしいか、提供する価値のあるサービスや製品は何か、そして顧客の獲得・維持に関するなんらかの目標を達成するための計画（達成期限を含む）を把握する必要がある。家族の場合の戦略計画とは、日常生活の中で自分のビジョンや価値観を実現するための行動計画に他ならない。

ミッション・ステートメントと組織の四つの側面

私の経験からすれば、エンパワーメントを進める効果のある共有されたミッション・ステートメントが生まれるのは、次のような条件がそろっている場合である。

一．十分な人数のメンバーが
二．十分な情報提供を受け
三．自由かつシナジーを生むようなやり方で相互に作用し合い
四．それも強い信頼関係がある環境の中で行う

事実、これらの条件下で作成されたほとんどのミッション・ステートメントは、同じ基本的な考え方や価値観を含んでいる。言い回しは違うかもしれないが、たいていどれをとっても人が持つ四つの側面とニーズ（肉体、知性、情緒、精神）に触れているはずだ。

リッツ・カールトン・ホテルの類い稀なるサービスを目指す企業文化の力は、人間（自分自身と顧客）に対する基本的な見方にある。「我々は、淑女紳士に仕える淑女紳士である」。ホルスト・シュルツ氏のリーダーシップ観の核心にあるのが、人間は誰でも全人格的な存在としての威信を求め、意義への欲求を持っているという考え方である。

覚えておいてほしい。自分の四つの側面のすべてにおいてニーズやモチベーションを開拓するチャンスを与えられた者だけが、自分のボイス（内面の声）を発見できるのであり、最大限の貢献を行うことが

できる。ニーズやモチベーションは、肉体にとっては生き残り（経済的繁栄）であり、知性にとっては成長・発展であり、情緒にとっては愛情と人間関係であり、精神にとっては意義、誠実さ、貢献である。

組織にも同じ四つのニーズがある。

一．生き残り――財政的健全さ【肉体】

二．成長・発展――経済的成長、顧客の伸び、新たな製品やサービスの革新、専門能力や組織の能力の増強【知性】

三．人間関係――強いシナジー、強い外部ネットワークと協力関係、チームワーク、信頼、思いやり、相違の尊重【情緒】

四．意義、誠実さ、貢献――すべての利害関係者（顧客、サプライヤー、社員とその家族、コミュニティ、社会）に奉仕すると同時に彼らを向上させる。つまり世の中で大きな意味のあることを行う【精神】

組織のメンバーの力を解き放とうとする場合、「ミッションの共有化（co-missioning）」が鍵を握っている。それは、個人の四つのニーズと組織の四つのニーズが重なり合うように、組織のミッション、ビジョン、価値観を明確にすることである。すべてのメンバーの職務は、個人と組織の両方の四つのニーズを明らかに満たすよう、ミッションとして明文化、そして共有されている必要がある。この点を間接的に表現する「普遍的ミッション・ステートメント」はだいたい次のようになるはずだ。「すべての利害関係者の経済的豊かさと同時に生活の質も高めること」これに対し、あなたの組織、部門、チーム、家族のミッション・ステートメントは、普遍的ミッション・ステートメントの精神を具体的に表現する

家族のミッション・ステートメントは、普遍的ミッション・ステートメントの精神を具体的に表現するだけでなく、あなた独自のやり方でどのように達成するかを説明するものになる。つまり、あなた独自の才能、潜在的能力、適性、自分のボイス（内面の声）を表すものになるのである。

ノー・マージン、ノー・ミッション

私は、常に使命感と目的意識に駆られてきた。しかし自分の会社を興して間もなく、現実を突きつけられた。「ノー・マージン、ノー・ミッション（利益なければ使命なし）」という現実である。一貫して利益を生み続けるように企業を経営しない限り、結局ミッションを果たすチャンスは失われてしまうのだ。

だが一方で、ほとんどの企業は利益と四半期ごとの数字ばかりに目を向けているため、ビジネスを興そうと思い立つきっかけになったビジョンを見失ってしまう。社員やその家族、事業を展開するコミュニティも目に入らなくなってしまう。すべての利害関係者とどれほど相互依存の関係にあるかを忘れてしまい、使命感や貢献の意識を喪失してしまう。この四〇年間、私は組織を相手に仕事をしたが、その大半はこの後者のアプローチが引き起こしてきた問題に追われてきたのだった。「ミッション／ノー・マージン（使命はあれど利益なし）」と「マージン／ノー・ミッション（利益はあれど使命なし）」の両アプローチは、どちらも重大なネガティブな結果をもたらす。どちらも持続可能なアプローチではない（特に今日のグローバル経済においては）。鍵は、使命と利益の両方を目指すことにある。鍵は「バランス」にあるのだ。

リーダーの四つの役割　三．組織を整える

組織における目的と制度、システム

リーダーシップが果たす「組織を整える」役割の第一の案は、組織を正常に成長させていくには、個々人が、自らの模範となり行動することで十分であると信じることだ。

第2の案は、慎重かつ意図的に策定したビジョンと戦略を継続的に伝えることにより、組織として目標を達成できると信じることだ。体制や制度は、その次に重要なものである。

第3の案は、

一．個人の道徳的な権威と正式な権限の両方を使って、共通のビジョンと価値観に具現化された戦略や原則に一定の形を与えたり制度化する仕組みを築くこと
二．組織全体で共通のビジョン、価値観、戦略的優先事項に合わせた段階的目標を設定すること
三．自分がどれほどニーズを満たしどれほど価値（制度の一つ）を生み出しているかについて市場や組織から定期的に受けるフィードバックに自分自身を合わせること

協力を尊重すると言うならば、競争するのではなく協力する。すべての利害関係者を尊重すると言うならば、すべての利害関係者に関する情報を定期的に収集し、それを使って「組織を整える」をやり直

す。いわば、育てたい作物に水をやるのだ。

原則中心の生き方やリーダーシップの模範になることにより、信頼感が生まれたり引き出されたりする。道を切り開くことにより、要求しなくても、共通のビジョンと秩序が生み出されたりする。しかし、ここで、重大な問題が持ち上がる。正式なリーダーが継続的に存在することに頼らず、どのように価値観と戦略の両方を一貫して実行し、全員が正しい方向に進めるようにしていくか？　答えは、アライメント、すなわち、組織の中心的価値観と戦略的な最優先事項（道を切り開いていくプロセスで選択される）を強化する制度や体制を設計、実行することだ。

組織における現行の体制、制度、プロセスを見直してみよう。それらは、社員が最優先事項を実行できるようになっているだろうか？　あるいはその実行を妨げるものとなってはいないだろうか？　組織が支持する価値観と一致しているだろうか？　障害を取り除くのは（障害を出すのではなく）リーダーシップの責任である。しかし、アライメント・プロセスでは、自身を深く謙虚に見直すだけでなく、多くの「神聖で侵すべからざる」組織の制度や体制も見直す必要がある。

組織的信頼感

前述したように、主要な信頼源の二番目にくるのが組織である。体制や制度が、組織が支持する価値観と一致していなければ、たとえその中で働く人が信頼できても、必ず信頼できない制度が支配してしまう。それは、信頼が築かれないからだ。これらの制度やプロセスは、伝統や文化的な予想を通して深く組織に根づいているために、それらを変えることは個人の行為を変えるよりもはるかに難しい。

エドワーズ・デミングが言っているように、組織が抱えるあらゆる問題の九〇％以上は組織的なものだ。問題の原因は制度や体制にある。それらは、彼が言うところの「特別な原因」、あるいは人によって引き起こされたものではない。しかし、最近の分析によれば、人がプログラマーで制度がプログラムであるところから、最終的にそうした制度に対しては人に責任がある。制度や体制はモノであり、プログラムである。それらには選択する自由がないのだ。しかし、リーダーシップは、人から生まれるものである。人が制度を設計するのであり、すべての組織が出す結果は、そのように設計され調整されたものなのだ。

組織的な信頼感を確保するには、組織に合った人格と組織に役立つ能力の両方が必要となる。要するに、「組織を整える」とは、制度化された信頼感なのである。すなわち、人がバリュー・チェーンに組み込んだ原則こそが、体制、制度、プロセスを設計するときの基準となる。環境、市況、人が変わっても、原則は変わらない。建築家の言葉にそれがよく表されている。すなわち、機能のあとにフォルムがくる。言い換えると、目的のあとに体制がくる。道を切り開くことのあとに組織づくりがくる。個人的にも組織的にもそこで必要となるのが規律となる。組織においては、規律をつくることが組織づくりということになる。なぜならば、組織ではビジョンを実現できるように体制、制度、プロセス、文化を構築したりして、それらのベクトルを合わせるからである。

組織の成果を生み出す能力

組織の中でＰ／ＰＣバランスを考えずに物的資産を使うと、組織の効果性が低下し、死にかけたガチョウを後任に渡すことになる。

たとえば、機械などの物的資産を管理している社員が、上司の受けを良くすることだけを考えているとしよう。この会社は急成長を遂げていて、昇進の機会も多い。そこで彼は生産性を最大限に上げようとする。メンテナンスのために機械を停止することはなく、昼夜を問わずフル稼働だ。生産高はぐんぐん伸び、コストは下がり、利益は急増する。あっという間に彼は昇進した。黄金の卵を手にしたわけである。

ところが、あなたが彼の後任についたと考えてみてほしい。あなたは息もたえだえのガチョウを受け継いだのである。機械はすっかり錆びつき、あちこちガタがきている。メンテナンスのコストがかさみ、利益は激減。黄金の卵は生まれない。その責任は誰がとるのだろうか。あなたである。あなたの前任者は資産を消滅させたも同然なのだが、会計システムには、生産高、コスト、利益しか計上されないからである。

Ｐ／ＰＣバランスは、顧客や社員など組織の人的資産においてはとりわけ重要である。あるレストランの話をしよう。

そのレストランのクラムチャウダーは絶品で、ランチタイムは毎日満席になった。しばらくしてレストランは売却された。新しいオーナーは黄金の卵しか眼中になく、チャウダーの具を減らして出すことにした。最初の一ヵ月は、コストは下がり売上は変わらなかったから、利益は増えた。ところが徐々に顧客が離れていった。評判が落ち、売上は減る一方だった。新しいオーナーは挽回しようと必死だったが、顧客の信頼を裏切ったツケは大きかった。固定客という資産を失ってしまったのである。黄金の卵を生むガチョウがいなくなったのだ。

顧客第一を掲げながら、顧客に接するスタッフのことはまるでないがしろにしている企業は少なくない。スタッフはPCであり、会社は大切な顧客に望む接客態度でスタッフに接することが原則である。人手はお金で雇えるが、人の心までは買えない。熱意と忠誠心は、心の中に宿るものである。労働力は買えても、頭の中までは買えない。創造力、創意工夫、機知は頭の中に宿るのだ。

PC活動とは、大切な顧客に自発的に接する態度と同様に、スタッフに対しても自発的に接することである。それによって、スタッフは自発的に行動でき、自分の心と頭の中にある最高のものを提供することができるのだ。

あるグループディスカッションでの一幕である。「やる気も能力もない社員をどうやって鍛え直せばいいんだろう」

と一人が質問した。

「手りゅう弾でも投げつけてやればいい」ある経営者が勇ましく答えた。

グループの何人かは、この「やる気を出せ、さもなくば去れ」式の発言に拍手した。

ところが別の一人が「それで辞めたらどうします?」と質問した。

「辞めやしないよ」と勇ましい経営者は答えた。

「それなら、お客さんにも同じようにしたらどうです? 買う気がないなら、とっとと出てけ、と言えばいいじゃないですか」

「客には言えないよ」

「ではなぜスタッフにはできるんですか?」

「こっちが雇っているからだよ」

「なるほど。それでお宅のスタッフの忠誠心はどうですか? 離職率は低いですか?」

「冗談じゃない。今どきいい人材なんか見つかるもんか。離職率も欠勤率も高いし、副業もやり放題だよ。忠誠心なんかありゃしない」


このような態度、黄金の卵オンリーのパラダイムでは、スタッフの頭と心の中から最大限の力を引き出すのは無理である。当面の利益を確保するのはもちろん大切だが、それは最優先すべきものではない。

チームリーダーとして、もっとも大きな責任を持たなければならないことは、もちろん「結果に対して責任を持つ」ことだ。

・市場でどのような結果を上げようとしているのか?
・顧客(社内外を問わず)はあなたのチームの成果に満足しているか?
・株主や投資者は、彼らが行った投資から得られる利益に満足しているか?

・サプライヤーは結果に対して満足しているかどうか？

など、彼らのニーズに対する結果について調査、検証し、その検証結果と自分の戦略との間のギャップを修正する必要がある。

また、結果だけではなく、あなたのチームの成果を生み出す能力が成長しているかどうかも、リーダーとしての大きな責任の一つだ。

戦略計画の実行

当然ながら、戦略計画はまず顧客ありきである。厳密に言えば、組織には二つの役割しかない。顧客かサプライヤーかである。組織の内外を問わず、誰もがこの両方の役割を同時に果たしている。誰もがとは、最終製品の生産を可能にしてくれる、サプライ・チェーンのすべての利害関係者である。資金提供者、アイデア・労働力の提供者、資材提供者、社員をサポートする家族、そしてサプライ・チェーン全体の存立を認め、育成するコミュニティや環境を意味する。

したがって、優れたビジネスの神髄は、顧客とサプライヤーの関係の質である。サプライヤーであるあなたは、多くの多様な顧客に商品やサービス以上のものを売っている。つまり、実は顧客が抱える問題に対する解決策を売っているのだ（顧客はあなたから購入する商品やサービスという形で、必要な人材を雇用しているのと同じ効果を得ている）。表面をなぞるだけでなく、問題を真に解決できるようになるためには、さまざまな利害関係者のニーズを深く理解する必要がある。有意義な方法で戦略的に計画が立てられるように、利害関係者にとって何がもっとも大切かを把握する努力が必要となる。その際、原則に基づく価値観は変化しないので、戦略的な計画立案のプロセスでは価値観が優先される。一方、顧客は変化するものだから、戦略も合わせて変える必要がある。しかし不変の諸原則に自分の価値観が合っている限り、どのような避け難い変化の渦中にあっても、よって立つべき中心の軸を失うことはない。

優れたミッション・ステートメントと戦略計画の試金石はなんだろうか？　それは、組織のどのレベルのどのような人物に問いかけても、自分の仕事が戦略計画にどのように貢献し、支配的な価値観とどのように調和しているかを彼らが説明できるかどうかである。再び羅針盤の比喩を使えば、誰もが北（正しい方向）がどちらにあるかを知っていること、そして彼らの役割がどのように組織をその正しい方向に導いているかを認識していることだ。

共感によるにせよ、関与によるにせよ、ミッション・ステートメントと戦略計画がいったん深く共有されたならば、もう半ばは戦いに勝ったも同然だ。すでに知性的、情緒的、精神的な創造がなされたからである。その後に、肉体的な創造が来る。戦略を実行することのである。「実現する」こと、着手すること、生産すること、組織を整えること、エンパワーメントを進めることである。そのためには、体制を構築し、適正なツールやサポートを与えて適材を適所に配置し、あとはリーダーは邪魔をせず、必要に応じて支援を与えることが必要となる。

それぞれの下位組織、委員会、実行委員会、部署、プロジェクト、チームが同じように二つの創造のプロセスを経る。まず知的な創造、次に物的な創造である。まず設計図、次に建築工事。まず作曲し、次に演奏する。すべてのものは二度つくられる。第一の創造は、方向性を示すことである。このプロセスによって、物事を物理的・具体的・現実的なものにするための戦略計画が敷かれる。

方向性を示して戦略計画を設けるというこのプロセスがうまくいき、事前の共感や関与によってそのプロセスへの情緒的な結びつきが深まれば、必要なときに組織全体にわたって大幅なコスト削減を推進できることに気づくだろう。重要ではないが緊急性の高いことに忙殺されてしまうのは、個人も組織も同じである。企業の文化というものは独自の生命を持ってしまう。だからこそ、包括的な目的・価値観・戦略計画を常に駆使してフォーカスし、他のあらゆる意思決定の推進力とする必要がある。そうすることで、ビジネスの中核的な目的ではない、いわば「趣味的な」業務にわずらわされることを避ける自覚と勇気も得られるだろう。


ではビジネスリーダーが遭遇する最大の試練は何か？　その一つは、企業のビジョンと目標を実際に行動できる形に移し変える、いわば翻訳するという作業だ。重大な目的を達成するために、はるか雲の上の上層部でつくられたビジョンを、最前線で働く職員にわかりやすい形にしてやらなければならない。たとえミッション・ステートメントの作成や戦略立案のプロセスに末端の職員が関与していたとしても、それらを「現場」で適用できるものにすることは簡単ではない。適切な時点で適切な人材が適切な業務をこなしてくれれば（つまり、もっとも大切な中枢的プロジェクトや目標に集中してくれれば）、どれほど生産性を高めることができるか考えてみるとよい。

しかし多くの場合、そこに問題がある。戦略計画が遠大で不明瞭なことがあまりにも多く、リーダーたちは近い将来に達成すべきごく少数の重大目標に書き換えることも怠る。また同様に問題なのは、戦略が二～三個ではなく一〇個もの、あげくの果てには一五もの新しい「重大目標」に翻訳されるような場合だ。これでは優先事項が多すぎて実際にはフォーカスできない。多すぎれば、最優先事項などないも同然である。

戦略目標について言えば、ごく少数であること、優先順位が決められていること、測定可能であること、説得力のあるスコアボードで評価可能なことが重要である。そうすれば、戦略目標が何で、どのように達成すべきかを誰もが正確に把握できる。

組織の上から下までメンバーたちがフォーカスし、チームワークに励む環境を築くには、社員が最優先事項を認識し、賛同し、具体的な行動に移す必要がある。そして、諦めずに最後までやり遂げる自制心を持ち、互いに信頼し合い、効果的に協力し合わなければならない。残念ながら、ほとんどの人はどこに自分の時間やエネルギーを集中すべきかわかっていない。なぜならば、最優先事項が明確にされておらず、周知されてもおらず、説得力のあるスコアボードで評価されてもいないからである。

一方、最優先事項が明確で、周知され、適切に評価されているとしても、社員が最優先事項を自分たちのものと思うことができなかったり、戦略に反対したり、あるいは競合する優先事項を与えられたり、自分の任務と企業のビジョンとのつながりを見出せないような場合には、その企業のビジョンを実行する彼らの能力は損なわれてしまう。そうなると、脆弱な信頼関係や、中傷、システムやプロセスの不備、行動を妨げる障害が多すぎるといったことが原因となって、チームワークが脅かされてしまう。

メンバーがミッションを共有し、各人が大きな枠組みでの「なぜ」と「誰が」を把握し、情熱を感じ、さらに明確に目標を見通した戦略（「どのように」と「いつ」）をも認識し、それに熱心に取り組んでいるような組織では、組織が自らのボイス（内面の声）を発見し、原則を中核に据えた力強い企業文化を構築することができる。そのような組織では、部署、チーム、個人がそれぞれの目標に一貫してフォーカスしており、メンバーは組織の絞り込んだ最優先事項に対して責任を負う。そのような組織にすることにこそ、方向性を示すというリーダーの役割の本筋があるのである。

実行の六つの原則

知っているだけで実行しないならば、本当に知っていることにはならない。「実行」は今日の大半の組織・企業で取り組みが進んでいない大きな問題だろう。明確な戦略を持っているのと、その戦略を実施し実現する、つまり実行するのとはまったく別だとも言える。

「並の戦略と優れた実行」のほうが「優れた戦略とまずい実行」よりも望ましいと、リーダーたちの多くは考えるはずであり、実行する人のほうが常に重要なのだ。

元ＩＢＭ会長兼ＣＥＯのルイス・Ｖ・ガースナーは次のように語る。

世界の優れた企業はすべて、市場でも製造工場でも、物流や棚卸資産回転率という点でも、ほとんど何であれ、日々競争相手を実行という点で上回っている。しのぎを削る絶え間ない競争とは無縁な、独占的地位を味わっているような優れた企業など滅多にない。

効果的な実行を可能にする要素はさまざまだが、フランクリン・コヴィーのxQ（実行指数）リサーチの結果、組織の中で実行を促す主な原則は六つあることが判明した。

明確さ、コミットメント、行動への落とし込み、環境整備、シナジー、アカウンタビリティ（説明責任）の六つだ。この六つの原則に問題がある場合に実行が破綻しがちとなる。つまり次に示したような状態では、組織が重要な戦略を実行するのはおぼつかなくなってしまう。私たちはこれを実行のギャップと呼んでいる。

明確さ：組織のメンバーたちが、自分のチームや組織の目標や優先事項をはっきりと知らない場合。

組織が目標を的確に成し遂げるためには、その組織がどこへ向かおうとしているのか、チームメンバー全員がチームの目的を明確に理解しなければならない。そのチームが描くビジョンは何か、そのビジョンに到達するための重要戦略は何か、チームメンバー全員が理解し、チームから個人レベルでアライメントがとれている必要がある。

コミットメント：メンバーたちが目標を受け入れない場合。

確実に実行レベルに移し、卓越した成果を出していくには、チームメンバーは戦略を理解したうえでその戦略に心からコミットし、情熱を持ってクリエイティブに躍動することが必要である。リーダーはチームメンバーが仕事の意義を見出すことを助け、チームメンバーと課題を共有することで、チームメンバーのコミットメントのレベルが高まる。

行動への落とし込み：自分のチームや組織の目標達成に役立つために、個々に何をすべきかメンバーたちがわからない場合。

具体的なアクション・プランに落とし込まれない限り、なかなか行動に結びつくことはない。成果へのキーファクターとなる先行指標をもとに、今やらなければならない重要なタスクを確実に計画（プラン）して取り組むことが必要だ。スケジュールを調整するのではなく、重要なことを先にスケジューリングするのだ。

環境整備：メンバーたちが仕事をうまくできるような適切な構造、システム、自由がない場合。

方向性が明らかになり行うべきことが明確になっても、大きな戦略の実行には、組織全体のサポートとチームメンバーが自由に活用できるリソースが必要だ。チームメンバーがスムーズに遂行することができるようにサポート体制を整え、その戦略実行に必要なリソース（人材やシステム、プロセスなど）をリーダーは整えなければならない。

シナジー：メンバー同士の関係がうまくいかない、一緒にうまく仕事ができない場合。

チーム間の信頼関係がなく、チームワークに欠けていると一＋一が二以上になることはない。目標を遂行するうえで、チーム内およびチーム間の信頼関係を築き、十分なチームワークを発揮することができれば、一＋一が三、一〇、一〇〇とシナジーを発揮することができるようになる。

アカウンタビリティ：メンバーが互いに説明する責任を持たない場合。
チームメンバーは実行するだけではなく、結果に対して責任を持たなければならない。そのためには、リーダーは定期的にチームメンバーからの報告を受け、状況を確認し、必要な資源やサポートを提供する必要がある。また、リーダーは、チームメンバーが常に自分の状況を確認できるスコアボードやモチベーションを高めるミーティングを定期的に準備しなければならない。

リーダーの四つの役割　四．エンパワーメントを進める

リーダーがエンパワーメントを進めようとするとき、三つの選択肢があり得る。第一の案は、部下を管理統制して結果を出させようとすることである。

第二の案は、彼らを束縛せずに放任することである。このやり方は、口先ではエンパワーメントを説くが、実際にはリーダーが自分の責任を放棄し、また部下のアカウンタビリティ（各自が出した結果に対する説明責任）をも無視することになる。

第3の案は、この中で一番厳しくかつ思いやりがある方法だ。現場からも見通しが効く目標を部下に伝達し、各人の結果に対するアカウンタビリティを浸透させ、部下との間にWin-Win型の合意を形成する。こうしてリーダーは方向性を示しながら、部下の自律性を尊重するというやり方だ。

原則に則った信頼感ある行動の模範になることによって、声高に要求せずとも信頼を得ることができ

る。方向性を示すことにより、強要せずとも秩序が生まれる。組織を整えることにより、宣言せずともビジョンとエンパワーメントの両方が培われる。

エンパワーメントは、これらの三つが結実したものである。個人的および組織的な信頼感の当然の帰結であり、これによって、人は自分の潜在的可能性を確認し、発揮することができる。エンパワーメントを進めることは、自制、自己管理、自己形成を尊重することである。組織全体だけでなく、チーム／プロジェクト／業務／各人の仕事の各レベルにおいて、個人と組織の基本的なニーズが重さなるようミッションがつくられ、共有されると、情熱、活力、気力――要するにボイス（内面の声）――が生かされるのだ。

何か価値ある目的のために努力し、それが自分の内面の奥深い欲求にも応えるものであり、楽しみながらやり遂げられるとき、人は熱意や勇気、つまり内面の炎を感じる。それが情熱である。熱意（enthusiasm）という言葉の語源は、ギリシャ語で「自分の内に神がある」という意味であることを忘れてはならない。エンパワーメントもまったく同じことである。メンバーはやりがいのある業務を行い、内面の奥深いところから発する個人的ニーズと、重要な組織的ニーズの両方を満たすようにその業務を遂行する。そして、組織のメンバーたちのボイス（内面の声）が融合する。

自分の生活を考えてみるとよい。どのような仕事が好きか？　どのように管理されているか？　もっとも内面の奥深くから湧き上がる情熱を突き動かすものは何か？　情熱を燃やせるような仕事をしていて、上司がサーバント・リーダー的な役目を果たしている（上司が部下の仕事を手助けするためにいる）としたらどうか？　組織の構造や制度がメンバーを支えてくれるようなもので、メンバーの役に立ち、個々の潜在的可能性を認識し、引き出すようなものであったらどうか？　あなたの功績が絶えず認められ、報いられ、さらに重要なことに、心から献身するに足る大義のために大いに貢献しているという、内面的な満足感を感じる場合はどうだろうか？　考えてみてほしい。

知識労働者のエンパワーメントを進める

現代は知識労働者の時代であり、もっとも重要なのは知的資本だ。これまでは製品コストの八〇％が材料、二〇％が知識だった。それが今では知識が七〇％、材料が三〇％と逆転している。

ピーター・ドラッカーは、著書『未来企業――生き残る組織の条件』（ダイヤモンド社）の中でこう述べている。

> これからは知識がポイントとなる。世界は労働集約型でも材料集約型でもエネルギー集約型でもなく、知識集約型になってきている。

リーダーシップこそ、今もっともホットな話題である。今日の新しい経済は知識労働を基礎としている。知識労働とは、要するに人間のことだ。今日の製品やサービスの付加価値の八〇％は知識労働によってもたらされることを忘れてはならない。知識労働型経済の時代になって、富を生み出す源泉は金や物から人に移ったのである。

目下、最大の金銭的な投資の対象は知識労働者である。給与を払い、諸手当を出し、ストックオプションを与えることもあるだろう。それに彼らを雇用、訓練するのにどれだけ費用がかかったかを考えてみるとよい。すべてを計算すると一人当たり年間何十万ドルにも相当する！

質の高い知識労働はきわめて貴重で、その潜在的可能性を引き出せば、組織は価値創造のとてつもなく大きなチャンスを得ることができる。組織の他のあらゆる投資は知識労働によって生きてくる。事実、知識労働者は組織が行うさまざまな投資を結び合わせる働きをする。組織の目的達成のためにさまざまな投資を活かしていくうえで、フォーカスや創造性や力をもたらしてくれるのは知識労働者たちなのである。

ここで、メンバーへのエンパワーメントは、模範となること・組織を整えること・方向性を示すことが結実して得られるものだという考え方が絶対的に重要になってくる。そうしなければ、組織はいくらエンパワーメントを論じ、宣言しても、実現することはできない。そこには共通のビジョンも規律もないだろうし、明らかに情熱もないからである。

「エンパワーメント」というのは新しいアイデアではない。一九九〇年代にマネジメントの分野では流行語になって一世を風靡した。しかし率直に言って、結果としては多くの冷笑や怒りを生んだだけだった（経営陣でも一般社員の間でも）。なぜか？　それはくり返し述べているとおり、エンパワーメントを進めることは、模範となる・組織を整える・方向性を示すというリーダーの三つの役割の結果だからだ。エンパワーメントによって模範的行為や組織の整合性やビジョンが生まれるわけではないのだ。

Win-Winエンパワーメント：産業時代から知識労働者時代への転換

全人格型のアプローチについて学んだことをすべて忘れてしまうとしたら、どうなるだろう？　個人や組織が自分のボイス（内面の声）を発見し、自分のボイスを発見するよう人を奮起させるときに生まれる内面の炎を見逃して、産業時代の伝統にとらわれ、古い「色眼鏡」（パラダイム）を使い続けるとしたら？　旧来の管理型マネージャーのスタイルにも、Win-Win合意のプロセスは形式的には容易に適用できる。しかしどれだけ努力してもエンパワーメントという成果を得ることはできないだろう。

エンパワーメントが成功するためには、「Win-Winの実行協定」に従って共に働くことを、チームのメンバーたちが決意していなければならない。また、組織において「Win-Win」の関係とは、組織の四つのニーズと個人の四つのニーズとが明確にオーバーラップしていることを意味する。組織の四つのニーズとは、財政的健全さ、成長と発展、主要な利害関係者とシナジーを生む関係、意義／貢献のことであり、個人の四つのニーズとは、経済的ニーズ（肉体的）、成長と発展（知性的）、人間関係（社会・情緒的）、意義と貢献（精神的）を意味する。

誰かがこの合意の精神に違反し、その違反を是正しようという他の人々の誠実な努力にもかかわらず改善しようとしない場合は、各個人は取引をしないことを決断してよい。一切の取引をしないのだ。いかなる合意もしない。合意しないことをお互いに合意するだけだ。

取引をしないということについて、米国の軍隊にはとても興味深いアプローチが浸透している。私は海軍将校たちと交流する中で知ったのだが、断固たる拒絶の原則というものだ。何かが間違っていることに気づき、それが組織のミッション全般や価値観に重大な影響をもたらすと確信した場合は、どのような地位や階級の者でも、その誤りに従うことを丁重に拒否すべきだという原則である。絶対に間違っていると確信できるような判断が下されようとしている場合、その流れに対してはっきりと反対意見を表明すべきなのだ。これは、良心に従って生きることと本質的に同じことである――同僚の圧力に屈するのではなく、自分の内面の声や光を導きとして行動することなのだ。

高い地位にある人間がこの断固たる拒絶の原則を正式に是認することも重要である。それによって拒絶する権利、間違っていることを間違っていると言う権利、愚かなことを愚かと言う権利が認知されるからである。

サーバント・リーダー

いわゆるビッグボスは謙虚なサーバント・リーダーとなるべきで、以下のような質問をしながら、いわばメンバーと「伴走」すべきなのである。

第一の質問は、「どんな進み具合か?」である。どんな進み具合かは、どんな上司よりも本人のほうがはるかによくわかっている。上司を含め、本人の業務の影響を受けるすべての利害関係者からフィードバックを得られるようなシステムが確立されている場合、特にそう言える。したがって「どんな進み具合か?」という質問には、あらかじめ合意され、かつバランスと説得力を備えたスコアボードや、利害関係者から得られる三六〇度型のフィードバック情報に基づいて、メンバーが回答する。

第二の質問は「何を学んでいるか?」である。ここでは、メンバーは見識と無知のどちらも示すことがあるだろうが、重要なのは彼ら自身に責任があるという点である。

第三の質問は、「目標は何か?」または「何を成し遂げようとしているのか?」である。この質問はビジョンと現実との関係を明確にする。そしてこの質問は必然的に「自分にはどのような手助けができるか?」という第四の質問につながる。これによって「自分は助っ人であり、サーバントである」ということをはっきりと伝えるのだ。サーバント・リーダーは、必要があれば自分の経験や認識を駆使することもある。ここでのやりとりで重要なのは、前述したトーキング・スティックを使ったインディアンの話し合いのような、本質的なコミュニケーションである。駆け引きや政治的言動は禁物だ。保身的/防御的なコミュニケーションもダメ。ゴマすりもダメ。相手が聞きたがっていることだけを言ってやるようなこともダメだ。そして五番目の「自分は助力者として役立っているか?」という質問によって、オープンで相互的なアカウンタビリティ(結果に対する責任)があることを伝えるのだ。

現実を直視するのは苦しいときもある。特に他人から聞かれる場合がそうだ。しかし、お互いに説明責任を負った責任ある個人としてつき合い、それぞれに選択を行う個人としてお互いを扱わないと、相手を卑しめたり侮辱することになる。もし、親切の名のもとに彼らを守ろうとすれば、共依存と暗黙の申し合わせという悪弊に陥ってしまう。すると最終的に率先力は最低レベル「命じられるまで待つ」にまで落ちてしまう。

チーム内や、マネージャーとメンバー、チームとメンバーとの間でサーバント・リーダーシップの精神が根づいたとき、第三の形の信頼が大きく花開く。こうした第三の信頼では、意識的な選択の結果として、個人またはチームが相手を信頼するのである（そうすると相手は、自分は付加価値をもたらす貢献ができる人間であり、信頼されているのだと実感できる）。このようにして、お互いに信頼には信頼で報いる。信頼は、やり取りされるもの（名詞）であると同時に、行為（動詞）でもあるのだ。名詞でありかつ動詞でもある信頼を、互いに分かち合い、やり取りする――実は人が上司に対してリーダーシップを発揮するためのポイントもここにある。相手を信頼することで、自分もまた、信頼されるに値する人間として上司から認められるのだ。信頼される側（この場合は上司）に潜在的な信頼性があって、信頼する側（この場合はあなた）には明らかな信頼性があってこそ、真に「信頼する」という行為が成り立つのだ。リーダーの第四の役割である「エンパワーメントを進める」ということは、信頼するという行為を体現するものでもある。

肉体労働者を知識労働者に変える――用務員の事例

全人格的な個人と、使い走りなどではない完全な職務についての実話を紹介しよう。ここで取り上げるのは、立派な仕事ではあるが、仕事の性質からして単純労働で熟練を要さず、低賃金である「用務員」という職だ。用務員を例に取る理由は、ゴミ箱のゴミを集めたり、床を掃除したり、壁や備品を洗ったりするという業務も一つのまっとうな仕事となり得ることを示すためであり、そのような仕事にも全人格的な取り組みが可能なことを示すためだ。そしてこの例によって、どのような仕事でも全人格的に遂行することができることを示したい。

あるとき、管理職研修の担当インストラクターが工場の監督主任たちを指導していた。研修の内容は、用務員の職務内容を充実させ、自発的にやる気を引き出すというテーマだった。そのとき、用務員を監督する立場にあった監督主任の一人がこの理論に強い抵抗を示した。用務員（少なくともこの監督主任が監督する用務員たち）が行う仕事を考えると、あまりにも理想的で非現実的だというのだ。なぜなら大半の用務員は教育程度が低く、仕事も長く続かず、他に良い仕事に就けないから用務員になったような連中ばかりだからだとこの監督主任は主張した。研修を受けていた他の監督主任たちも用務員に問題があるという点で意見が一致した。結局のところ用務員たちの唯一の関心は毎日時間どおりに勤務することだけであり、中にはアルコール中毒者までいるというのだった。

この用務員担当の監督主任は、自分の仕事にはモチベーションとエンパワーメントの理論が役に立たないと固く信じていた。そこで研修担当インストラクターは予定していた講義をとり止めて、具体的に用務員の仕事の問題を検討することにした。

インストラクターはまず、黒板に三つの言葉を書いた。計画、実施、評価だ。仕事を充実させる三大要素である。次にインストラクターは、これらの三つの言葉と関連がある用務員のメンテナンス業務をリストアップするよう研修の受講者たちに求めた。用務員が行うメンテナンス業務の「計画」に当たる部分には、メンテナンスのスケジュール作成、ワックスや研磨剤の選択と購入、プラントのどのエリアをどの用務員が担当するかを決めることなどがあった。用務員担当の監督主任はまた、新しい床洗浄装置を近く複数購入する予定だと言った。これらの計画作成はすべて監督主任が自分で行っていた。

「実施」に当たる部分には、用務員たちの通常の活動（掃き掃除、洗浄、ワックスがけ、ゴミ捨てなど）があった。そして「評価」の部分には、監督主任が毎日行うプラントの清潔度のチェック、各種せっけん・ワックス・研磨剤の効能評価、試用品の結果検証、改善点の確認、清掃スケジュールの遵守徹底などの活動が含まれていた。さらに監督主任は、新規購入する装置などの機種選定をするためにベンダーとも連絡を取り合っていた。

こうして各種活動がリストアップされた時点で、インストラクターは用務員担当の監督主任にこう質問した。「これらの活動の中で、用務員たち自身ができるものはどれか？ たとえば、せっけんの選択は監督主任ではなく用務員に任せることはできないのか？ 洗浄装置の販売員を呼んで、用務員たちを相手に新しい機械の実演をさせて、用務員たちにどの機械がベストかを決めさせるてはどうか？ 用務員たちに、仕事の中で特に担当したいものがないかを聞いてみてはどうか？」（もちろん、実際の研修ではこれほどぶっきらぼうな言葉遣いだったわけではない。計画や評価のうち、さらにどの部分を用務員たちに任せることができるかについて、受講者の監督主任たち全員が参加してグループ・ディスカッションが行われた）。

その後五ヵ月間、このインストラクターが実施したすべての研修で、（簡単にではあるが）用務員のケースについて討議が行われた。その間にも用務員担当の監督主任は、メンテナンス業務の計画・実施・評価に関して用務員たちの責任を徐々に拡大していった。そして彼らがもっと頭を使い、心から関与するようにしていった。用務員たちは新しい機械を試し、購入するための最終的な提言を行った。彼らはさまざまなワックスを使って実験し、通常の使用条件下でどれがもっとも耐久性に優れているかを判断した。また清掃スケジュールも再検証し、各エリアにどの程度の手間をかけるかを決めた。たとえば、毎日モップがけしていたあるエリアについては、目視検査をして必要なときだけ行うことにした。

用務員たちはプラントの清潔度を評価する独自の基準を設定し、基準を下回るような仕事をする者には同僚らが厳しくチェックをするようになった。

少しずつ、用務員たちは計画・実施・評価のすべてを担当するようになり、彼らの最良の判断が生かされるようになった(肉体、知性、情緒、精神のすべての面で)。大方の予想に反して、結果的にメンテナンス業務の質は向上し、離職率は下がり、規律をめぐる問題も激減した。率先力・協力・勤勉・品質に関して社会的な規範が確立され、仕事に対する満足度が著しく増大した。要するに、メンテナンス・チームはやる気満々の用務員たちのチームに変わったのだ。ひとえに、完全な職務を全人格的に遂行することを、監督者たちが許可したり任せたりしたからだ。用務員たちは「指揮された自律」を手に入れた。彼らは自分たちも協力して設定した基準に従い、自分自身を監督・管理できるようになり、監督者たちによる監督や管理は不要になったのである。

ここでより重要なのは、他の監督主任たちへの影響だろう。彼らもまた、自分の管轄エリアでどのようにこの原則を適用できるかを考え始めたのである。用務員担当の監督主任が用務員たちと協力して得た成果を、自分の目で確認できたことがきっかけだった。

第6章

組織のレベルにおけるリーダーシップの原則

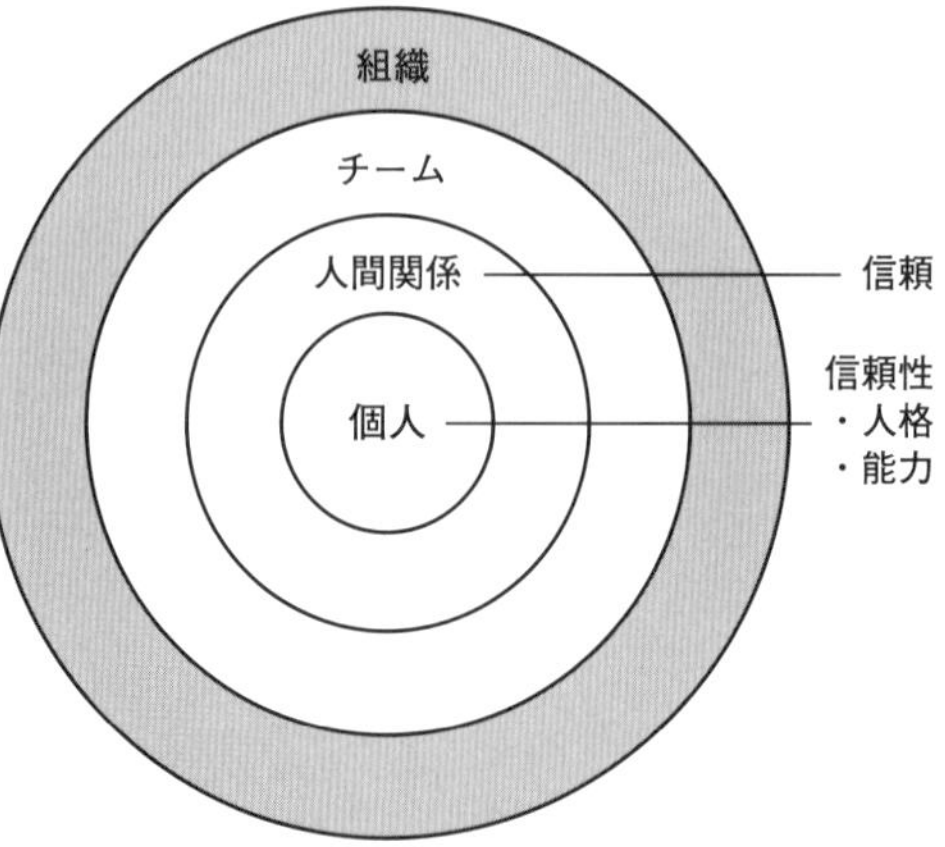

リーダーシップも最後の段階、組織レベルにおけるリーダーシップとなる。一つのチームを率いる段階から、複数のチームを束ねる組織の段階へと移る。

組織の中には、さまざまな役割、職務、才能・能力を持った人たちがいる。リーダーとして組織を導くということは、このような才能豊かな人たちの能力を一〇〇%以上引き出し、組織として最高の結果を残すことである。組織のリーダーとして、あるべき姿について考えてみよう。

PCLパラダイム　一つのPと七つのS

組織の経営手法を分析し、目標の達成を容易にするために私が推薦したいのが、組織の姿をより正確に記述するパラダイム、「PCL（Principle Centered Leadership）パラダイム」である。原則中心のリーダーシップのPCLパラダイムでは、人間（People）を表すPを除いて、すべての要素がSという頭文字から始まる。

PCLパラダイム

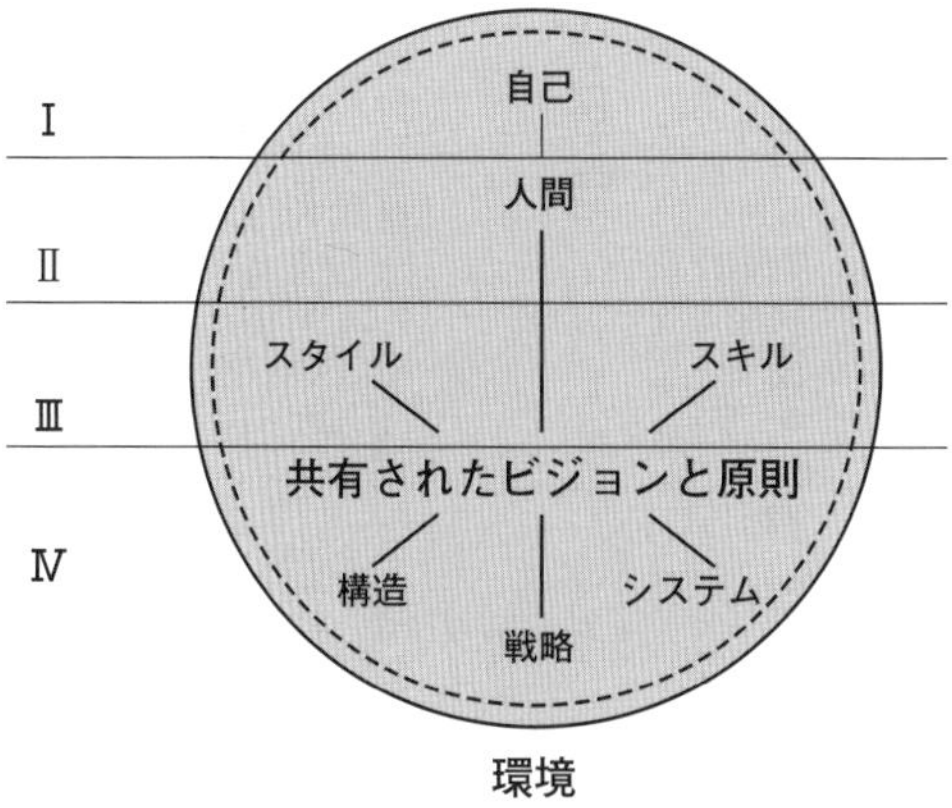

人間（People）

PCLパラダイムが基礎に置いているのは、組織の構造、マネジメントのスタイルやシステムの効率性ではなく、人間の効果性なのである。その認識は、人間はプログラマーであり、したがってもっとも価値ある存在であるというものである。つまりプログラマーである人間こそが、個人、人間関係、マネジメント、組織のレベルにおいてすべてをつくり出すという点に着目しているのである。社員が自分自身をどう見ているか、同僚や組織をどうとらえているか、そうしたものが形として現れたものが企業文化なのである。

自己（Self）

私たちは組織の中、外にかかわらず、自分の「外側」にある事柄に目を向けがちだ。しかし、意味ある変化を起こしたいなら、影響の輪の中、つまり自分が直接力を及ぼせる範囲から始めなければならない。これもやはりインサイド・アウトのアプローチである。変化や改善は自分の中から始まる。

スタイル（Style）

参加型スタイルのマネジメントは、より大きな変革、率先力、責任感を生み出すが、同時に予期せぬ行動を生む可能性も増してくる。しかしそれを恐れてコントロールを強化するよりも、参加型が生む利益の方を重視すべきである。また口先だけで参加をうたい、実際はコントロール体質のままだと、社員はしらけてしまうので注意してほしい。

スキル（Skill）

仕事の委任、コミュニケーション、交渉術といったスキルは効率的な組織の基本条件である。幸いなことに、こうした技術を学習し向上させることは、継続的な教育と訓練で可能である。

共有されたビジョンと原則（Shared vision principle）

仕事をするにはマネジメントの型を定め、社員同士の関係を組織化・制度化する必要がある。Win-Winの実行協定では、上司と部下が共通の原則に基づいたビジョンを共有し、両者が自由にやるべきことをやる環境が整えられる。部下が実際の業務を遂行し、上司は彼らに助言を与える奉仕者となる。しかし協定が結ばれていなければ、部下は結果に責任を持たないまま仕事をすることになり、上司は監視をしなければならない。そのため上司は奉仕することはできない。

組織の中心となる「共有されたビジョンと原則」は、多くの場合、組織のミッション・ステートメントとなって表されるだろう。私が今まで組織に対し行ってきたコンサルティングの中心的活動の一つは、効果的なミッション・ステートメントの開発をサポートするというものであった。効果的なミッション・ステートメントの作成は、組織の奥底からできあがってこなければならない。経営幹部や経営企画室だけでなく、すべての社員が有意義な形で参加すべきである。ここでもまた、できあがりと同じくらい参加のプロセスが大切であり、ミッション・ステートメントを生きたものにする鍵を握っていると言える。

構造とシステム (Structure and system)

組織では多くの人が相互依存的に関わり合っており、そうした交流は組織の構造やシステムに支えられている。人間の体は組織の最適なモデルである。神経系システムがメッセージ(情報)を運び、循環器系システムが栄養(報酬)を運び、骨格システム(構造)が体の形をつくり、呼吸器系のシステムが酸素(フィードバック)を供給する。

こうしたシステムは相互依存的であり、一つのシステムに大きな変化が生じると、全体のバランスが崩れてしまう。人間の体と同じように、組織も均衡状態を保たなければならない。均衡状態を保っている組織では、苦悩や痛みはあまり見られないが、生産性には大きなばらつきがある。ある組織は非常に創造的でシナジーを創り出している。つまり、チームスピリット、使命感、情熱、目的意識、やる気、そして前向きな精神に溢れており、痛みを伴う障害もあまり見当たらない。ところが別の組織では、深い対立や政治的駆け引き、攻撃や防衛、低い生産性と低利益体質といった悪弊が見られる。こうした組織でも均衡状態は保たれている場合があるが、ただそれはレベルの低い均衡状態である。ほとんどの組織は六つのシステムを持っている。

一．情報

組織内の出来事に対して先入観を持たず、正確でバランスのとれた見方をするために、経営幹部は関係者の情報システムを構築する必要がある。これは組織内部で何が起こっているか、また関係者が何を考え、何を感じているかを知るためのシステムだ。正確なデータが正しい判断を生む――これは賢明な判断の前提条件である。

二．報酬

お金、評価、責任、機会、地位、職場の整備・改善などはすべて報酬である。そして効果的な報酬のシステムは、経済面と精神面の両方を考慮している。このシステムはシナジーとして働き、チーム精神を育てていく鍵となる。

三．トレーニングと人材開発

効果的な人材育成プログラムでは、学習者が学習に責任を持ち、インストラクターや教育機関は効果的な支援を提供する役にまわる。トレーニングはシステム主導ではなく学習者主導で行われる。

つまり学習者がトレーニングの手法を選択し、自分が合意した目標に向かって自分のベースで進んでいくことになる。また学習した内容を第三者に教えることも必要とされる。それが学習内容の理解と定着度を大幅に高めることになるからである。さらに各人の目指すキャリアと、トレーニング・プログラムの目標は緊密な関係を持つように設定されている。

四．採用と選抜

効果的なリーダーは人員を募集・選抜する際、候補者の能力、適性、関心と仕事の内容が一致しているかという点を入念に検討する。好きなことや得意なことは、仕事での貢献内容に大いに関係してくるからである。面接、審査、採用までの流れの中で重視されるのは、お互いにとって利益になるかどうかという点である。また候補者の職業上の功績が会社の求めるものに合っているか、という点も重要なポイントである。そこに不一致があれば、オープンに話し合うべきである。さらに採用、昇進、降格、解雇にあたって、効果的なリーダーは尊敬する同僚や監督者の助言も求める。

五．構造

家が住人の好みやニーズを満たすべく設計されるように、仕事も社員のスキルや関心に合うように設計されるべきである。社員は仕事の内容、会社全体の使命と自分の仕事との関わり、どのような貢献ができるのかといった事柄に対するはっきりした認識を持つ必要がある。

またどんな資源や支援システムが利用可能なのかも知っておく必要がある。さらに結果を得るためにどんな方法を使うかは、ある程度本人に決めさせるべきである。また住宅の配線がそうであるように、成長や新しいチャンスを与えるための準備はもちろん、フィードバックのシステムは初めから組みこんでおくべきである。

六、コミュニケーション

Ｗｉｎ－Ｗｉｎの実行協定や説明責任を果たすために、社員一人ひとりと個別に話しをすることは、効果的なコミュニケーションのための鍵である。必要に応じてスタッフ・ミーティングを開き、行動志向型の議論を行うことも同じ効果がある。節約につながるアイデアに報奨金を出す社員提案型システム、正当な方針と手法を公開すること、昇進面接、匿名社内調査、臨時委員会でのブレーンストーミングなども効果的なコミュニケーションの鍵である。コミュニケーションのシステムを共有するビジョンやミッションを中心に構築すれば、もっと効果的に機能するだろう。

こうしたシステムがよく機能不全に陥るのは、他人と高い信頼関係を築くことが苦手な、欠乏マインドを持った人間によって設計されているからである。彼らは自分の周りの才能に恐れを抱いている。すべてのアイデアは自分の中から出てきてほしいと感じている。そのため他人を評価したり、エンパワーしたりするのがとても困難になってしまう。

戦略（Strategy）

戦略は公表されたミッションや使用可能な資源、市場の動向に合致したものであるべきだ。さらに戦略は常に見直され、市場での競争や変化に合わせて変えていくべきである。

環境

組織内外にはさまざまな環境の変化（事業環境）が見られる。こうした環境の変化を定期的にチェックし、戦略、ビジョン、システム、その他のものがすべて外の現実を反映するように調整しなければならない。賢明な経営者ならば、市場のトレンドや動向を的確に読み、会社が転覆したり、暗礁に乗り上げたりすることのないように気を配るだろう。

すべてはプログラマーである人間から始まる。困難なSを変えるために、まず簡単なSから始めなければならない。これらは人間の精神の表れにすぎないのだから。

質の高い製品とサービスの鍵は、質の高い人である。そして質の高い人の鍵は、その人格、能力、他人との信頼残高である。原則中心の人は質を通して量を、人間関係を通して結果を得る。結婚生活、家庭生活、仕事や共同体での生活の中で、彼らを導くガイドラインは次のようなものだ。

「陰で人の悪口を言わない。他人のために建設的な批判をすることはあるが、卑怯な攻撃はしない。誰かと意見が合わなければ、その人と直接会って自分の見方を説明し解決を図る」

こうしたことを実行するには、大変な勇気と強さが必要である。それは原則中心であると共にＰＣＬパラダイムを持つことから得られるのだ。

四つの特徴

ＰＣＬパラダイムは自然のモデルである。パラダイムを改善することは自然をより深く理解しようとすることである。もしパラダイムに欠陥があれば、行動や態度がどんなに立派であっても意味がない。ＰＣＬパラダイムは、他のパラダイムより的確に自然の法則に対応している。

一．全体論的である

言い換えれば、それはすべてを扱っているのである。経済、物理的構造、テクノロジーは構造の中に位置づけることができ、仕事のスタイルとスキル、補完的なリーダーシップのスタイル、社員のスキルは、マネジメントの中に位置づけることができる。閉じたシステムではなく開かれたシステムの中の流れ（組織、業界、社会の内部の環境）のすべてを扱っているのだ。

世の中の動向に完全に一致している組織はない。誰もが会社の内外で厳しい環境にさらされる。しかし主体的で原則中心の人は、そうした環境の被害者にならない。彼らは常にアライメントを目指し、彼らが日々生活し、仕事をする環境、社会からの影響あるいは経済、社会、政治的なトレンド、文化的な影響力、国際マーケットなどを理解しようと努力する。

二. 生態学的である

これはあらゆる生態系がそうであるように、すべてが他のあらゆるものと関係しているということである。生態系では私たちはすべてと関わり合っているだけでなく、あらゆるものが相互に関係し合い、相互依存的である。ある分野での率先力が、他のすべての分野に影響を及ぼす。組織を機械的で、非有機的で、非生態学的な分断されたものとみなすマネジメント・パラダイムもあるが、すべての組織は、より大きな生物圏の中の生態系であり、自然の一部である。自然には仕切りがない。それは分割できない一つの全体なのである。環境に対する意識の高まりによって、アメリカ人は自然生態系をより強く認識するようになってきた。

三. 連続的なプロセスである

これは代数を学ぶ前に算数をマスターしなければならないように、何ごとも順序を踏まなければならないということである。成長と進歩は連続的なプロセスをたどるのである。

しかし多くの古いマネジメント・パラダイムは非成長的であり、必ずしもプロセスに沿う必要はないと説いている。どんなレベルからでも取りかかることが可能で、応急処置で状況を改善できるというのである。しかし組織の成長は連続的なプロセスである。真の成長は自己から始まり、インサイド・アウトで進んでいくのである。

四．人間志向である

このパラダイムは主体的な人間に基づいたものであり、生命のない物や植物・動物に基盤を置くものではない。

自然界の他の生物と違って、人は自分の意志に基づいて選択することができる。もちろん、子どものころのトラウマや現在の環境、精神的な傷のせいで意志の力や影響力が弱い人もいる。競争志向の人は、欠乏の観点に立って物事を防衛的に考える傾向がある。肯定と無条件の愛に生きる人は、内的な安定と豊かさマインドを持つ傾向がある。

ほとんどのマネジメント・パラダイムは社員を物とみなし、その効率を高めようとしている。だから多くの経営者が人を消耗品と見るのである。もしそうした見方が企業の中に広がれば、社員は自分たちを守るために団結したり労働組合を結成したり、略奪的で日和見主義的な攻撃的マネジメントをやめさせるような立法を求める運動を起こしたりするであろう。あなたは物事の能率を高めることはできるだろうが、人間に対して効果的にならなければならない。もし感情の問題で能率的であろうとしたら、結果は逃避、あるいは闘争反応か信頼残高の引き出しに終わるであろう。

ＰＣＬパラダイムは、この四つの特徴、全体論的、生態学的、成長的、そして物ではなく人間志向によって、マネジメントと原則中心のリーダーシップにふさわしいものとなるのである。

組織におけるシナジー

ビジネスでのシナジー

同僚たちと会社のミッション・ステートメントを作ったとき、とても印象深いシナジーを体験した。社員のほぼ全員で山に登り、雄大な自然の中で最高のミッション・ステートメントに仕上げようと、まず第一稿を書くために話し合いを始めた。

最初はお互い尊敬し合い、ありきたりな言葉で慎重に話していた。しかし、会社の将来についてさまざまな案や可能性、ビジネスチャンスを話し合ううちに、だんだんと打ち解け、自分の本当の考えをはっきりと率直に話せるようになってきた。ミッション・ステートメントを書くという目的が、いつの間にか全員が自由にイマジネーションを働かせ、一つのアイデアが別のアイデアに自然とつながっていく活発なディスカッションの場となっていた。全員がお互いに共感しながら話を聴き、それと同時に勇気を持って自分の考えを述べた。お互いを尊重し、理解しながら、シナジーを生む創造的なコミュニケーションをしていたのだ。

そのエキサイティングな雰囲気を誰もが肌で感じていた。そして機が熟したところで、全員で共有できるビジョンを言葉にする作業に戻った。言葉の一つひとつが私たち全員にとって具体的な意味を持っていた。一人ひとりが決意できる言葉に凝縮されていた。

完成したミッション・ステートメントは、次のようになった。

我々のミッションは、個人や組織が、原則中心のリーダーシップを理解し実践することにより、価値ある目的を達成する能力を大きく高められるようにエンパワーすることである。

シナジーのプロセスがミッション・ステートメントとなって実を結び、その場にいた者たちの心と頭にその一言一句がくっきりと刻まれた。このミッション・ステートメントは、私たちが仕事を進めるうえでの基準となり、どうあるべきか、どうあるべきでないかを明確に示す道標となったのである。

人は一度でも本物のシナジーを経験すると、それ以前の自分に戻ることはない。あれほど心が広がり、胸躍る冒険にまた出会えることを確信できるからである。

だからといって、以前に経験したシナジーをそっくりそのまま再現しようとしても、うまくいくものではない。しかし創造的なことを成し遂げようという目的意識ならば、いつでも再現できる。東洋に「師を真似ることを求めず、師の求めたものを求めよ」という至言がある。これにならえば、過去のシナジー体験を真似るのではなく、それとは異なる目的、より高い目的を達成するための新しいシナジーを求めることができるのである。

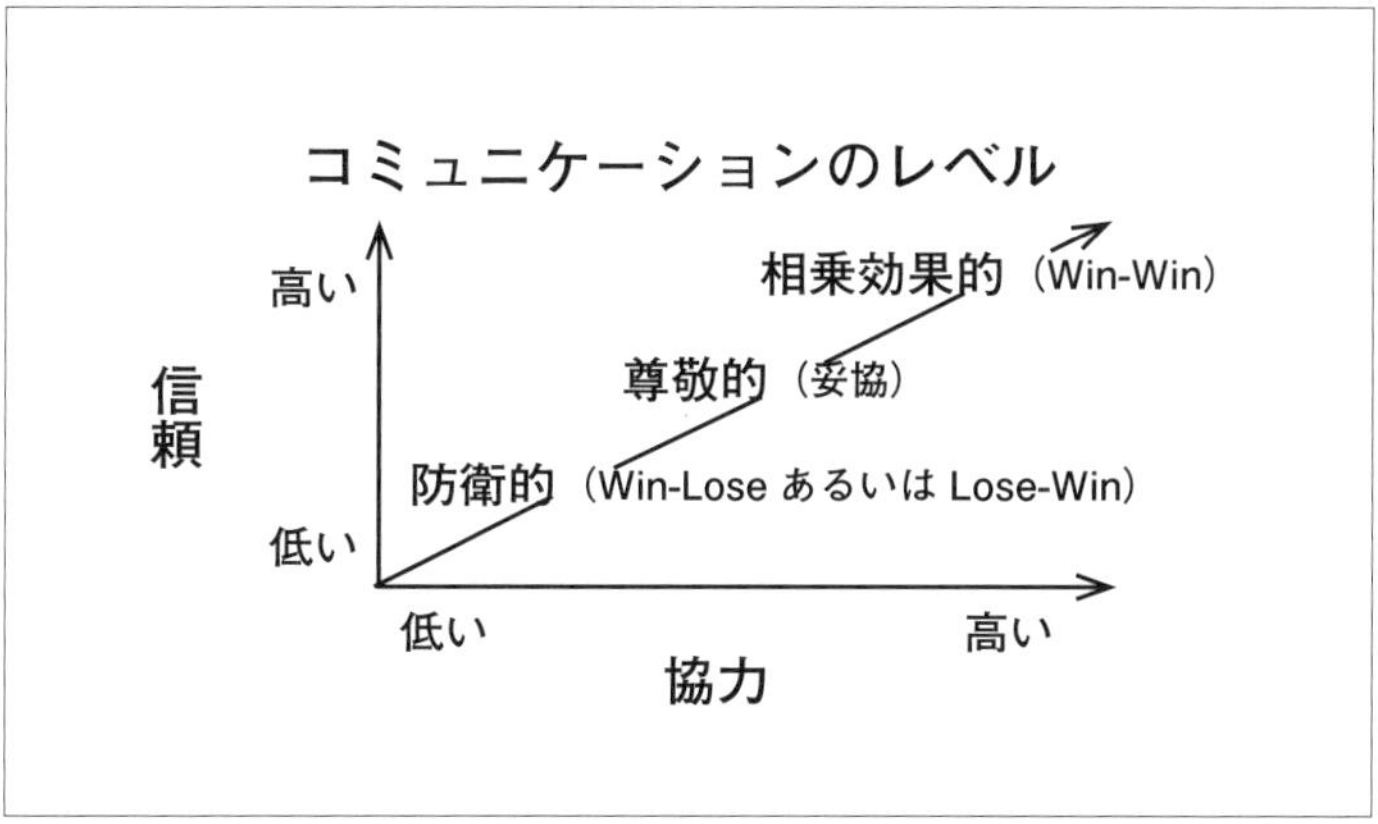

シナジーとコミュニケーション

シナジーは心を湧き立たせる。創造することは心を湧き立たせる。心を開いたコミュニケーションが生み出すものには、驚くべきものがある。シナジーは、大きな成果、意味のある進歩につながる。それは否定しようのないことである。だから、リスクを負ってでもシナジーを起こす努力はする価値があるのだ。

上の図は、信頼とコミュニケーションのレベルが、どれだけ密接な関係にあるかを示している。

もっとも低いレベルのコミュニケーションは低い信頼関係から生じる。自分の立場を守ることしか考えず、揚げ足をとられないように用心深く言葉を選び、話がこじれて問題が起きたときの用心のためとばかりに予防線を張り、逃げ道をつくっておく。このようなコミュニケーションでは、結果はＷｉｎ－ＬｏｓｅかＬｏｓｅ－Ｗｉｎのどちらかしかない。

Ｐ／ＰＣバランスがとれていないから、コミュニケーションの効果はまったく期待できず、さらに強く自分の立場を防衛しなければならない状況をつくり出すという悪循環に陥ってしまう。

中間のレベルはお互いを尊重するコミュニケーションである。それなりに成熟した人間同士のやりとりである。相手に敬意は払うけれども、面と向かって反対意見を述べて対立することを避け、そうならないように注意して話を進める。だから、相手の身になって共感するところまでは踏み込めない。知的レベルでは相互理解が得られるかもしれないが、お互いの立場の土台となっているパラダイムを深く見つめることなく、新しい可能性を受け入れることはできない。

一人ひとりが別々に何かをする自立状態においては、お互いを尊重するコミュニケーションのレベルでもうまくいく。複数の人間が協力し合う相互依存の状況でも、ある程度まではやっていけるだろう。しかしこのレベルでは、創造的な可能性が開かれることはない。相互依存の状況でお互いを尊重するコミュニケーションをとると、たいていは妥協点を見つけて終わりである。妥協とは、一プラス一が一・五にしかならないことである。どちらも二を求めていたけれども、お互いに〇・五ずつ諦めて一・五で手を打つことだ。たしかにこのレベルのコミュニケーションでは、それぞれが自分の立場を守ろうとするかたくなな態度はないし、相手に腹を立てることもなく、自分のいいように相手を操ろうという魂胆もなく、正直で誠意あるやりとりができる。しかし、個々人のクリエイティブなエネルギーが解き放たれず、シナジーも創り出せない。低いレベルのWin-Winに落ち着くのがやっとだ。

シナジーとは、一プラス一が八にも、一六にも、あるいは一六〇〇にもなることである。強い信頼関係から生まれるシナジーによって、最初に示されていた案をはるかに上回る結果に到達できる。しかも全員がそう実感でき、その創造的なプロセスを本心から楽しめる。そこには小さいながらも完結した一つの文化が花開く。

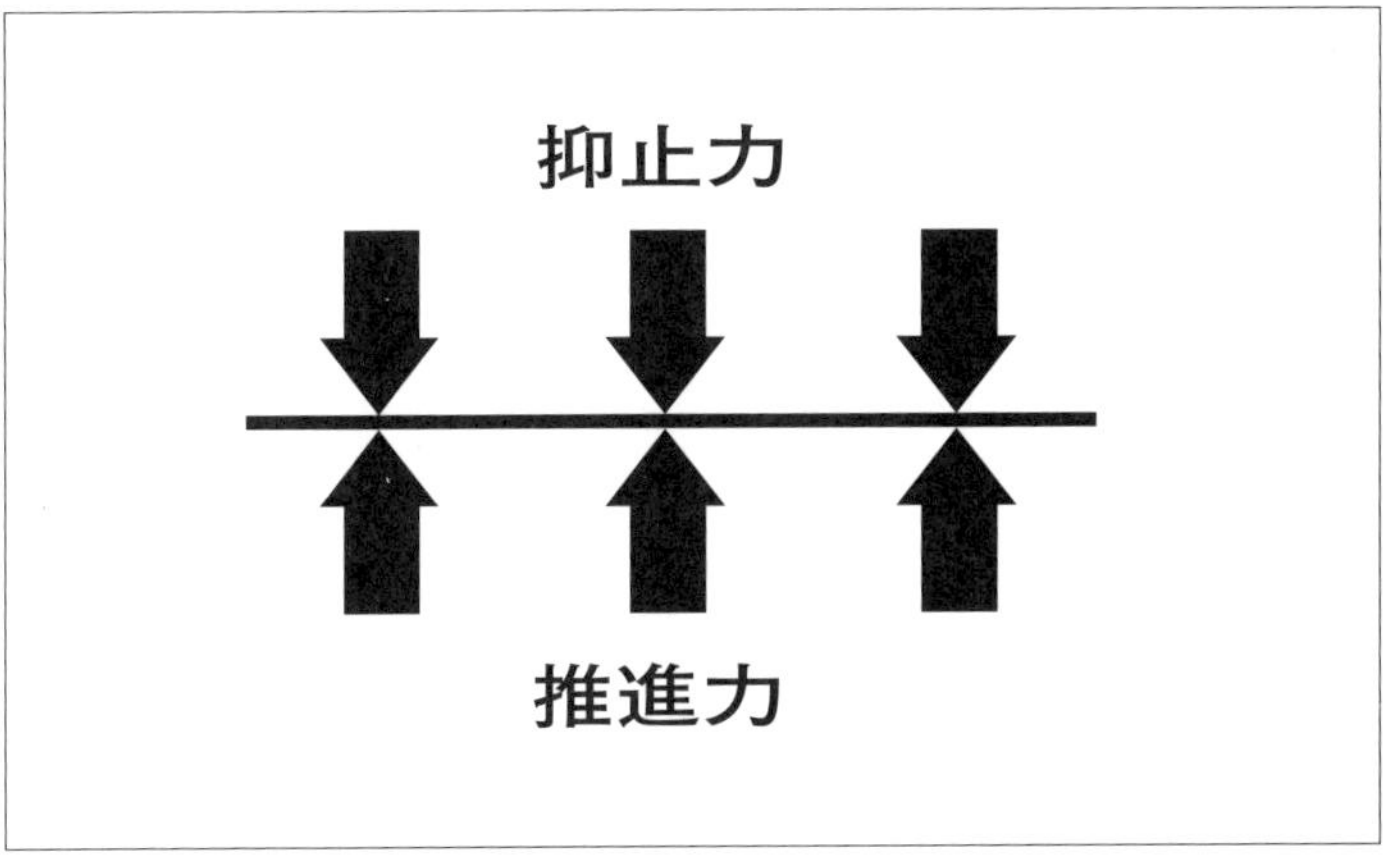

その場限りで終わってしまうかもしれないが、P／PCのバランスがとれた完璧な文化なのである。

シナジーに到達できず、かといってNo Deal（取引きしない）を選択することもできない、そんな状況になることもあるだろう。しかしそのような状況であっても、真剣にシナジーを目指していれば、妥協するにしても、より高い妥協点が見つかるものである。

力の場の分析

相互依存の状況では、成長と変化を妨げるネガティブな力に対抗するときにこそ、シナジーが特に強力になる。

社会心理学者のクルト・レヴィンは、「力の場の分析」というモデルを構築した。それによると、現在の能力や状態は、上向きの推進力とそれを妨げようとする抑止力とが釣り合ったレベルを表しているという。

一般的に推進力はポジティブな力である。合理的、論理的、意識的、経済的な力が働くわけである。それに対して抑止力はネガティブな力であり、感情的、非論理的、無意識、社会的・心理的な力が働く。自分だけでなく周りの人たちを見ても、両方の力が働いていることはよくわかる。変化に対応するときには、推進力と抑止力の両方を考慮しなければならない。

たとえば、どんな家庭にも「場の雰囲気」というものがある。あなたの家庭の「場の雰囲気」を考えてみよう。ポジティブな力とネガティブな力のかかり具合で、家族同士で気持ちや心配事をどこまで安心して話せるか、どこまでお互いを尊重して話ができるかがおおよそ決まり、家庭の雰囲気を作っている。

あなたは今、その力関係のレベルを変えたいと思っているとしよう。もっとポジティブな力が働き、家族がお互いをもっと尊重し、もっとオープンに話ができ、信頼感に満ちた雰囲気をつくりたいとしよう。そうしたいと思う理由、論理的な理由そのものが、釣り合いのレベルを押し上げる推進力になる。

しかし推進力を高めるだけでは足りない。あなたの努力を抑え込もうとする抑止力があるからだ。それは兄弟同士の競争心かもしれないし、夫と妻の家庭観の違いかもしれない。あるいは家族の生活習慣かもしれないし、あなたの時間や労力をかけなければならない仕事やさまざまな用事も抑止力になるだろう。

推進力を強めれば、しばらくは結果が出るかもしれない。しかし、抑止力がある限り、徐々に推進力を強めることは難しくなっていく。バネを押すようなもので、強く押せば押すほど強い力が必要になり、そのうちバネの力に負けてしまい、元のレベルに突然跳ね返ってしまうのである。

ヨーヨーのように上がったり下がったりを繰り返しているうちに、「しょせんこんなもの。そう簡単には変われない」と諦めムードになっていく。

しかし、ここで諦めずにシナジーを創り出すのである。Ｗｉｎ－Ｗｉｎを考える動機、まず相手を理解することに徹し、それから自分を理解してもらえるようにするためのスキル、他者と力を合わせてシナジーを創り出す相互作用、これらを総動員して抑止力に直接ぶつけるのだ。抑止力となっている問題について、心を開いて話し合える雰囲気をつくる。するとがちがちに固まっていた抑止力が溶け始め、ほぐれていき、抑止力が推進力に一変するような新しい視野が開けてくる。人々を問題の解決に巻き込み、真剣に取り組ませる。すると誰もが問題に集中し、自分のものとしてとらえ、問題解決の一助となる。

そうすることで、全員が共有できる新しい目標ができ、誰も予想していなかった方向へ話が進んでいき、上向きの力が働き始める。その力が興奮の渦をもたらし、新しい文化が生まれる。興奮の渦の中にいた全員がお互いの人間性を知り、新しい考え方、創造的で斬新な選択肢や機会を発見して、大きな力を得るのである。

私はこれまで、心底憎み合い、それぞれに弁護士を立てて自分の正当性を主張する人たちの仲裁を何度も引き受けたことがある。しかし裁判に訴えれば、話し合いは紛糾するばかりで、事態は悪化するばかりだった。そうはいっても信頼関係はないに等しいから、法廷で決着をつけるしか方法はないと当事者は思い込んでいる。

そういうとき私は当事者双方に、「お互いが満足できるＷｉｎ－Ｗｉｎの解決策をお互い見つける気はありますか？」と聞く。

たいていは肯定的な答えが返ってくるが、双方とも、そんな解決策などあるわけがないと思っている。

「私が相手の合意を取りつけたら、Ｗｉｎ-Ｗｉｎの解決を目指してお互い本気で話し合いますか?」と私は聞く。

これもまた、答えはイエスである。

ほとんどのケースで、驚くような結果になる。何ヵ月も法廷で争い、心理的にも当事者双方を苦しめていた問題が、ものの数時間か数日で解決してしまう。しかもその解決策というのは、裁判所が当事者に提示するような妥協ではない。当事者同士で話し合い、シナジーのプロセスから生まれる解決策は、それぞれの当事者が主張していた解決策よりも優れたものになる。それだけではない。当初は修復不可能なほど破綻していたかに見えた関係が、この解決策をきっかけにして関係が長く続いていくケースがほとんどなのである。

私たちの会社が行っている能力開発セミナーで、あるメーカーの経営者から、債務不履行で長年の得意先から訴えられているという話を聞いた。メーカーも得意先もそれぞれの立場の正当性を主張して譲らず、相手のほうこそ倫理観に欠け、信用できないと思い込んでいた。

このメーカーが共感による傾聴を実践してみると、二つのことが明らかになった。一つ目は、そもそもの発端は話の行き違いによる誤解で、非難し合っているうちに問題が大きくなったこと。二つ目は、双方とも最初は悪意などなく、裁判に持ち込んで余計な費用を使いたくはなかったが、それ以外の方法が見つからなかったことだった。

この二つがはっきりしたら、問題はあっという間に解決し、両社の取引関係は今もうまくいっているという。

対立かシナジーか

組織の至るところに壁があることは誰でも知っている。チーム、部門、事業部、機能を隔てる壁。創造的な部署と管理的な部署を隔てる壁。管理職と一般社員を隔てる壁。組織とその顧客を隔てる壁。壁を守ろうとするのは自然なことであり、だからこそ組織では対立が生じる。ここで問題なのは防御的な二者択一のマインドセットである。

前向きに見るなら、組織に多くの対立が起こるのはなすべきことがあるからであり、創造的で思慮深く、才能に恵まれ並外れた人間であれば、仕事のやり方についてそれぞれ自分なりの考えを持っている。それらの考え方には矛盾があり、わかりにくく、突飛で、一貫性に欠けていたりもする。しかし同時に、どの考え方も有益で感心させられることすらある。

対立を比較的容認している組織もあるだろうし、対立を嫌がる組織もあれば、露骨ないじめが横行する組織もある。しかしほとんどの組織は、対立を「管理」しようとしている。マネージャーは、対立を避け、コントロールし、解決するための研修を受ける。なぜなら私たちは、できれば対立は避けたほうがよく、避けられなければコントロールし、すみやかに解決して調和を取り戻すべきだという前提に従って生きているからだ。対立解決をテーマにした本はどれも、対立を嵐のように扱っている。何とか最小限の被害で通りすぎていってほしいと願うだけなのである。

しかし組織における対立で問題なのは、対立が存在することではなく、対立に対する私たちのパラダイムである。対立の状況で二者択一思考なら「対立か逃避か」の反応だが、シナジーを生む反応は、歓

迎、喜び、関与、発見であるからだ。たとえば、
・ある社員が上司に、会社がやっている「ばかげたこと」を話したとする。普通の上司は部下の「不満」を聞かされたと思う。シナジーを生む上司なら、「アイデア」を得たと思う。
・プロジェクト・チームのメンバーがプロジェクト・マネージャーに「少し違う方法でやってみたらどうでしょうか?」と言ったとする。普通のプロジェクト・マネージャーなら、「彼女は私に仕事のやり方を教えようというのか」と思う。シナジーを生むプロジェクト・マネージャーなら、「彼女の考えを聴いてみよう」と思う。
・あるメンバーがチームリーダーに「(誰だれ)とは一緒に仕事できません」と言ったとする。普通のチームリーダーは、「また性格の不一致か」と思う。シナジーを生むチームリーダーなら、「彼は助けを求めている」と思う。
・本社の人間がやってきて「お手伝いしますよ」と言ったとする。それに対して普通の社員は「私にはこの仕事ができないと思っているんだな。思い知らせてやろう」と思う。しかしシナジーを生む社員なら、「この人から何か学ぼう」と思う。

ここに挙げたような普通の反応は、違いを脅威ととらえるパラダイムに根ざしている。自分とは違うものに直面したとき、私たちの普通の反応は闘うか逃げるかのどちらかだが、それは不安から生まれる防御のパラダイムのせいである。会議で意見の対立を丸く収めようとするCEO。計画が疑問視され、腹を立てて部屋を出ていくプロジェクト・チーム。「私のやり方に従え、嫌なら出ていけ」の哲学で担

当地域を運営する短気なセールス・マネージャー。

彼らは対立に生命のしるしを見てとることができない。対立は一般的に、人が自分の仕事を本気で考えているときに起こるものである。私が「対立という贈物」と言うと、たいていの人は私を変な目で見る。しかし私が言いたいのは、真剣にものを考える人たちは必ず、それぞれに意見が異なるということだ。彼らが自分の違いを本気で伝えようとするなら、こちらも本気で受け止めるべきなのである。

私が知っている有能な企業経営者は、よく会議の冒頭で刺激的な質問をする。「製品ラインを明日変えられるとしたらどうする?」「わが社がいま解決しなければならない問題が、実は存在さえしていないとしたら?」「何か一つのことをもっと効果的にできれば、すべてを変えられるとしたら、その一つとは何だろう?」「当社がエンロンのようだったら?」「私が目をそらしている現実は何だろう?」というような質問だ。彼の目的は対立を煽ることである。雷を突然落とすのではなく、活発な議論でチームの士気を盛り上げるのである。こうして会議室は、想像もしていなかった第3の案を創出する場と化す。チームは彼の挑発的な質問に慣れているから、難なく生産的な対立を繰り広げる。「全員が黙って座り、私の話に神妙な顔でうなずくだけの会議などごめんだ」と彼は言う。「うなずいてすぐに終わるのではなく、ああでもないこうでもないと意見を出し合いたい。私は皆の考えを聴きたい。活発な議論を見たいのだ」こうして彼は神経を集中して話を聴く。相手を疲れさせるほど熱心な聴き手なのである。

二者択一：対立か、逃避か

第3の案を探そうとするこのリーダーと二者択一のリーダーはまるで対照的だ。二者択一のリーダーには、対立か逃避かのどちらかしかない。

どんな対立にも感情が絡んでいる。給与を巡る単純な対立一つをとっても、そこには深い怖れと期待が結びついているものである。仮にあなたが女性の上司で、男性の部下が給与の不満を言いにきたとする。あなたの目の前にいる部下は、相容れない感情をいまにも爆発させるかもしれない。彼の給与は自尊心の象徴であり、家族や友人に対する立場の問題でもある。彼にとって、この面会は非常に厳しいものだ。言いにくるだけでも勇気をふり絞ったはずだ。トラブルは招きたくないし、上司であるあなたに弱い人間だと思われたくはない。それと同時に彼は、自分が軽視されていると感じているかもしれない。ひょっとしたら怒りさえ覚えているかもしれない。男としての自尊心が気持ちを複雑にしている可能性もある。あなたは、彼の表情からも、言葉からも、彼が本当に言いたいことの全部は読み取れないだろう。何か言いたいことがあるということしかわからない。

あなたが二者択一思考の上司だったら、選択肢は対立か逃避かのどちらかしかない。逃げるほうを選べば、彼の言い分を聞き入れ要求するものを与える。対立解決の理論家ならこれを「和解」と呼ぶところだろうが、普通はさらに多くの問題を誘発するだけである。他の部下たちには不公平になるし、悪しき前例をつくってしまい、給与に対する彼の期待を増長させ、また賃上げを要求してくるかもしれない。

対立を選ぶとしたら、対処の方法にもいろいろある。

・彼の価値を最小限に評価する

「あなたは皆と同じ給料をもらっている」というような答えは、相手を歯車扱いしているのと同じだ。「他の社員と同じようにあなたも頭数の一人」なのだと。

・おだてる

「あなたは有能な社員だから、会社としても給料を上げたいのはやまやまなのよ」と言えば、多少は緊張が和らぐかもしれない。しかしこの手の見え透いた言い方は、世界のほとんどの言語で「虚辞、意味のない言葉」とされるものである。

・張り合う

「私はこれまで昇給を要求する必要はなかった。チームプレーヤーに徹しているから、ここまでなれた……」というように、わざとへり下った態度で相手と経歴争いをすれば、あなたは勝てるだろうが、それはあなたの話に説得力があるからではなく、あなたのほうが上の立場だからである。

・妥協する

「給料を上げることはできないが、金曜日は三〇分早く退社してもいい」この闘いでは、あなたも部下も負けである。会社は社員の三〇分の仕事を失い、社員は自分が必要なものを得られない。妥協というのは必ず、縮こまった視野の狭い考え方である。テーブルの上にはこれだけのパイしかないのだから、あなたが多くとったら私の分は少なくなる、そういう前提なのである。妥協は、欠乏マインドのおとなしい決着のかたちなのだ。

彼が感情的になったら、あなたは「問題点だけを考えましょうよ」と、ありきたりなアドバイスをするだろう。しかしこれでは感情の解決にはならない。あなた自身、言葉とは裏腹に「問題点だけを考える」ことなどできていないのだ。暫定協定は結べても、そこに絡んでいる感情は交渉できるものではない。くすぶった気持ちはいつか表面化する。

第3の案を探す：シナジー

では、あなたが第3の案を探す上司だったらどうだろう。あなたは逃げもしなければ闘いもしない。もっと良い解決策を探すだろう。会社に新しい大きな価値を生み出し、部下の気持ちも満たされる解決策である。

私の友人がちょうど同じ状況に直面した。彼の話によれば、そのとき第3の案を探すリーダーは次のように対応したそうだ。

私は新しい仕事を見つけました。もっといい給料を期待していたんですが、その会社に入るために思っていたよりもはるかに少ない額で我慢しました。しかし数ヵ月後、家計が火の車であることがわかったんです。医療費がかさみ、私の給料ではやっていけなくなっていた。それだけでなく、私は自分の仕事に対して給料が少なすぎると感じるようになっていました。私は思い切って、上司の上司である「ビッグボス」に給料を上げてほしいと直訴しにいきました。私は彼女のことはあまり知らないし、彼女も私のことなど知らない。私はまだ、その会社で実績らしい実績は残していませんでしたから。

しかし彼女は、私をオフィスに招き入れてくれました。事情を説明すると、「もっと話して」と言うものだから、驚いてしまいましたよ。私は家庭の状況を話しました。彼女はじっと聴いていて、私は自分が会社のためにやってきたことを詳しく述べました。すると、この会社、顧客、製品についてどう思うかと聞かれたんです。おかしな会話でした。給料のことを話し合うはずだったのに、会話は私に関することになっていたのですから。私がやっていること、私の考え、入社してから数ヵ月で学んだことなどを話しました。

それから彼女は、ある顧客のことを質問しました。私も対応したことのある顧客です。そのクライアントとの取引を増やすことについて、私の考えを聴きたいというんです。実際、それについては私にも考えがあったので話しました。

数日後、彼女から呼ばれてオフィスに入ると、私の他に三〜四人いました。例のクライアントに関する私の考えがホワイトボードに書いてありました。私たちは活発にディスカッションし、その後も話し合いを重ねました。私の気持ちはとても高揚していました。結局、そのクライアントとの取引が増え、私が担当することになりました。この大口クライアントへの新たな業務で給料も増えたんです。

このときのディスカッションが、その会社での彼の目覚ましい出世の始まりだった。彼は結局、「ビッグボス」の共同経営者になったのである。

私は、この女性ほど賢明なリーダーを他にほとんど知らない。彼女は、第3の案を探す考え方ができる人物だった。私の友人と闘うか、あるいは彼の要求を呑むかのどちらかだったら、ずいぶん簡単だったはずだ。しかしそうはせず、劇的なWin-Winの可能性を感じ取ったのである。決まった大きさのパイを取り合うのではなく、パイをもっとずっと大きくすることを思いついた。私の友人のニーズとエネルギーをクライアントのニーズに結びつければ、全員のためにパイを大きくできるのではないかと考えたのだ。その結果まったく新しい事業分野が生まれ、私の友人はパートナーとなり、会社に対する貢献を年々増やしていった。この若者の働きぶりからして、会社の規模が倍になったのは彼の業績のおかげであるのは間違いない。

この女性がどのようにしてチームを第3の案に導いたのか考えてみよう。

・まず、彼女は時間をとり、若い社員の話を共感して聴いた。彼が抱えている問題、それに対する彼の気持ちを理解しようとした。それに対して彼女は、彼がなぜ給料のことで悩んでいるのか知りたがった。そしてもっと深く掘り下げ、彼に関するすべてをつかもうとした。会社にどんな貢献ができるのか、彼一人だけでなく、全員にとって実を結ぶことは何かを知りたかったのである。

・こうして、彼女は彼という人間を探し出そうとした。何度も呼んで話をし、彼の考えを探り、他の人たちとの話し合いの場も設けた。彼女は彼独自の天賦の才と見識を高く評価した。

・ついにグループはシナジーに達した。第3の案は、重要なクライアントのニーズを満たし、しかもそれにとどまらず、新しい顧客層も生み出すサービス、製品、仕事の進め方だった。

これらのことが実現したのは、チャンスがあれば必ず第3の案を探す習慣を身につけていた上司だったからである。社員が不満を言いにくければ、彼女は会社を強くするチャンスととらえ、対立を戦場ではなく肥沃な土地と見ることができるのである。

対立解決の方法を説く人たちのほとんどは、対立を取引のように扱う。パイの配分を問題にするのだ。相手の言い分を呑むか、つっぱねるか。パイを相手に譲るか、闘って取るか。さまざまなテクニックやトリックを使っていかに多く取るか。しかし自分の思いどおりにパイを分けたとしても、所詮同じパイでしかない。

それとは対照的に第3の案は状況を変える。もっと大きく、もっとおいしい新しいパイを創り出す。前のパイとは比べものにならないほど飛躍的に大きく、おいしいパイになるだろう。ほとんどの対立解決は取引的解決だが、第3の案による解決は変容的解決なのである。

職場で何かの対立の当事者となっても、自動的に防御マインドになってはいけない。これは重要なことだ。しかし同時にこれは、直観に反する反応でもある。問題にぶつかったときの無意識の自然な反応は、対立か逃避かのどちらかだ。これは動物の本能であり、動物には二者択一しかない。だが成熟した人間なら、第3の案を探せる。

傲慢《ごうまん》――シナジーを阻む大いなる壁

傲慢のもっとも顕著な症状は、対立すら欠如していることだ。誰もあなたに意見しようとせず、あなたが他者の意見をほとんど受け入れようとせず、聴くよりも話すほうが多く、忙しさにかまけて反対意見の人たちに対応していないなら、あなたはこれから転落するしかない。ロイヤルバンク・オブ・スコットランドの元頭取の例を挙げよう。伝えられるところによると、この人物は「いかなる批判も許さなかった……毎朝、彼と側近たちが会議を持つのだが、重役たちはしばしば厳しく叱責された」という。彼は自分が行う容赦ない企業買収を「安楽死」と呼んでいた。ロンドンのタイムズ紙は彼のリーダーシップ・スタイルを「自信過剰」と名づけた。彼の攻撃的でリスクの高い取引が破綻の一因だったと言われているが、本人には迫りくる破綻の兆候がまったく見えていなかった。二〇〇七年には七五〇億ポンドだったロイヤルバンク・オブ・スコットランドの価値は、二〇〇九年には四五億ポンドまで下落、「英国銀行史上最大の損失」となったのである。

GET

もちろん、あなたが企業のトップでなくとも、一種の傲慢によってシナジーを妨げてしまうおそれはある。傲慢の罪を犯す可能性は誰にでもある。職場で起こる無意味な争いのほとんどは、程度の差こそあれ傲慢さが原因である。世界の製薬業界においてセールス・エグゼクティブとして活躍するグレッ

	GET
G	G は GAIN（利益） 私個人の利益、私が稼いだもの、私が得てしかるべきもの
E	E は EMOTION（感情） 私の気持ち、私の不安、私の恐怖、私のアイデンティティ
T	T は TERRITORY（テリトリー） 私の縄張り、私の部下、私の予算、私の専門知識

グ・ニールは、このプライド病を「GET」という三つの要素に分類している。これらは誰もが持っている人間の自然な本能であり、第3の案を探す考え方を阻む要素であるであることに間違いない。私たちは闘いで負けることを恐れ、アイデンティティを失うことを恐れる（「私は敗者なのか？」）。縄張りを失うことを恐れる（「功績を認められるのは誰なのか？」）。ニールは「シナジーを起こそうとしても、GETが障害となる」と述べている。皮肉にも、一緒にシナジーを起こせば誰もが利益も安全も影響力も高められるというのに、GETをなかなか克服できないのである。

職場の典型的な対立といえば、営業部門とマーケティング部門の永遠の確執である。「普遍的で根強い対立だ。いわば自然の秩序」と言う人もいる。『ビジネス・ウィーク』誌は「マーケティング部員は日ごろから、営業部員を欲張りで利己的だと批判している。営業部員のほうはさらに輪をかけて、マーケティング部の人間は軟弱でうすのろだと言い放つ」と書いている。しかし、販売部門とマーケティング部門の使命は基本的に同じである。顧客を調査し、理解し、満足させることである。企業はこの二つの機能を共通の情報システムとプロセスのもとにまとめようと苦労している。だが『ビジネス・ウィーク』誌も書いているように、「本当の問題は文化と人格と態度にある」のだ。ハーバード大学の経営学教授ベンソン・シャピロはこれを一般的な言葉で次のように語っている。「現場のセールス・パーソンは、主体的で自由な精神の人間が多い。いわば〝戦闘機パイロット〟のメンタリティである。それに対してマーケティングのほうは〝お堅い〟人間性であり、精緻で中央集権的なアプローチをとる」かくして両者は互いを見下している。

グレッグ・ニールがある大手製薬会社の役員だったときに直面した問題がこれだった。「会社は強力なマーケティング組織と非常に有能で勤勉なセールスフォースを擁していた。ところが、この二つの組織の間には大きな溝があった。基本的なコミュニケーションから、どちらがブランドに責任を持つかといった権限争いまで、何もかもがぎくしゃくしていた。マーケティング部門は、自分たちのリサーチのおかげでセールス・パーソンはエキスパートとして顧客に接することができるのだと自負し、セールス・パーソンのほうは昼夜を分かたず顧客に対応しているのは自分たちだと言っていた」このような対立のせいで、会社はマーケットシェアを落としていたのである。

ニールは、溝を埋める仕事を任せられた。会社の経営陣は、「二つを一つにまとめた」新しい部門を設置するよう求めた。彼は統合チームを立ち上げた。見通しがつき、やる気が湧いてきた。ところがすぐに、マーケティング部門と営業部門を隔てる溝が予想以上に大きく、複雑であることを知る。「まったく連携がとれていなかった。心臓血管疾患のマーケティングチームが、呼吸器疾患、神経疾患あるいは骨粗鬆症のマーケティングチームとさえコミュニケーションをとっていなかったんです」彼は自分が歓迎されざる存在であることも知った。「私はGETに真っ向から切り込んでいきました。誰もが感情的で、縄張り意識が強かった。私は彼らの前に突然現れ、パワーポイントの凝ったスライドを見せたりしたものです。しーんとしていましたね。感動のあまりの無言ではありませんよ」

ほとんど進展のないまま数ヵ月がすぎ、ニールはようやく、出だしがまずかったことに気づく。彼らはシナジーを起こす心の準備ができていなかったのである。「どうあるべきだったのでしょうか？ まず、販売担当役員とマーケティング担当役員が親しくなるべきだった。一緒に地域をまわって話をし、問題点についてそれぞれの考えを引き出すことができたはずです。溝を埋め、お互いの仕事を円滑に進め、コミュニケーションを良くするためにどうしたらいいのか話し合うべきでした。会社は全員から意見を聴くべきでした。しかしそうはせず、統合チームという解決策をいきなり押しつけたのです」

とはいえ軌道修正は間に合った。ニールはプレゼンテーションをやめ、話を聴き始める。「現場全体が納得し賛同しなければ、組織がうまくいく見込みはありません。そこで、統合のプロセスで全員の意見を聴き、何が出てくるか見ることにしました。これにはかなりの時間をかけましたね」彼はこの「厳しい試練」に九ヵ月も費やしたという。

呼吸器疾患の分野では、社の命運をかけた新製品の発売が迫っていた。ニールの会社はこの市場に参入するのは初めてであり、何としてでも成功させなければならなかった。これの前に液体薬市場で新製品を発売していたが、営業部門とマーケティング部門の「大きな溝」のせいで芳しい結果ではなかった。全国的なマーケティング計画の実施が、販売地域によってばらつきがあったのだ。「非常にうまくいった地域もあれば、ほどほどのところもあり、ほとんど効果のない地域もありました。マーケティング部員には不満が募っていました」

新製品の発売計画を策定するとき、ニールの統合チームは、すべての販売地域の担当者から話を仔細に聴いた。「彼らから意見が出され、シナジーが起こりました。どうなれば成功と言えるのかを一緒に考え、電話営業の指標、リソースの使い方、マーケットシェアが成功基準になりました。かつてないほど入念に準備し、結束力が強まりました。どうかうまくいくようにと祈るような気持ちでしたね」

新製品の発売は、新規参入市場でありながらこの製薬会社の創業以来最大の成功をおさめ、その市場で数十年の実績を積んでいる競合他社からマーケットシェアを奪った。「目標を二〇％も上回りました。地域によるばらつきは以前よりもずっと小さくなり、製品の普及率も創業以来最高でした」現在、この会社の呼吸器疾患医薬品ポートフォリオの市場価値は、数億ドルにのぼっている。

グレッグ・ニールが成功したのは、ＧＥＴに切り込み、会社を縛り、周りを見えなくさせていた防御的なマインドセットを壊したからである。会社のさまざまなグループに入っていき、彼らを尊重し、共感を持って話を聴き、「皆さんの仕事を進めやすくするために、どうしたらよいだろうか？」と必ず質問した。第３の案を探すために、彼はあらかじめ何の解決策も用意せず、ＧＥＴを乗り越え、シナジーを起こすことだけを考えて話し合いに臨んだのである。

シナジーの革新力

成功する企業に関するもっとも大規模なリサーチ・プロジェクトによれば、企業の持続的な成功の鍵は革新力だという。このリサーチはエバーグリーン・プロジェクトといい、ハーバード大学、コロンビア大学、マサチューセッツ工科大学、ダートマス大学、ウォートン・スクールをはじめ、多くの大学の研究者を結集し一〇年にわたって実施された。プロジェクトの目的は、永続的で卓越した企業と平凡な企業との違いを明らかにすることだった。

予想にたがわず、卓越した企業は多くの面で革新的であり、革新をためらわない。「これらの企業は大きなチャンスに目を向けている。業界を変える可能性を秘めた、まったく新しい製品アイデアや技術的なブレークスルー、二桁の成長や収益の伸びを達成している企業は、ほどほどの改善では飽き足らない。彼らの焦点は、一大イノベーション、競合他社を驚愕させるアイデアに向けられている」

「まったく新しい」アイデアやブレークスルーはどこから生まれるのだろうか？ イノベーションの専門家たちは、シナジーから生まれると言うだろう。私の親友でこの分野の第一人者と言っていいクレイトン・クリステンセン教授は、革新的なアイデアは必ず破壊的なものだと指摘している。そのようなアイデアは、多様な視点と意外な結びつきが交差する「端部」に現れる傾向がある。ほとんどの企業に見られる均質的な主流の考え方からは生まれないのだ。

これはパラドックスである。卓越した企業がきわめて革新的であることはわかるが、革新的なイノベーションは、市場における予想外の突拍子もない破壊から生まれるものである。成功している企業として、どちらかと言えば慣性で動いている「企業社会」の一員であることは間違いない。だとしたら、どのようにして大きなイノベーションをつかんでいるのだろうか？

卓越した企業は、常にイノベーションを探し出そうとしているのだ。シナジーの働きを理解し、それを積極的に活用し、第3の案を日ごろから育てているのである。それとは対照的に、平凡な企業は新しい考え方を徹底的に嫌う。破壊を憎む。「我々VS彼ら」の二者択一の世界で生きている。成長できない原因を外部の力のせいにし、破壊的なテクノロジーを脅威とみなす。創造力の分野の専門家であるエドワード・デ・ボノは、この特異な心理を次のように書いている。

苦境に立たされ、新しいアイデアが必要な組織ほど、アイデアを一向に探そうとしない。このような組織は、自分たちの考え方は何も間違っていない、〝周りの世界〟から試練を与えられているのだから考え方を変えても無駄だと思い込んでいる……（中略）……私は以前、ある有名企業から、業績が非常に厳しい状況なので創造力を使う時間などないと言われたことがある！　業績不振に陥ったのは、そのような態度に原因があるのではないだろうか？

対照的に、第3の案を探そうとする企業は破壊を好む。既存の事業の成功を維持しながら、多様性や違い、外部からの示唆に富む新しい見識を歓迎する。いわば多重人格となって、現在と将来の両方を育てるのである。

第3の案を探す組織の文化は、創造性に欠ける企業とはまったく異なる。コンクリートの基礎の下や舗装道路の割れ目など、とても生命を寄せつけないような場所でアリの巣を繁栄させる力のことを、科学者は「創発力」と呼んでいる。個々のアリのほんのわずかな能力が集まって生まれる創発力によって、生き延びるという大問題を解決する。私は、第3の案を探す企業文化をサンゴ礁にたとえてみたい。カリブ海やオーストラリアの沖合にシュノーケルをして潜れば、魚、シダ、軟体動物、海藻が豊かに棲息する華やかなサンゴ礁を見ることができる。サンゴ礁の表面は風の吹く庭のように海流に揺れ、生きているように見えるが、その下は石灰岩の堆積層である。生物学者によれば、新しいサンゴの種は「周縁部」で発生するという。周縁部は生物多様性が高く、いわゆる「種の豊富な中心部」との交流が盛んだからである。同じことが組織にも言える。違いを大切にし、多様な考えのホットスポットを探し出す組織は繁栄するが、防御的なマインドセットの組織は石灰化し死んでしまう。シナジーが起こる場所は、それぞれに異なる強みと視点を持つ人々が集まる「周縁部」なのである。

第3の案を探すチーム

真のイノベーションは、シナジーを起こせるかどうかにかかっている。そしてシナジーが起きるには多様性が必要だ。二人の人間が物事をまったく同じに見ていたら、シナジーは起きようがない。一＋一は二以下にしかならない。しかし違う見方をする二人なら、シナジーを起こせる。一＋一は三になり、一〇になり、一〇〇〇にさえなる。したがって、革新力のある企業は、それぞれがまったく異なる強みを持つ人々からなる組織を意図的に構築している。これは相互補完的なチームだ。相互補完的なチームでは、個々人の強みが生産的に発揮され、逆に弱みは互いに補えるからたいした問題ではなくなる。このようなチームにしか、第3の案を創造することはできない。

私のチームは相互補完的なチームである。メンバーの強みが私の弱みを補ってくれる。現代のテクノロジーは私の苦手なものの一つだが、テクノロジーに強い同僚がこの弱みを帳消しにしてくれるのだ。

相互補完的なチームの規模や構成には何の制限もない。二人でもいいし、全世界でもいい。ただし、違いを嫌悪するのではなく尊重しなければならないし、シナジーの最大の敵である傲慢さや縄張り意識を捨てなければならない。

第3の案を生み出す合併

企業が合併する理由はいろいろある。スケールメリット、新規市場への進出、事業の多角化、等々。しかし私は、他社と合併する、あるいは他社を買収する最大の理由は、シナジーを生む相互補完的なチームをつくることだと思う。合併後の会社が第3の案となり、「全体を部分の総和よりも大きく」する絶好のチャンスである。

ところが、シナジーを実現している企業合併はほとんど見当たらない。KPMGによる画期的な調査によれば、「企業合併の八三%は株主価値を増やせていない」という。昨今の大型合併の六〇%は、株主価値を下げているのが実情である。バイラルマーケティングの生みの親、ジェフリー・レイポートは「戦略的なシナジーという嘘の約束がウォールストリートに涙の道をつくっている」と言っている。

なぜだろう? ほとんどの企業合併の動機がシナジーではなく、傲慢さから行われているからである。別の調査は、たいていの企業合併に「CEOの傲慢が大いに関係して」おり、それは「マスコミの持ち上げぶりと報酬」を見ても明らかだとしている。言い換えれば、トップの社会的地位と金が動機なのである。サーチ&サーチの歴史に残る膨張はその典型的な例だろう。この伝説の広告会社は、一九八〇年代、「世界トップのプロフェッショナル・サービス企業」になることを目標に掲げて肥大化した。この目標に従い、「能力も情熱も持っていない分野にまで買収の軸足を移した」のである。モーリス・サーチは常々、「成長するだけでは不十分だ。他の会社を負かさねばならない」と語っていた。だがその買収熱が、往年の偉大な企業サーチ＆サーチを崩壊させた。モーリス・サーチは後年、「傲慢のためだって？ ええ、おそらくそれは正しいでしょうね」と胸の内を語った。

合併が行われるとき、リーダーはシナジーが生まれるとコメントする。だがそれはたいてい口だけだ。傲慢に薄いベールをかぶせたにすぎない。だから多くの人は「シナジー」という言葉にアレルギー反応を起こすのである。企業合併がトップを「あきれるほど大金持ち」にする手段なのだと知ったら、シナジーだと騒ぐ興奮ぶりも腹黒いものに思えてくる。合併後の会社のほとんどが業績不振だというのに、「経営陣は一回限りの巨額の報酬を懐に入れている」のだからなおさらである。合併は、シナジーを生んで初めて成功と言える。それまで異なる社風でやってきた社員が職を失う脅威にさらされ、自信をなくしている限りシナジーは起きない。結局のところ、合併した二社から第3の案のビジネスを創造するのはトップではなく、社員自身なのである。前述のＫＰＭＧの調査は、合併するかどうかを決めるときの第一の基準、絶対に譲れない基準に「シナジー」を挙げている。相互補完的なチームができず、「当社の強みが御社のチャンスとなり、御社の強みが当社のチャンスになる」ことが明らかでなければ合併すべきではない。

プロトタイピングとカウンタータイピング

具体的に、第3の案を生み出す方法を考えてみよう。プロトタイプ／カウンタータイプと呼ばれる方法だ。プロトタイプとは、解決策のスケッチ、モデル、模型、草稿などである。カウンタータイプとは、これらの表現形式を使うが、物事を逆さまにして考え、前提を疑い、従来のやり方をひっくり返してみる。アイデアを逆さまにする。どんなに奇妙に思えても、社会通念をひっくり返してみる。どちらの方法も、選択肢を他者に対して試してみるときに使える。いずれも、モデルをつくる、ホワイトボードに絵を描く、図をスケッチする、模型を組み立てる、素案を書く。考えていることを話すのではなく、見せる。あなたの頭の中を全員が目で見られるようにすることがポイントだ。

プロトタイピング

プロトタイプは、アイデアを試すためにつくるモデルである。簡単なスケッチをホワイトボードに描くだけでもいいし、本格的な製品見本の場合もある。電子機器のエンジニアは「実験用回路版」をつくり、ソフトウェアのエンジニアは「ワイヤフレーム」をつくって完成品のシミュレーションをする。ライターなら、文を書いて他の人に文を読んでもらう前に、グラフや図を使って詳しく構想を練るだろう。小売店の経営者なら、店を出す前にさまざまな店舗のコンセプトを比較検討するはずだ。

相互補完的チームでプロトタイピングを行うメリットは、手遅れにならないうちに早い段階で、すべての問題点をはっきりと認識できることである。多くのプロトタイプを素早くつくるラピッド・プロトタイピングの手法を実践し、全員が自分の考えを聞いてもらえた、理解してもらえたと感じてから議論を開始することが重要である。このプロセスではトーキング・スティックのコミュニケーションを行う。あなたが自分のプロトタイプを説明するとき、私はじっと耳を傾け、あなたの視点に立ってあなたのアイデアを眺め、あなたが問題点をどのようにとらえているのか理解する。私がプロトタイプを説明する番になったら、あなたも同じように耳を傾ける。

個々人の考え方がそれぞれに異なる多様なグループでなければならない理由がわかると思う。私のプロトタイプは、私の世界観、私が持つ真実の断片を映し出している。私が賢明な人間なら、他にも多くのプロトタイプを見たいと思うだろう。それらは他の人たちが持つ真実の断片を映し出しているからだ。このプロセスを経て初めて、すべての問題点に対応できる堅固な解決策に到達できるのである。たとえばコンピューターのプログラマーは、プログラムのラピッド・プロトタイプをつくり、多様なメンバーからなるステークホルダー・グループを集めて試してもらい、問題点を挙げさせる。顧客は使いにくいと言うかもしれないし、別のエンジニアが誤作動を発見してくれるかもしれない。あるいはマーケティング担当者はソフトウェアの適用性を疑問視するかもしれない。こうした問題点は早い段階で発見しなければならないのである。

カウンタータイピング

カウンタータイプとは、一般的な考え方をひっくり返すモデルである。カウンタータイプはもっとも創造的な解決策になることが多い。思い込んでいる物事を逆さまにして考えてみると、問題を解決するまったく新しい方法が見えてくるからだ。カウンタータイプの目的は、チームのメンバーがその問題に抱いているイメージを引き出し、疑問視し、理解することである。

ごく簡単なカウンタータイプがビジネスのあり方を一変させることがある。たとえばレンタカー店のカウンタータイプは、客が車を借りにくるのを待つのではなく客のもとに車を持っていく。電力会社のカウンタータイプなら、発電能力の減少に電気料金の値上げで対応するのではなく、家庭で発電した余分な電力を買い取り、発電能力を補う。あるいは、太陽が照りつける海でサーフィンするのが疲れるなら、雪山にボードを持っていってサーフィンしたらどうだろうと考えればスノーボードになる。

エドワード・デ・ボノは興味深いカウンタータイプをいろいろと教えてくれている。たとえば、住宅価格の下落に対処するカウンタータイプも提案している。

> 不動産市場が下落しているときは、買い手はさらに値下がりするのを待つものである。数ヵ月待てばもっと下がるのだから、いま買うことはないというわけである。家を売りたい人は値段を下げてでも売りたいのだから、住宅市場はますます下落する。
>
> だが、こんな新しい契約形態はどうだろうか。家は現在の価格で売るが、一年後（あるいは二年後に）住宅価格指数が一二%下がったら、その一二%分を買い手に払い戻すことを契約に盛り込むのである。これなら住宅の購入を先延ばしにする理由はなくなる。しかも市場の下落はストップするから、払い戻す必要もなくなる。

二一世紀の経済では、カウンタータイプ的なアイデアがブームになりつつある。たとえばナイキは、シューズを売るだけでなく買ってもいる。古いシューズを砕いてリサイクルし、トラック面のゴムや、バスケットボールコートのパッド用生地、テニスコートの表面に弾力性を持たせるフォームなどに加工している。英国のポテトチップスメーカーのウォーカーズは、ジャガイモの洗浄に水を使うのをやめた。ジャガイモそのものに含まれる水分が加工の過程で抽出され、洗浄に使われるのである。いずれも見事なカウンタータイプだ。

カウンタータイピングは「集団思考」を防ぐことができる。集団思考とは、チームの全員が似通った考えをしてしまうことで、シナジーにとっては致命的である。全員が同じような見通しを持っていると、コンセンサスを得られるという理由だけで、効果のないアイデアを検証もせずに採用してしまう危険性がある。カウンタータイプを解毒剤にすれば、そのようなアイデアを排除できる。カウンタータイピングの有名な例を挙げよう。一九五〇年代、業績不振にあえいでいたアメリカン・モーターズ・カンパニー（AMC）の社長に就任したジョージ・ロムニーが状況を見渡して気づいたのは、アメリカ車が年々大型化し、燃やす燃料も増えていることだった。米国の自動車メーカーはどこも、消費者は「ガソリンを大量に食う巨大な恐竜」を運転したいのだと思い込んでいた。ロムニーはこの集団思考を壊し、「コンパクトカー」というアイデアを提示した。こうしてAMCが生産した小型車ランブラーは、一九五八年に過去最高の売上を記録した。このカウンタータイプは、多くの消費者が車を使うのは移動手段としてであって、大きさなど関係ないのだということを自動車業界に実証してみせたのである。自動車メーカーはこぞって小型車を製造し始め、一九七七年には米国で製造される自動車のほとんどがランブラーと同じか、それ以下にまで小さくなった。

チームのメンバー全員がカウンタータイプを自由に提案できるようにすることが重要だ。カウンタータイプの役割は、アイデアの妥当性を試すためにわざと疑問を投げかけることだけではない。カウンタータイプを出す「カウンタータイピスト」は、たとえばナイキの「シューズを売るだけじゃなく買ってみよう」、あるいはAMCの小型車のように「スモールがビッグになるんじゃないか」というように、グループの考え方をひっくり返し、プロトタイプを逆さまにし、正反対のものを提案するのである。

プロトタイピングとカウンタータイピングは、相互補完的なチームが第3の案に迅速に到達できる効率的な手段である。全員が出したプロトタイプのすべてを超越し、問題を奇跡的に解決するエキサイティングな案を創造することが目標だ。それまで考えたこともない奇抜なアイデアに全員が歓喜するだろう。

プロトタイプを組み合わせる

第3の案は往々にして、多くのプロトタイプの要素を組み合わせることで生まれる。実際、プロトタイピングのプロセスを体験すると、自分では考えたこともないアイデアを他の人たちのモデルに見つけることがある。一例を挙げよう。一九九〇年代、多くの消費者向け電子機器メーカーは、デジタルビデオ映像を記録する光ディスクの発売競争を繰り広げていた。そのとき、メーカー各社の念頭にあったのは、VTR方式のVHSとベータマックスを巡る過去の争いだった。業界はどちらの規格を採用するか一〇年間も迷い（典型的な二者択一思考）、消費者の怒りを買ったのである。

あのような綱引きを繰り返してはならないと、業界のリーダーたちは一致結束した。デジタルビデオの標準フォーマットを一本化すべく、テクニカル・ワーキング・グループ（TWIG）という相互補完的なチームを立ち上げたのである。IBMのアラン・ベルが議長を務めたTWIGは、多くのコンセプトを検討した。東芝、ソニー、フィリップス、アップル、IBMなどの企業から参加していた非常に有能なエンジニアたちは、自分のプロトタイプを提案し、互いに学ぶ機会を得た。TWIGが支持したのは、一〇メガバイトという大容量の東芝のアイデア「スーパー・デンシティ（SD）」ディスクだった。しかし同時に、ソニーとフィリップスの「EFモデュレーション」にも関心を持っていた。このコンセプトなら、埃や引っ掻き傷、指紋などが原因で起こるスキップやスティッキング（訳注：ディスクの表面が固着すること）を大幅に減らせるからである。

そして一九九六年、この企業連合体が発売した完成品が「デジタル多用途ディスク」、いわゆるDVDである。DVDは多くのプロトタイプの特長を組み合わせたもので、各社が単独で開発していたなら、このような解決策は生まれなかっただろう。DVDは瞬く間に普及した。二〇〇七年のピーク時には一七億枚のDVDが出荷され、二四〇億ドルの売上高を記録した。

堅固な解決策は、できる限り大勢の人間ができる限り早いうちに結集し、問題解決に取り組むことで生まれる。プロトタイピングのプロセスがそれを可能にする。

ビジネスモデルのカウンタータイプをつくる

すべての会社は、第3の案を創り出す会社であってほしいと思う。実際、そうなるべきである。多くの調査を見ると、成功している会社は必ず独特なものを持っていることがわかる。どこにでもあるような十把一絡げの会社ではない。成功している企業は、顧客や社員との強力なシナジーを見出しているから成功しているのだ。顧客／社員満足度調査のデータを見れば、こうした偉大な企業はカウンタータイプの考え方によって、顧客や社員から驚異的なレベルの信頼と忠誠を勝ち得ていることがわかる。

第3の案の企業は、意識的にせよ無意識にせよ「カウンタータイピング」のプロセスを経験して平凡を脱却する。多くの場合、これらの企業のビジネスモデルは常識的なモデルとは逆行している。たいていは、興味深いかたちで社会通念をひっくり返している。

たとえばディズニーは、ワールドクラスのテーマパークにふさわしい人材を見つけ、教育し能力を開発することに大きな予算をかけている。人にこれほど力を注いでいる企業が他にあるだろうか? ワンストップショップのコストコは、品揃えは他のスーパーマーケットに及ぶべくもないが、客はまるで宝探しに行く子どものような気持ちでやってくる。あるいはシンガポール航空はどうだろう。エコノミークラスの乗客も、フットレストやテレフォン、スマートフォン、飲み放題のシャンペンなど、他の航空会社にはないパーソナルサービスを受けられる。食事も乗客が食べたいときに熱々を運んできてくれ、まるで一流レストラン並みのサービスである。ほとんどの航空会社が顧客サービスを徹底的に削り、それでも結局は収益を減らしているというのに、シンガポール航空はこれらのサービスを全部やり、利益を出しているのである。

これらの例を見てもわかるように、第3の案の企業のビジネスモデルはカウンタータイプである。他社がやろうとは思わないことをやっている。これらの企業に共通しているのは、慣例にとらわれずに顧客へのサービスを最優先にする姿勢であり、顧客を「予約」とか「人数」とは見ずに一人ひとりの人間として接している。シンガポール航空のCEOは、「結局のところ、航空業界も労働集約型の産業なのです。チケットの販売員と話すときから、飛行機に乗り荷物を受け取るまで、すべてのプロセスに人が関わっています」と語っている。

これらの企業は毎日、第3の案を探す質問の変化形「誰も考えたことのないサービスをお客様に提供するためにはどうしたらいいだろう?」を自問しているのだ。

カナダでコンサルタントをしている私の友人が、トロント近郊でシナジーに関するセミナーを開いた。製造業者、小売店経営者、弁護士、政府職員、会計士、看護師など約四〇人が参加した。年齢も人種もさまざまで、女性のほうが若干多かったらしい。友人はセミナーの途中で、シナジーの「実験台」になってくれる人はいませんかと尋ねた。

最前列にいた参加者が手を挙げた。身なりがよく、穏やかな話しぶりの男性だ。彼の名前を仮にリナルドとしよう。友人はリナルドに職業を尋ねた。

「大きな工具店を経営しています」と彼は話し始めた。わずかだがラテン系の訛りがある。「店を大きくするために長年努力してきました。お得意様もたくさんいましてね。頑張りましたよ。もっと大きくしたいのですが、もうだめだと思います。私の町に大型のホームセンターが二つできるのです。一つじゃありません、二つですよ！　私の店はその真ん中にあります。どちらのホームセンターも資金力があって巨大です。うちなんか価格ではとても太刀打ちできませんよ。お客様はきっと離れていくでしょうね」

私の友人は感情を抑えて参加者たちのほうを向いた。皆押し黙っている。全員がこの男性に同情しているようだった。

私の友人は言った。「私たちでリナルドさんを救おうじゃないですか。カウンタータイピングをしてみましょう。リナルドさんが顧客をとどめておくためにはどうしたらいいでしょう？」グループは作業にとりかかった。マーカーペンと方眼紙を取り出し、カウンタータイプを熱心に描いた。世の中の流れを変え、リナルドの店を繁盛させる新しいビジネスモデルは何か。室内は混沌とした。参加者の気持ちが高揚し、楽しさに満ちた混沌だった。

私の友人が時間を告げると、参加者たちがアイデアを発表したくてうずうずしている様子が手にとるようにわかったという。アイデアは次から次へととめどなく出てきた。その一部を紹介しよう。

・「お客さんが来るのを待っていてはだめ。あなたが顧客のもとに行けばいい。トラックに商品を積み、使う現場に持っていく！」
・「あなたの店にはベテランの店員がいる。店で講習会を開き、本物のエキスパートが大工仕事のアドバイスをする」
・「ジャスト・イン・タイムのサービスを始める。顧客から道具が要るという電話やメールがあったら、すぐに届ける！」

・「釘一本だけほしい客には一本だけでも売る。そうすれば、客は一箱買う必要はなくなる」

女性の参加者からの提案は特に有益なものが多かった。ホームセンターや工具店は女性にとっては利用しにくく、女性のニーズや関心に対応してくれる店があったらどんなにいいかと口々に話していた。彼女たちはリナルドに、女性店員を雇い、女性の顧客層を開拓し、女性が家庭でもっとも必要としている道具や材料を見つけることを提案した。「これこそカウンタータイプ！　女性のための日曜大工店というのはどう？」と女性参加者の一人が叫んだ。

私の友人は、あれほど盛り上がったカウンタータイピング・セッションは初めてだったと話していた。室内に集まっていたさまざまな職業の人たちが、それぞれの視点から多くのアイデアを出し、リナルドはうれしさに顔を紅潮させ、腰を下ろすと「希望が出てきました」と言った。それから数ヵ月後、彼はビジネスモデルを一新し、大型ホームセンターに対抗するカウンタータイプのモデルをつくり上げた。ホームセンターが一般的な商品を販売し、商品知識のない店員がうつろな表情でうろうろしているのに対して、リナルドの店は、特に女性客をターゲットにして、高い専門知識ときめ細かな顧客サービスを提供した。大型店が何をしようと、リナルドは十分に太刀打ちできた。

結局、町の一方の端には大型店A、反対側の端に大型店Bが出店し、二つのホームセンターは典型的な二者択一決戦でマーケットシェアを奪い合ったが、どちらも似たり寄ったりの店だった。それに対して第3の案であるリナルドの店は、A店とB店の中ほどに位置しているが、どちらの店ともまったく異なる特色を持ち、顧客サービスと店員のスキルを見事に組み合わせて、顧客を増やしていった。

ここに挙げた第3の案の組織に特徴的なのは、社員、顧客、取引先の人々と共感し、深く尊重している点である。常にカウンタータイプを模索し、次のように自問している。

「市場で目立つだけでなく、お客様、社員、取引先に提供する価値を劇的に高めるために、従来の考え方を覆し、物事のあり方を根底から変えられることは何か？」

食べたものに支払う金額を客が決めるレストランというのはどうだろう？　パネラ・ブレッドが成功例であることに疑いの余地はない。米国四〇州にカフェスタイルのベーカリーチェーンを展開するパネラ・ブレッドは、「すべての人にパンを」を使命としている。顧客ロイヤルティは、カジュアルレストランのカテゴリーで米国内トップである。パネラはいま、その恩返しをしようとしている。

パネラ・ケアズは新しいタイプのカフェです。責任を分かち合うコミュニティカフェです。同社が新たに開いたこれらのレストランでは、客が支払いたいと思う金額を支払う。まさにカウンタータイプのレストランであり、その目的は、パネラのロン・シャイチ会長によれば、「食事を必要としている人誰もが食べられることです。メニューに価格は書いてありません。レジもありません。寄付をお願いし、募金箱を置いているだけです。

少し多めに寄付する人、大金を寄付する人、少額を寄付する人、さまざまである。ここで食事をする代わりにボランティアで働く人もいる。シャイチによれば、お願いしているレベルよりも多く募金する客が三分の一ほどいるので、カフェの原価をまかなえているという。

パネラがこれらのカフェに投資した金額は、何倍にもなって返ってくるに違いない。パネラは人々の善意を勝ち得ている。人々がときに人生の荒波から逃れるために必要な避難場所を提供し、地域社会を変えようとしている。人が自らを助け、そして互いに助け合うチャンスを提供している。パネラは、ビジネスで利益を生む方法は一つだけではないことを教えてくれる。

第7章

日常にある偉大さを果たす

Everyday Greatness

日常にある偉大さEveryday Greatness

世の中には時折、偉業を成し遂げる英雄や稀有な才能を持つ天才が出現する。科学者による大発見や、技術者による革命的装置の発明もある。一〇年かそこらに一度、政治家同士による思い切った和平提案が調印されることもある。また毎年、もっとも優れた実績を残した俳優、ミュージシャン、スポーツ選手、セールス・パーソンなどを選ぶ派手なイベントが開催されたり、町内の祭りでトウガラシの大食いやヨーデルののど自慢で競ったりもする。

こうした並外れた出来事や偉業はメディアによって熱く報じられ、その「偉大さ」がはやし立てられる。そして、それらは大概、注目と拍手喝采に値する、ある種の偉大さであることは間違いない。なぜなら、それらは世の中に重要な進歩をもたらすからだ（もっとも、人生になくてはならない趣やユーモアを添えるだけのものもなかにはあるが）。

だが大抵の人は、もっと控えめで見出しにはなり得ない、もう一つ別の種類の偉大さが存在することを知っている。そして私は、それこそがより大きな名誉、より多くの尊敬に値する偉大さであると考える。私はこれを「Everyday Greatness（日常にある偉大さ）」と呼んでいる。

Everyday Greatnessは、私がよく用いる「第一の偉大さ」と同義である。これは特徴や貢献において、評判、富、名声、地位などを含む「第二の偉大さ」とは区別される。Everyday Greatnessは一つの生き方であって、単発的な事象ではない。人の財産よりも人となりを示すものであり、名刺に書かれた肩書きよりも顔から発散される高潔さとして表される。人の才能よりも動機、仰々しい偉業よりもささやかで単純な行為を意味する。要するに、つつましいものなのだ。

Everyday Greatnessとは何かと尋ねると、自分の知っている人間について答える人が多い。たとえば、来る年も来る年も世間の風雪に耐え抜きながら家族を養い、隣人を助ける農夫。自分は完壁でないことを知りつつ、毎日必死に頑張って手のかかる子どもに無条件の愛情を示す母親。さらには、正直でよく働き、他人を敬う気持ちを忘れず、いつも頼りになる祖父母、教師、職場の同僚、隣人、友人など。特に、自分が真似できる程度の人を持ち出す。第二のガンジーやエイブラハム・リンカーン、マザー・テレサにはなれなくともEveryday Greatnessは発揮できることに気づいているからだ。

そう、Everyday Greatnessとは何かと問われて彼らが持ち出す人というのは、世間の否定的な雑音は気にせず建設的な貢献をしようと己を磨き、自分の務めを果たす術を何とかして見つけようとしている人たちなのだ。要は、それこそが彼らの普段の人となりなのである。

第一の選択——行動を選ぶ

では、Everyday Greatnessを生み出すのは何だろう。何がその根底にあるのか。その答えは、日々の三つの選択、意識するか否かにかかわらず、私たち一人ひとりが毎日の生活の中で行う選択にあると私は確信している。

私たちが毎日行う選択の一つ目は、積極的な生き方をするか、それとも流された生き方をするかだ。

言うまでもないが、私たちは自分に起きることすべてをコントロールできるわけではない。人生は大海の波のように、さまざまな出来事が次から次へと押し寄せて来る。その中には私たちがほとんど、あるいはまったく影響を受けない偶発的なものもあれば、こてんぱんに叩きのめされてしまうものもある。それでも私たちは日々選択を行う。その日の潮の干満や流れに身を任せて漂う流木となるか、それとも自分の行動や行く先の決定に主体的な責任を果たすか。

この選択は簡単そうに見えるかもしれない。積極的な生き方より受身的な生き方を好む人などいないからだ。だが結局のところ、最終的な答えは私たちの行動によってのみ示されるのだ。自分の人生は自分で決めたいと言いながら、いつ何をするか決定することなく、テレビの前で夜の時間を過ごしてしまう人が何と多いことか。また、仕事に関して高遠な夢や目標を持っていると言いつつ、スキル開発の責任を雇い主に委ねてしまっている人もいる。さらには、堅実な価値観を大事にしたいと言いながら、ちょっとでも反対されようものなら誠実さなど吹っ飛んでしまう人もいる。つまり、積極的な生き方をしたいと口では言っても、結局は無為な人生を送っているようにしか見えない人が実に多いのだ。

それに対し、第一の偉大さを発揮する人たちはいずれも、行動を選択する人たちの話だ。自分に起きることは必ずしも選べないが、それにどう対処するかは自分で決められることに気づいている人たちなのだ。その中には著名人も一部いるが、大半は一般の人たちである。英雄的な選択をする人もいるが、大部分はそうではない。公の場での選択もあるが、大部分は個人的なものだ。普通の人が個人的な形で普通の選択をしているのだ。彼らの人生と、彼らが行った選択について是非考えてみていただきたい。私が気づいたのと同じテーマにあなたも気づくだろうか。有意義な生き方をしようとする人、精一杯の結果を残そうとする人とは、行動を選択する人だということに。

私たちは自分の人生、自分の未来を自ら創造すべきであり、それは可能なのだ。

第二の選択――目的を選ぶ

ただし、せっかく行動を選択したのに失敗に終わるということはよくある。自分自身や他人にとって価値がなく、ときには害さえもたらすような場合だ。ただ行動すると決めさえすればよいというわけではないのである。

そこで、私たちが毎日行う二つ目の選択は、どのような結果、あるいは目的のために行動するかということだ。

人は誰もが、自分は価値のある人間であり、自分の人生は意義があると思う。ただ忙しいだけの人生なんて真っ平だ。有意義な目的を追求することに忙しくありたい、と。

だが、今日の何ともせわしない世の中では、自分が目指している目的について考えもしないで毎日を過ごしがちだ。ましてや、自分がもっとも力を入れたい目的について腰を据えて考えることなどまずない。その結果、あちこち忙しそうに飛び回っていても、結局は何の成果も得られない人が実に多いのだ。

しかし、第一の偉大さを発揮する人たちは違う。さまざまな人たちがときには大きなリスクや個人的犠牲も省みず、有意義で高潔な目的を積極的に選択しているのだ。

第三の選択――原則を選ぶ

ただし言うまでもないが、こうしたことは魔法や幸運によって起きるものではない。積極的思考の効果を私は否定しないが、あなたであれ私であれ、成功や不安の解消を願ってさえいれば実現するとは思わない。時代を超越した普遍的原則に沿う生き方をして初めて、絶えず向上できる意味のある人生、つまりはEveryday Greatnessの生き方を手にすることができるのだ。

私たちが日々行う三つ目の選択は、実証済みの原則に従った生き方をするか、それともそれを怠って後で苦労するかである。

私の言おうとしていることを理解してもらうため、『リーダーズ・ダイジェスト』の一九八三年一二月号に掲載されたお気に入りの逸話を紹介しよう。笑い話として書かれたものであるが、原則の持つ力と、それが私たちの人生や選択にどう影響するかを如実に示していると思う。

訓練艦隊所属の戦艦二隻が、悪天候の中、数日前から演習航海を続けていた。私は先頭の戦艦に乗っており、陽が沈んでから当番でブリッジに入った。あたりに霧が発生して視界が悪かったので、艦長もブリッジに残り状況を見守っていた。

暗くなってから間もなく、ブリッジのウイングに立っていた見張りが報告に来た。

「右舷船首の進路に光が見えます」

「停止しているのか、後方に動いているのか」と艦長は聞いた。

「停止しています」と見張りは答えました。つまり、その船はこちらの進路上にあり、衝突の危険があるわけです。

艦長は信号手に「衝突の危険あり、進路を二〇度変更せよと、当該の船に信号を出せ」と命じた。

返ってきた信号はこうです。「そちらが二〇度進路変更せよ」

艦長は再度、信号手に指示した。「私は艦長だ。そちらが二〇度進路を変更せよと信号を送れ」

すると「こちらは二等水兵です。そちらが進路変更しなければなりません」という返事が返ってきた。

艦長はついに怒り、吐き出すように言った。「信号を送れ。こっちは戦艦だ。二〇度進路を変えろ」

返ってきた光の点滅は、「こちらは灯台である」だった。

我々は進路を変えた。(寄稿者：ダン・ベル)

軽いジョークではあるが、言わんとするところは明確だ。船の大きさも責任者の階級も関係なかった。灯台は進路を変えようがなかった。常に同じ場所に立っているのだ。進路変更の選択は艦長が行うしかなかったわけである。

灯台は言うなれば原則である。原則は動かすことができない。永久的かつ普遍的であり、変わることはないのだ。年齢、人種、信条、性別、地位など関係なく、皆が等しくその支配を受ける。原則は灯台同様、嵐のときも穏やかなときも、明るかろうが暗かろうが、進路を決めるための不変の標識となるのだ。

アインシュタインやニュートンといった世界的偉人たちのお陰で、科学の領域ではそうした多くの原則、すなわち自然の法則が発見されてきた。たとえばパイロットは、重力、揚力、推進力、抵抗力という飛行の四つの原則に支配される。農業を営む者もやはり、収穫の法則という原則をマスターしなければならない。体操選手やエンジニアは、反発力の法則などの物理法則の中で行動する。だが、こうした人々のいずれもその原則を発明したわけではなく、それを変更することもできない。船を操る船長のように原則に従って進路を決めるか、原則を無視して後でツケを払うかを選択するしかないのだ。なぜなら、価値観が行動を促し、原則が結果を支配するからである。

科学の場合と同様、人間社会においても似たような灯台の原則が存在すると私は考えている。ビジョン、革新性、謙虚さ、資質、共感、寛大さ、忍耐、バランスなどだ。これらの原則はいずれも、個人の能力を高め、満足のゆく生き方へと私たちを導くことができる。信じられないと言う方は、ビジョンの欠如、怠惰、虚栄心、だらしなさ、偏狭、復讐、決断力のなさ、アンバランスなど、逆の生き方について考えてみるとよい。成功の要因はまず見当たらないだろう。

あなたの場合はどうするか

要するに、あなたが成すべき選択は三つあり、それらがEveryday Greatnessの基礎となるのだ。行動を選ぶということはある意味で、私たちが生きていく過程で発揮する活力、すなわち意志力に他ならない。目的を選ぶということは、私たちの目的地、人生で何を目指すか、どんなことを達成したいかである。そうすると原則を選ぶのは、そこに至るための手段、ゴールに至るまでの道筋を決めることになる。

あなたが主役なのだ。あなたは日々どのような貢献をしているか。他人にどう接しているか。時間をどのように使っているか。ただ努力しているだけか、それとも最善を尽くしているか。

そういう意味で、あなたに次のような質問をしたい。

あなたは流木のようにあてもなく漂うような生き方をしているか、それとも自ら波を立て、自分で選択を行って望む方向に進んでいるだろうか。

あなたの日々の選択はどんな結果、どんな目的へと通じているか。どんな結果、どんな目的へと至るようにしたいだろうか。

あなたの生き方は永久的かつ普遍的な原則に沿っているだろうか。

どれも簡単には答えられないだろう。明確な答えを思いつかない場合や、浮かんだ答えが気に入らないときもあるだろう。しかし、自分の生き方は有意義であり、周囲で何が起きていようと、日々向上し、意味のある人生を送ることは可能だということにぜひ気づいてほしい。

クレッシェンドの人生を生きる

プエルトリコのセイバという町には、地元で「エル・ペセブレ（飼い葉おけ）」と呼ばれる家がある。偉大なチェリストのパブロ・カザルスが、一九七三年に亡くなるまで晩年の二〇年間を過ごした家である。およそ一〇〇年前、カザルスは母国スペインで初めてチェロを聴いた。チェロが最初に彼を征服し、それから彼がチェロを征服したのだった。少年時代のカザルスは、母親からもらった擦り切れた楽譜でバッハの無伴奏チェロ組曲を練習する以外、ほとんど何もしなかった。著名な作曲家が彼の演奏を聴き、スペイン王家のための演奏会にカザルスを招いた。このときから、彼の輝かしい音楽家人生が始まる。二三歳のときにビクトリア女王の前で演奏し、八五歳のとき、ホワイトハウスでケネディ大統領のために演奏した。

カザルスにとってこの間の六〇年は、音楽の世界を上り詰める長いクレッシェンドの人生だった。世界的なオーケストラと数限りなく共演し、ありとあらゆる栄誉を受賞し、世界最高の、そしておそらく歴史上もっとも偉大なチェリストと称えられた。母国スペインでは深く敬愛され、国王の前で演奏したとき、聴衆はロイヤルボックスを指さして叫んだ。「あそこにいるのは我々の国王だ。だがパブロは我々の皇帝だ！」

この傑出した人物の晩年、セイバの隣人たちは、エル・ペセブレの窓から漏れてくるバッハの無伴奏チェロ組曲を聴いていた。ある日のこと、隣人の一人が九三歳のカザルスに、いまも毎日三時間練習するのはなぜかと尋ねた。カザルスは答えた。「もっと良くできる部分に気づくからです……そこを直せば、もっとうまく演奏できる」

パブロ・カザルスは、九七歳で亡くなる日まで演奏をやめることはなかった。自らの能力を開発し、力を高め、息を引き取るその瞬間まで最善を尽くした。人生ももう晩年なのに、なぜもっとゆっくりしないのかと不思議がると、彼はこう言うのだった。「引退するのは死ぬことです」

音楽が徐々に弱まっていくのをディミヌエンドといい、逆に生命力を増していき、大きくなっていくのをクレッシェンドという。彼はそのことを言いたかったのだろう。人生をディミヌエンドにはしないと彼は決意していた。カザルスは、クレッシェンドの人生を送ったのである。

「クレッシェンドの人生を生きよう！ あなたのもっとも重要な仕事は常にまだ先にある」

これは私の個人的なモットーである。私がこれまで人々に伝えてきた多くの考え方の中で、これほど心に火をつけ、鼓舞する言葉は他にない。

私はこの考え方を大勢の専門職者の前で話したことがある。講演のあと、一人の判事が目を輝かせて私のところにやってきた。まもなく世間一般の引退年齢になるので、引退するつもりだったという。「しかしクレッシェンドの人生の話を聴いて、自分がまだ仕事に強い情熱を持っていることに気づきました。住んでいる町で問題の解決に貢献したいと思います。引退は無期延期にします」

自分にとってもっとも重要な仕事はもう成し遂げたと思ってはいけない。それは常にまだ先にあると信じる。そのような考えを持って生きなければならない。何を成し遂げていても、あるいはまだ成し遂げていなくとも、あなたにはなすべき重要な貢献があるはずだ。以前とは違う仕事かもしれないし、同じ仕事でもやり方を変えることに大きな意味があるかもしれない。いずれにしても、それが重要な仕事である。他者の人生にプラスの影響を与えられるなら、なおさら重要である。肩越しにリアウィンドウを見るように、昔の成功を思っていい気分になりたい誘惑に打ち勝ち、希望を持って前を見なければならない。

何歳であるか、人生でどういう役割にあるのかは関係ない。第3の案を探す私たちにとって、貢献に終わりはない。より高い、より良い何かを人生から常に得ようとするのは、第3の案を探す考え方の基本である。過去に成した貢献に満足することもあるだろう。だが次の偉大な貢献は、いつも近い将来にある。本書で紹介した人々の話からもわかるように、課題は至るところにあり、シナジーを起こす人の創造的な影響力はいつも必要とされている。築くべき人間関係があり、奉仕すべきコミュニティがある。家族の絆を強くする必要があるかもしれないし、解決しなければならない問題が発生するかもしれない。得るべき知識もあるだろう。あるいは傑作ができるのはこれからかもしれない。

私の場合、世間一般の引退年齢は過ぎたが、それでもまだ本を書き、教え、コンサルティングをし、出張もしている。子どもと孫たちの幸福と個人的成長も私にとって重要なことだ。私の前にはこれほど多くの刺激的な課題がある。だから私は、これまでにもまして第3の案を探す考え方を実践している。喜劇役者のジョージ・バーンズは、九九歳のときこう言ったという。

「いま引退するわけにはいきませんよ。仕事の予定が入っていますから！」

娘が私に、『7つの習慣』のような反響の大きい本をまた書けるかしらと言った。たしか、こんなふうに答えて娘を驚かせたはずだ。「ばかを言っちゃいけない。私の最高傑作はまだできていないよ。頭の中にはいまも一〇冊ほどのアイデアがある」自分を過大評価しているわけではない。自分の最高の著作はまだ先にあると本気で思っているのだ。そう信じていけない理由はどこにもない。もう最高傑作はできた、伝えるべき大切なことはもう何もないと思ったら、毎朝、何を生きがいに起きればいいのだろう？ アーネスト・T・トリッグはこう言っている。「やるべきことは全部やったと思っている人間は、死に始めている」私もまったく同感だ。それは何歳であっても同じである。

あまりに多くの人が、「二者択一」の人生を送っている。仕事か遊びか。多くの人は、遊ぶために働いている。さしたる目的や目標もなく、一日の長い時間を仕事に費やしている。できるだけ早く、できるだけ少ない労力で仕事を終え、その後ゆっくりしようぐらいのことしか思っていない。そういう声はいつでも聞こえてくる。

「また月曜日か」

「今週が終わってくれたらうれしい」

「この日を乗り切りさえすれば……」

「もうすぐ週末だ」

「ああ、ようやく金曜日だ」

一日一日が、一週一週が、一年一年が、そして人生が、こうして過ぎていってほしいと思っている。毎日が「頭のスイッチを入れる」と「頭のスイッチを切る」の二者択一である。私たちは産業時代のレンズで自分を見ている。不要になるまで何らかの機能を果たす機械とみなしている。毎晩スイッチを切り、朝になったらスイッチを入れる。そしてついに、スイッチが永遠にオフとなる日がやってくる。さて、どうするか？

ある年齢になったら仕事を引退し、老後の人生を楽しむ。これがまさに多くの人々が望んでいることだ。なぜなら、この二者択一の視点から人生全体を見るように洗脳されているからである。

だがこれは、産業時代のマインドセットの社会から押しつけられた間違った二項対立である。働き続けるか引退するか、この二つの選択肢しかないと信じ込まされている。いつか「機械」でなくなる日がきたら、幸せになれると思い込んでいる。その日から有意義な人生が始まると思っている。だが多くの人にとって、詩人のウィリアム・バトラー・イェイツが書いているように、「人生はけっして起こらないことのための絶え間ない準備」なのだ。彼らの人生はディミヌエンドで徐々に小さくなっていく。無益に長く続くディミヌエンドになりかねない。

それよりも圧倒的に良い第3の案があると私は思っている。貢献をすることである。これには二つの選択肢の一つ目を含められる。「黄金時代」の六五年を過ぎてからも、ライフワークを持ち続けられる。立派な貢献をし続けられる。あるいは仕事を引退し、自分の身の周りにある重要なニーズに応えれば、第二のキャリアとして家族や社会に有意義な貢献をすることができる。

貢献のパラダイムを持っていれば、仕事をしていた年月も引退してからの年月も有意義なものになる。

仕事と引退に対する考え方を根本的に変えるべきである。先進国の人口統計によれば、五五歳以上の男性で生計を立てる仕事をしていないのは三〇〜四〇％である。わずか一世代か二世代前の先祖はその年代で力尽きて死んでいたのに、私たちのほとんどは老後の「第二の人生」を楽しんで生きることができる。六五歳以上の人口が倍増し二五％を超えるのであるから、これからは、第二の人生をどう過ごすかが多くの人々の頭を占めることになる。欧米人の平均寿命は約七九歳、日本人は約八二歳である。前世紀、アメリカ人の寿命は毎日七時間ずつ伸びた。一世紀で実に二五年以上長生きできるようになったのである。その反面、悪いニュースもある。この時間をどう使えばよいかわからず、人生に変化を起こす貴重なチャンスを見過ごしてしまうかもしれない人たちがいる。

永遠のバケーションVS永遠のミッション

多くの人が永遠のバケーションを夢見ていることは認めよう。それだけを思ってキャリアの年月を送っている人もいる。産業時代の仕事で打ちのめされ、疲れきっているのだから、南の海をゆくクルーズやどこまでも続く緑のフェアウェイを夢見るのも無理はない。リラックスが必要なときはリラックスすべきだ。ゴルフ場で楽しい一日を過ごすのもいいし、見知らぬ国を旅するのもいい。だが、どこかに逃避すれば幸せになれると考えているなら、大きな間違いである。それはものの道理に反している。どこで暮らしていようと、私たちはややもすると時間の無駄遣いに慣れてしまう。ぼうっとテレビを見る、ソーシャルメディアやゲーム漬けになる、クラブのはしごをする、三文小説を読みふける、薬の服用にとりつかれる、何時間も寝続ける……。こうした行動をとっていたら、人生は縮こまってしまう。仕事を引退した人はなおさら、こんな生活で人生をゴミ屑にしてしまいかねない。

私は祖父のリチャーズから、「人生は使命であって仕事ではない」と教えられた。祖父はこの言葉のあとに「そして休暇でもない」と続けてもよかっただろう。永遠のバケーションを生きている人と永遠のミッションを生きている人の人生はまるで対照的である。

私たちには、他の人たちがクレッシェンドの人生を送れるよう手助けする責任もあると思う。年齢《とし》と共に体が衰えようとも、誰もがかけがえのない存在であり、有意義な貢献ができる。私の友人は、仕事で毎日大きなプレッシャーにさらされ、過密なスケジュールをこなしている。最近、彼の年老いた母親が一人では生活できない状態になり、家族会議を開き、母親にとって最善の生活を相談した。介護者を雇い自宅での生活を続けるのか、介護施設に入居するのか、息子夫婦と同居するのか。私の友人はずいぶんと悩んでいたが、いまの生活では母親を引き取って一緒に暮らす時間的余裕があるとは思えなかった。幸い、彼の奥さんが素晴しい女性で、義理の母との同居をためらわずに歓迎した。小柄で、ほとんど目が見えず、耳もすっかり遠くなっていた母親は、引っ越しですっかり動揺してまった。まるで家の中に手のかかる幼児がいるようなものだった。入浴、食事、朝になったら起こし、夜は寝かしつける……ほとんどのことに介護が必要だった。私の友人は、罪悪感を持ちながらも、このような状況にイライラしていた。このままやっていけるのか、不安に駆られていた。

ある晩のことである。彼は、食卓で隣に座っていた母親と向かい側に座っていた妻を見るともなしに見ていた。母親は子どもの頃の話を彼の妻にしていた。農家で育った母親は、家族で一緒に豆を集め、瓶に詰めて冬に備えていたことをぽつぽつと話していた。友人はそのとき、テレビが消えていて、家の中が静かだったことに気づいた。母親の顔に夕陽があたり、若返ったように見えた。長いあいだ感じていなかった母との絆に、彼は不思議な満足感を覚えた。自分でも驚いたことに、わざわざ母親の顔をじっと見つめ、話に耳を傾け、母親の静かな影響力を受けていた。彼女は何事にも深く感謝していた。別世界の人かと思えるほど礼儀正しく、優しかった。彼の妻は微笑みながら義母の話を聴いていた。夜通しでもそうしていたいというように。

私の友人の生活地図が少しずつ変化した。彼と妻は、母親を散歩に連れていくようになった。短い距離をゆっくりと歩くのだ。三人で音楽を一緒に聴く。母親が語る人生を録音した。昔ながらのパン焼きの秘訣を母親から教わりながら、夫婦でパンを焼いてみたりした。夜になると昔の白黒映画を観た。ほとんどは母親がかろうじて覚えている一九三〇年代の喜劇だ。母親が聞き取れなかったおかしなセリフは、彼が耳元で繰り返した。

私の友人は、それまでの人生がいかに未熟だったか思い知らされたという。母親は九〇歳を過ぎていて、耳は遠く、目はほとんど見えず、一般的な意味で働くことはできなくなっていた。しかし息子に対する彼女の晩年の貢献は、予想もしていなかったかたちで彼の人生を豊かにした。毎日を駆け抜けていくことに慣れていた彼は、ゆっくりと歩き、心休まる夕食の時間を楽しみ、母親の隣に座り、手を握って昔の話に耳を傾ける生活を学んだ。彼の母親は、静かなクレッシェンドの晩年を生きたのだ。

私の友人は、母親が最後の日々に息子夫婦に有意義な貢献ができるようにしてあげたのだと思う。「母と一緒に暮らして、私たち夫婦はとてもよかった」と彼は言う。「母から多くのものをもらった」

母親を施設に入れることもできただろう。母親はそこでの人付き合いを楽しめただろうし、手厚い介護も受けられただろう。だがそうしていたら、愛と奉仕という心を穏やかにする褒美によって、彼の人生が変わることはなかっただろう。

二次的成功――金や社会的地位――を性急に追い求めると、一次的成功――私たちが奉仕する人々の愛、信頼、感謝――がもたらすはるかに深い満足をまったく得られない大きなリスクを冒すことになる。

私たちがこの地球上にいるのは他者に奉仕するためだと、私は思っている。神が私たちに期待しているのは、神に代わって他の同じ人間を手助けすることではないだろうか。私たちは、助けを求める誰かの祈りに応えられるかもしれないのだ。神から授かった良心によって、神の子らを物質的にも精神的にも祝福することができるのだ。私は、幸福を長く続かせる鍵は奉仕であると思う。奉仕こそ人生の真の成功を測る基準なのである。

まるで機械のように、このような成功をほとんど感じることなく、死によってスイッチが切られるまで、張り合いもなくつまらない日々を過ごす人もいる。機械のような単調な日々を避け、ずっと遊んで暮らす人もいる。しかし、第3の案の人生を選ぶ人もいる。彼らは、他者の幸福のためにより高い、より良い貢献をしようと生きている限り努力する。これこそが、人生において「なすべきこと」なのである。

あなたなら、貢献をしてクレッシェンドの人生を生きるという第3の案を選ぶだろうか？　それとも、年齢と共に人生をしぼませていくのだろうか？　あなたが残す遺産は何だろう？　過去を振り返らず、まだやっていない貢献を探すだろうか？　この先にある刺激的な冒険は何だろう？　堅固な何かを築けるだろうか？　周りの人々のために使える時間があり、何かの知識と経験を持っていたら、どのような貢献ができるだろうか？　あなたにとって、築くべき関係、あるいは修復すべき関係は何だろう？　あなたの周りにいる人々は、この世界の難題にあなたが答えを出すことを期待している。知性と情緒のシナジーによって答えを出したとき、あなた自身も有意義で目的のある人生に恵まれる。

テニスンは、「ユリシーズ」という素晴しい詩の中で、長い冒険を終えてから過去の栄光に満足し、晩餐とつまらない遊びに明け暮れ、無意味に年齢を重ねていくトロイの英雄に「無為の王」の姿を見ている。ユリシーズは、過去の偉業、嵐や巨人との闘い、数々の挑戦を振り返る。そして彼は、このような自分のままで死ぬわけにはいかないと悟る。もはや若くはないが、より高い、より良いものを目指す気持ちはまだある。ユリシーズは立ち上がり、船の準備を命じる。かつての仲間たちも彼と同じ気持ちを持つ。船出のときに彼らは、最大の冒険はこの先にあることを知るのだ。

わしは旅を休むことができない。
わしは人生の滓までも飲み干したい。
いつもわしは大いに楽しみ、苦しんできた。
わしを慕った者たちとともに
そして、たった一人であろうとも
……（中略）……

休息して生涯を終わり、磨かずに錆びたままで
使わずに光を失うことは、何という愚かなことか！
さながら息をすることだけが人生なり、とでもいうように。
人生に人生を積み重ねても、たかが知れよう。
……（中略）……

その昔、地をも天をも動かした剛の者では今はないとしても
今日のわれらは斯くの如し、である。

英雄的な心が持つ共通の気質は、
寄る年波と宿縁で弱くなったとはいえ、その意志力は強く、
努力し、求め、探し、そして屈服することはないのだ。
（テニスン著『テニスン詩集』岩波文庫）

第8章
スティーブン・R・コヴィー博士著書系譜

❖ 完訳 7つの習慣 人格主義の回復

1996年12月25日発売
本体 2, 200円+税

本書は、スティーブン・R・コヴィー博士の名を不動のものにした記念碑的な名著であり、その発行部数は全世界三〇〇〇万部、国内一八〇万部（二〇一三年末時点）に上るビジネス書や人生哲学の定番として親しまれている。日本語訳が発刊されて一七年、コヴィー博士没後一年を期に、『7つの習慣』が本来持つ「人格主義」に基づき、原書に忠実に訳し直したのが完訳版だ。

本書のタイトルでもある7つの習慣は、一七七六年のアメリカ合衆国建国以降に出版された、成功に関するあらゆる文献をコヴィー博士が分析し、共通する習慣として七つにまとめたことに由来する。

コヴィー博士は、初めの一五〇年間と最近の五〇年間に出版された本では、成功要因として挙げられている事柄に大きな違いがあることに気づいた。初めの一五〇年間は、誠実・謙遜・忠実・節制・勇気・正義・忍耐・勤勉など、人の資質や心の持ち方、人格に関わる部分に焦点が当てられていた。次の五〇年間は、社会的イメージづくりやテクニックなど、応急処置的なスキルに集中していたのだ。

最初の一五〇年間では成功するための原動力は人格であり、後半の五〇年は成功するにはスキル次第という考え方だった。後半のスキル重視の風潮は現在にも引き継がれており、真の成功要因である人格を形成する習慣はすっかり影が薄くなっている。

そこで、コヴィー博士が着目したのは前半一五〇年の間に重視されてきた人格であり、後半五〇年のイメージや表面的なテクニックではその場を凌ぐことや短期的な成功を得ることはできても、問題を根本的に解決したり長期的な成功を勝ち取ることはできないという結論だった。

これは仕事や恋愛の基本となる信頼関係を考えれば明らかとなる。イメージやテクニックではなく、日々の積み重ねによってしか信頼を得ることはできないからだ。また、赤ちゃんは立つことができないうちは歩くこともできず、算数を習ってから微分積分を習い、ひらがなを習ってから漢字を習うように、成功を手に入れるには順序があるのだ。「7つの習慣」は、成功を手に入れるための習慣として、第1の習慣「主体的である」、第2の習慣「終わりを思い描くことから始める」、第3の習慣「最優先事項を優先する」、第4の習慣「Ｗｉｎ－Ｗｉｎを考える」、第5の習慣「まず理解に徹し、そして理解される」、第6の習慣「シナジーを創り出す」、第7の習慣「刃を研ぐ」という順番に体系化したのである。

その出発点となるのが自立であり、自立は自分の力で正しい道を選択していくことを意味する。コヴィー博士は、人間的成長を「成長の連続体」ととらえ、他人に依存している状態から自立し、相互依存へ成長していくまでの過程を「7つの習慣」にまとめており、これが成功へのプロセスとなる。そしてこのプロセスを持続するには、各人の能力を上げるために「刃を研ぐ」ことが欠かせない。刃を研ぎ続けることによって、効果を上げ続けることができるのだ。

二〇一二年、コヴィー博士は亡くなったが、「7つの習慣」の原則は普遍的であり、ビジネスのみならず、家庭、人間関係など、私たちの人生におけるすべての面で指針となる。いや、変化の激しい時代だからこそ、すべての人にとって、「7つの習慣」を身につけ実践することが求められている。

▼主な内容

第一部　パラダイムと原則
インサイド・アウト
7つの習慣とは
第二部　私的成功
第1の習慣　主体的である
パーソナル・ビジョンの原則
第2の習慣　終わりを思い描くことから始める
パーソナル・リーダーシップの原則
第3の習慣　最優先事項を優先する
パーソナル・マネジメントの原則
第三部　公的成功
第4の習慣　Ｗｉｎ－Ｗｉｎを考える
人間関係におけるリーダーシップの原則
第5の習慣　まず理解に徹し、そして理解される
共感によるコミュニケーションの原則
第6の習慣　シナジーを創り出す
創造的協力の原則
第四部　再新再生
第7の習慣　刃を研ぐ
バランスのとれた再新再生の原則
再び、インサイド・アウト

❖ 第8の習慣 「効果」から「偉大」へ

2005年4月23日発売
本体 2,500円+税

『7つの習慣』の原書が発行されたのは、ベルリンの壁が崩壊した一九八九年。その後、ソ連も崩壊して冷戦時代が終焉し、EUの統合や中国の台頭、IT化やインターネットの進展によって、先進国は工業社会から情報社会に移行するなど、世界は大きく変わる。それに伴い、従来の価値観は通用しなくなり、多くのパラダイムシフトが起きている。

しかし、こうした潮目が変わる激動の時代だからこそ、「7つの習慣」はビジネスだけでなく、生き方の羅針盤としての有効性を遺憾なく発揮した。「7つの習慣」は個人の力を引き出す効果性と、人格に関する普遍的で不変な原則であり、時代を超えたフレームワークだからだ。このフレームワークは、進むべき正しい方向性（リーダーシップ）を指し示し、実行する能力を飛躍的に高めることで、効果を発揮し続けることを可能とする。

こうした大きな潮目の変化を受けて、コヴィー博士は効果性を踏み台にしてさらにその先へ進むことを模索していた。それが本書のサブタイトルである、「『効果』から『偉大』へ」となって表現されている。偉大さとは「情熱を持って実行すること、課題を達成すること、そして大いなる貢献を行うこと」だ。いずれも、効果性とは次元の異なる要件である。

偉大さを発揮するためには、コヴィー博士は人間のより高い次元の才能とモチベーションを開発することが不可欠と説く。そのキーワードが「ボイス（内面の声）」だ。本書はボイスを呼び覚ますために、新たな思考様式、新たなスキル、新たなツールの必要性を身につけることを提案する。それこそが「第8の習慣」であり、チームや組織を正しい方向に導き、活性化するための不可欠の能力でもある。

「第8の習慣」は、今までの「7つの習慣」に付け足すようなものではなく、「7つの習慣」に質的な奥行きをもたらす力を身につけ活用するためのものだ。コヴィー博士は、「第8の習慣とは、自分のボイスを発見し、それぞれ自分のボイスを発見できるよう人を奮起させる能力」であると語る。この力こそ、情報社会に生きるリーダーだけでなく、知識労働者一人ひとりが身につけるべき習慣だ。

「情報の時代の次には知恵の時代がやってくる」と予見するコヴィー博士は、工業社会や情報社会とは異なる新たなリーダーシップが必要であり、それはボイスに基づいた奉仕こそが、偉大な人生を送ることができると説く。個人や組織のためのリーダーシップの原則である「第8の習慣」は、それが実行されたとき、才能は開花し、物事への深い思いや、果てしない奉仕の心と満足をもたらすはずだ。

▼主な内容

第一章　苦痛に満ちた現状
第二章　問題を理解する
第三章　問題解決への道
第一部　ボイス（内面の声）を発見する
第四章　ボイス（内面の声）を発見する
第五章　ボイス（内面の声）を表現する
第二部　ボイス（内面の声）を発見するよう人を奮起させる
第六章　自分のボイスを発見するよう人を奮起させる
第七章　影響力を発揮するボイス
第八章　信頼性を発揮するボイス
第九章　信頼を築くボイスと信頼がもたらすスピード
第一〇章　ボイスの融合
第一一章　一つのボイス（内面の声）
第一二章　実行のためのボイスとステップ
第一三章　エンパワーメントするボイス
第一四章　第8の習慣とスイート・スポット
第一五章　自分のボイスを賢明に生かし、人々に奉仕する

❖第3の案　成功者の選択

2012年2月25日発売
本体 2,000円+税

あらゆる対立の克服を目指す『第3の案 成功者の選択』は、コヴィー博士のライフワークの集大成であると同時に遺作でもある。本書は、『7つの習慣』にある「第3の案」の実現に至る道を詳細に展開した労作だ。職場、家庭、学校、法律、社会、世界、人生におけるシーンの具体的な事例を通して、第3の案に至るプロセスを示している。

第3の案を創出するキーワードは、第六の習慣である「シナジー」という原則だ。コヴィー博士は既に『7つの習慣』の中で、「今まで話してきたすべての習慣は、シナジーの奇跡をつくり出す準備にすぎない」と指摘している。本書ではこのシナジーの原則こそが、個人的な問題、家族の問題、職職場の問題、社会の問題、国家の問題をも解決する方法であると断言する。

しかし、シナジーを発揮することは容易ではない。人生は問題に満ちており、相手がいることによって解決はいっそう困難になるからだ。相手も自分も満足できるW・i・n－W・i・nの解決策を見出すのが理想だが、多くは妥協によって問題を〝解決〟する。ただ、妥協はお互いにいくばくかの不満が残る一時的な〝解決〟にすぎず、いつしか問題が再浮上することも多い。妥協は対症療法であり、問題そのものを根本的に解決したわけではないからだ。

問題の根本的な解決をはかるには、お互いが満足できる第3案をいかに創出できるかにかかっている。残念ながら、どの問題をも解決する普遍的な方法論は存在しない。根本的な解決に至る第3の案を見出すためには、常に「シナジーを発揮する」という決意と態度で臨むしかない。

逆に言えば、「シナジーを発揮する」とはどういうことかを身につける他ないのだ。そこでコヴィー博士は、「シナジーを発揮する」とはどういうことかを、豊富な事例を用いながら、より広く、そしてより深く探求することで、第3の案を創出するパラダイムとプロセスを提示する。読者はその第3の案を創出するパラダイムとプロセスから、シナジーのエッセンスをつかむことができるだろう。ただ、シナジーを発揮するプロセスで共通していることは、従来の考え方や方法では第3の案を創出できないということだ。「もっとも困難な問題を解決するためには、考え方を根本的に変えなくてはならない」と、コヴィー博士が指摘するように、今までの考え方やフレームワークから離れることが、第3の案を創出する出発点となる。

コヴィー博士は、二項対立を超えて真の解決となる第3の案に至る道は、四つのパラダイムシフト

（自分自身を見る、無条件の肯定的関心、共感的理解、シナジーを起こす）が不可欠と説く。しかし、四つのパラダイムシフトは、すべてが直観に反しており、容易に身につけられるものではない。コヴィー博士は、「エゴイズムを捨て、他者を本心から尊重する。どちらが『正しい』かではなく、『より良い』答えを探しだす」他ないと答える。第3の案の創出は、いわば先の見えない前人未踏のジャングルを切り開くことに等しい。

第3の案を求めて前人未踏の道を切り開くプロセスこそが、コヴィー博士の言うクレッシェンドに生きるということに他ならない。「クレッシェンド」とは音楽用語で「だんだん音量を大きく」、その反対語が「ディミヌエンド」で「だんだん音量を小さく」となる。コヴィー博士は、亡くなる間際までそれを実践し続け、「クレッシェンドの人生を生きよう！　あなたのもっとも重要な仕事は常にまだ先にある」という言葉を残して旅立たれた。第3の案を創出する努力を続けることこそが、最後の最後までいきいきとし、大きな貢献に満ちた人生を送ることにつながるはずだ。

▼主な内容

❖ 7つの習慣　原則中心のリーダーシップ

2004年3月1日発売
本体 2,000円+税

コヴィー博士は、本書によって変革の時代の「リーダー」のあるべき姿を問い直し、二一世紀を生き抜くための原則中心のリーダーシップを提示する。先行き不透明な時代に求められるリーダーシップは、スキルや実績、まして地位などによるのではなく、原則中心のリーダーシップでない限り目的地に正しく導くことはできないという事実から出発する。そこで、原則中心のリーダーシップでは、新しいパラダイム――動かすことのできない原則を、私生活や組織の中心に定める――を取り入れる。原則とは、自然の法則に基づいた「農場の法則」のようなものだ。農場では、土地を耕して種を蒔き、雑草を抜いて水をやり、成長を促すという手順を踏んだ後に収穫できる。原則中心のリーダーシップは、こうした自然の法則に背けば必ず報いを受けるという現実に基づいている。

原則は価値観と違って、客観的であり人間の恣意が入り込む余地はない。それは条件によらず自然の法則に従って作用する。一方、価値観は主観的で内的なものだ。価値観は地図であり、原則はコンパスにたとえることができる。地図は場所そのものではなく場所を記したものであり、地図があってもコンパスがなければ目的地に到達することはできない。つまり、原則に基づいたリーダーシップでなければ、変化の激しい世の中にあって、進むべき方向を示すことはできないのだ。原則中心のリーダーシップは、四つのレベルをインサイドからアウトサイドへ進むプロセスをとる。つまり、レベル一：個人（自分自身との関係）→レベル二：人間関係（自分と他人との関係）→レベル三：マネジメント（他人と仕事をする責任）→レベル四：組織（社員を組織化する必要性）という具合に進むことで効果を発揮する。四つのレベルすべてを実践しない限り、効果を発揮できないことを意味する。

また、原則中心のリーダーシップは、人間を単なる資源や財産と考えるのではなく、経済的、社会的、精神的な側面だけでなく神聖さをも考慮する。つまり、何か意義のあることをしたいという思いを引き出すことによって、やる気と満足感を感じると同時に自分を高めることが可能となる。人間は価値ある目的に貢献したいという思いを持っており、原則中心のリーダーシップはそうした思いを引き出しながら、最高の効果を発揮することができるのだ。この原則は個人や人間関係の問題に、簡単で即効性のある解決法を提供するものではないが、常に活用されることで習慣となり、個人、人間関係、組織を抜本的に変える力となる。原則中心のコンパスがあれば、有益なビジョンと方向性を得ることができる。正しい方向にセットされたコンパスは、リーダーシップとエンパワーメントのツールとなり、最高のパフォーマンスを発揮しながら目的地に導いてくれる。

▼主な内容

❖ 7つの習慣　最優先事項　「人生の選択」と時間の原則

2000年8月10日発売
本体 1,900円+税

『7つの習慣』に次ぐコヴィー博士の第二作となる本書は、「第三の習慣 最優先事項を優先する」をより深く、より詳細に掘り下げたものだ。「人生を大切にしたいなら時間を無駄遣いしてはいけない。人生は時間によってできている」（ベンジャミン・フランクリン）のであり、人生は時間の使い方によって大きく左右される。人生は、タイム・マネジメントそのものと言っても過言ではない。より良い人生を生きるには、効果的なタイム・マネジメントが必要であり、そのためには最優先事項を明らかにすることが求められる。

最優先事項を明らかにするには、時計とコンパスを使いこなさなければならない。時計とは時間をどのように使い、管理するかを表す「約束・予約・スケジュール・目標・活動」であり、コンパスとは自分の人生をどう生きていくかを表す「ビジョン・価値観・原則・ミッション・良心・方向性」だ。時計とコンパスにギャップがある（やっていることが最優先事項に役立っていない）と感じたときに葛藤が生じる。

そこでギャップをなくすには、本当に重要なこと（コンパス）を明らかにしたうえで、緊急度のパラダイムから重要度のパラダイムに転換（時計）してタイム・マネジメントを行うことだ。そのベースとなるのが時間管理のマトリックス（緊急と重要による四つの象限）であり、第Ⅱ領域時間管理（緊急ではないが重要な事柄）を行うことになる。本書は、第Ⅱ領域時間管理の方法を明らかにする。

その結果、もっと時間を有効に使えるようになり、仕事と私生活のバランスもよくすることができ、ストレスを感じることなく毎日を過ごせるようになる。さらに、職場や家庭において信頼関係を築くことができ、人生の目標や目的を達成できるようになる。

7つの習慣　ファミリー　新訳

2005年3月25日発売
本体 1,800円+税

コヴィー博士は、常々「家庭での成功なくして人生の成功はない」と語っている。深くて永続的な満足感を得るためには、ファミリーこそが土台となるからだ。『7つの習慣 ファミリー 新訳』は、「7つの習慣」の概念を家族に応用した『7つの習慣 家族実践編』の上・下巻を一冊にまとめたものだ。

全編にわたってわかりやすい表現に改めながら、著者であるコヴィー博士の家族、パートナー、子どもとの関係に悩む人々が家族関係を改善し、より良い家族文化を築いた豊富な事例はできる限り省略せずに編集し直した。

多かれ少なかれ、どの家庭も問題を抱えている。そして、家庭を取り巻く環境は急速に変化し、家族に関する問題は複雑さと深刻さが増すばかりだ。飛行機が乱気流に遭って針路から外れても、軌道修正して本来のフライトプランに戻り、目的地にたどり着くように、家族の関係が今どのような状況にあっても、「7つの習慣」に基づいたビジョンを共有することで、ばらばらになった家族を軌道修正していくことができる。

すべてのアプローチは「あなた自身」から始まる。あなたの家族において、あなた以上の専門家も、あなたの代わりもいないからだ。状況を変える努力や原則に沿って生活することはとても大変なことかもしれないが、原則を無視したまま生活し続けることはもっと大変なことだ。

本書を通して自分の人生にとってかけがえのない家族を見つめなおし、家族と共に生きる喜びや豊かさを再認識することができるだろう。

❖ 7つの習慣　演習ノート

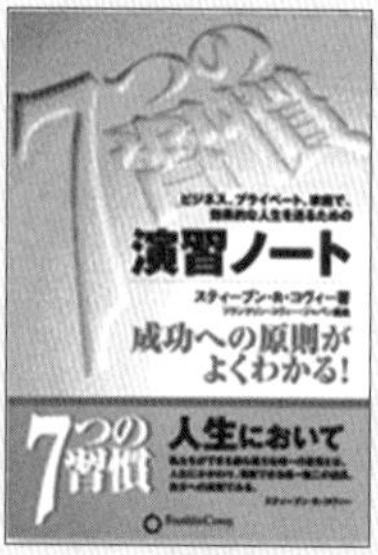

2006年1月10日発売
本体 1,300円+税

現在のような混迷の時代において、私たちはあらゆるものの急速な変化に直面している。変化の中には、良くなるものもあり、変化に対してやむを得ず考え方や生き方を適応させていくものもある。しかし、その適応は動揺、困惑、無用な感情を伴うかもしれない。

「7つの習慣」はビジネスや人生の羅針盤としてあなたを正しい方向に導いてくれる。「7つの習慣」は生きていくうえでの礎（絶え間ない変化の中で不変の意識を持って生きていけるようになること）となることを可能にするからだ。なぜなら習慣とは、時間を超越した、ごく一般的な人間の効果性の原則に基づいているからに他ならない。

しかし、「7つの習慣」の考え方は素晴らしいが、どうしたら自分の人生に応用できるのかわからない、「7つの習慣」をさらに深く理解したい、「7つの習慣」がまだうまく理解できていない、という方もおられるようだ。そこで、「7つの習慣」を深く理解できるように『7つの習慣 演習ノート』が編纂された。

コヴィー博士の解説と自分自身に問いかける質問に答えることによって、自然に「7つの習慣」が身につくように工夫されている。基礎原則から、第一～第七の習慣まで、各テーマに沿って演習しやすいように、見開きページで完結し、毎日少しずつ進めることができる。

また、メモを取ったり、考えを書き留めたり、自分を振り返って点数をつけてみたり、楽しく学べる。ときには深く熟考し、自身の人生を見つめられるような質問も用意してあるので、「7つの習慣」の考え方、行動を自分の生活や仕事の中で実践できるようになるはずだ。

「7つの習慣」の真の理解のため、そして「7つの習慣」を仕事やプライベートの生活に実際に応用するために、本書を活用してほしい。

7つの習慣　実践ストーリー1〜4

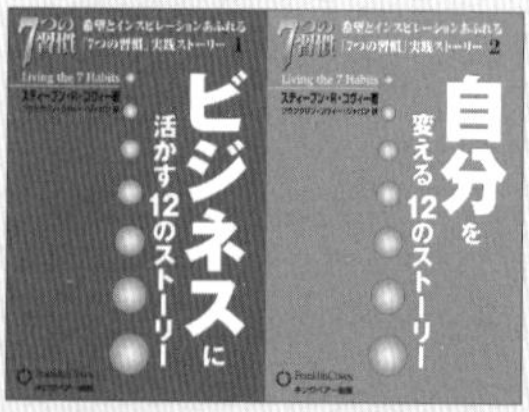

1　2006年2月25日発売
本体 1,000円+税

2　2006年4月25日発売
本体 1,000円+税

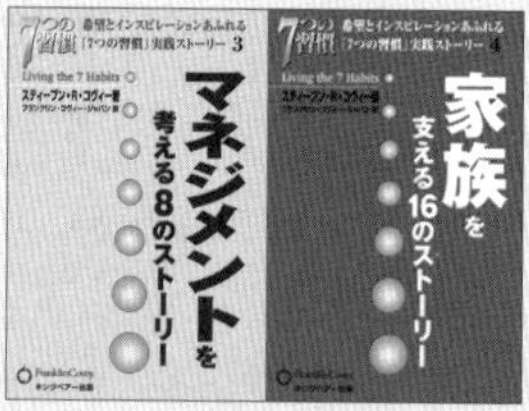

3　2006年6月10日発売
本体 1,200円+税

4　2006年7月25日発売
本体 1,200円+税

「7つの習慣」をビジネスや自分自身、家族に応用し、実際に素晴らしい結果を生んだ希望とインスピレーション溢れるストーリー集だ。全四巻シリーズ第一作では、利己的な同僚や上司との関係、敵対的な交渉相手、うわさ話ばかりしている職場環境など、ビジネスにおける具体的な課題を解決に導いた一二の事例を紹介する。

第二作は、「7つの習慣」の原則に従って主体性を発揮することで自分自身が変わり、問題や課題を解決に導いた一二の事例を紹介。いずれの事例でも、「仕事と家族のバランスの欠如」、「家族を失った深い悲しみ」などの難問に直面した方々の感動的なストーリーは、多くの方々の心を打つことだろう。

第三作は、企業のマネジメントという大きな課題の中で、短期的な目標を達成するだけでなく、経営者と社員の信頼関係の構築、企業文化の創造、社員一人ひとりの成長と企業の発展といった長期的な課題に取り組んだ感動的な成功例を紹介。いずれの事例も「7つの習慣」の原則に従って自分自身が変わるところから始まり、少しずつ影響の輪を広げ、長期的なビジョンを達成するためにさまざまな問題や課題を解決に導いた真摯な取り組みだ。

第四作は、家族における「7つの習慣」実践ストーリー。夫婦や親子の関係においては、もっとも身近な関係だからこそ、相互理解ができていると思い込んだり、感情的なトラブルが発生しやすい。本作では難しい年頃の子どもが親に感情をぶつけたり、逆に親と関わろうとしなかったりするなど、いろいろな問題が登場するので、家族との日常生活ので「7つの習慣」の有効性が理解できるだろう。

❖第8の習慣　演習ノート

2007年5月25日発売
本体 1,600円+税

私たちをとりまく環境やビジネスの状況は、変化のスピードが増し、激しさが大きくなるばかりだ。この「激流」の時代を生き抜くために、私たちは何をすればいいのか。ピーター・ドラッカーも指摘するように、現在は「情報知識社会」だが、ビジネスにおいてはいまだに産業社会の思考フレームやマネジメントが氾濫しており、知識社会にふさわしいフレームワークやマネジメント身につける必要がある。

農耕時代から産業時代にかけて生産性が約一〇倍向上したように、この情報知識社会への変化においても、私たちは五〇倍の生産性を求められており、すでにその兆候は見えている。こうした変化の中で、自分の生まれ持った才能を開花させ、限りない可能性を引き出すことこそが、現代社会に求められている。『第8の習慣』は、情報知識時代にふさわしいパラダイムを提案する。

「第8の習慣」は、人間の中の「ボイス（内面の声）」を呼び覚ますための習慣であり、その声は希望と知性に満ち、本質的な力があり、各人の限りない可能性を引き出すことができる。この『第8の習慣「効果」から「偉大」へ 演習ノート』は、『第8の習慣』をビジネスや人生に活用し、あなたの「偉大性」を引き出すためのワークブックだ。

本書は、『第8の習慣』の簡単な振り返りとわかりやすい質問によって構成されており、簡単に取り組むことができ、理解を深めることができる。また、自分の中に眠る「ボイス」を発見し、周囲の人が「自分のボイスを発見するよう人を奮起させる」ことによって、自分、チームメンバー、パートナーがかつてない力を発揮することができるように、自分に問いかけ、周囲に働きかけることができるように工夫されている。

❖一偉大なる選択　偉大な貢献は、日常にある小さな選択から始まった

2008年12月25日発売
本体 2,500円+税

『偉大なる選択』は、八〇年以上の長きにわたり、意義ある生き方をするための知恵を提供してきた『リーダーズ・ダイジェスト』に掲載された、何百もの実に感動的な体験や教訓からコヴィー博士が選抜し凝縮した本だ。時代を越えた原則や実践的ヒントが散りばめられ、現代を生き抜くためのバイブルとして活用できる。

本書は、世界的に尊敬されている人たちのストーリーによって、有意義な生き方を実現する、時代を越えた原則や実践的ヒントを収録している。リンカーンやガンジーといった歴史上の偉人たちの偉大な貢献をはじめ、多くの無名の人たちの〝日常における偉大な貢献〟を紹介した物語の数々は、生

き方の参考になる。また、ここに収録された物語によって、コヴィー博士の言う「不安な時代にあっては、裁きを下すよりも人々を導く光となり、批判をするよりも自ら範を示す、流れを変える人」になる自信を持つことができるだろう。

本書のストーリーは七つのカテゴリーに大別され、各カテゴリーが原則を三つずつ含んでいる。合計二一の原則それぞれについて、それを表すストーリーがいくつかあり、その後にコヴィー博士のコメント、そして、裏付けとなる引用やエピソードが付随している。原則ごとに編集されているので、興味を持つ章から読み始めても、普段意識しないことにあえて着目するのもいい。読み方はあなたの自由だ。

ここに収録された物語は、現代の物語ばかりではないが、原則の力はいつの時代においても作用する。時代がどれだけ移り変わろうとも、ここで紹介した原則の力は、私たちの人生を有意義なものにしてくれるはずだ。

❖ 子どもたちに「7つの習慣」を　リーダーシップ教育が生み出した奇跡

2009年2月25日発売
本体 1,800円+税

本書は米国A.B.Combs小学校を中心とし、カナダ、グアテマラ、日本、シンガポール、オーストラリア、ヨーロッパ、韓国において『7つの習慣』をもとにしたリーダーシップ教育を子どもたちに実践した様子を、コヴィー博士自らがレポートしている。本書を通じて、親・企業が学校に求めたものが〝リーダーシップ〟であることが理解できる。学力よりも優先されるべき、二一世紀を生き抜くための原理原則教育がここにある。

本書は、「リーダーシップ教育は道徳上の義務か」「今教えなかったら、いつ学ぶのか」という質問を問いかけ実践した教育現場の実話レポートであり、人間としての自我が芽生えたとは言い難い小学生に、どのような教育を、どのように行ったのかを報告する。そして、教育現場の方々の声を交えながら、コヴィー博士自ら〝リーダーシップ教育〟の全貌を明らかにしている。

本書においてコヴィー博士がもっとも伝えたかったこと、それは、原理原則の普遍は、いかなる教育現場においても通用するということだ。単に心温まる話というだけでなく、教育界に新たなレベルの希望を生み出す、実用的で独創的な手法を紹介している。

本書の内容をつかむには、数多く収録されている写真と説明文を中心に眺めるといいだろう。いろいろな資料を閲覧し、ページをめくっていくうちにコヴィー博士の教育に関する思い入れと、その背後にある子どもたちの秘める能力に対する強い確信を感じることができるはずだ。

教育対象を子とすれば学校関係者はもとより、親、そして対象をビジネス・パーソンとすれば管理職はもちろん、部下を持つすべてのビジネス・パーソン、リーダーシップ教育を授けたい方すべてにとって参考になる。

❖ 結果を出すリーダーになる

2010年2月25日発売
本体 1,600円+税

本書は、フランクリン・コヴィー・グループCEOロバート・A・ホイットマン、スティーブン・R・コヴィー博士、ブレック・イングランドとの共著によって、「予測不能な時代に、予測可能な結果を生み出す四つの原則」を説いたものだ。現在、世界中の多くの組織が期待していた結果を出すことができず、将来に対する不安を抱えている。本書はそうした現状に対し、組織が結果を出すプロセスの中でどのような課題を抱え、組織のリーダーやメンバーは、今後どのように取り組むべきなのかを紹介する。

現代のビジネスは「不確実性が存在する」ことを前提として戦略を立案し、実行しなければ結果を出すことはできない。それは、めまぐるしく変化する時代だからであり、今まで通用したセオリーが一瞬で通用しなくなるからだ。結果を出せない原因として、本書では「実行力の欠如」「信頼の危機」「集中力の低下」「不安の蔓延」を指摘する。

しかし、驚くべきことにこの不確実な現代において、業績を伸ばし続けている組織がある。彼らに共通するものとは何か？　それが四つの原則（完璧に最優先事項を実行する、信頼がもたらすスピードを活用する、時間と資源を集中する、不安を和らげる）だ。この予測不可能な時代に、予測可能な結果を得る組織とは、この原則に基づいて実行している組織なのだ。

予測不能な時代に、予測可能な結果を生み出す四つの原則をマスターするために、私たちは今すぐにでも実行しなければならない。しかも本書においても述べられているように、ただひたすら「少ない資源でより多く」行えばよいと言うわけではなく、「何をより多くか？」ということが問題になる。四つの原則は、その疑問に対する確かな答えとなるだろう。

❖ グレート・キャリア　最高の仕事に出会い、偉大な貢献をするために

2010年5月25日発売
本体 1,700円+税

知識情報社会において「働く」「キャリアを積む」には、工業産業時代と同じような考え方は通用しない。従来の考え方では、本当に満足し、あなたと会社そして社会とがＷｉｎ－Ｗｉｎの関係となることは不可能だ。

そこで、スティーブン・Ｒ・コヴィーとジェニファー・コロシモが、『グレート・キャリア』で、今までとはまったく異なる考え方を提唱する。両者は、現代の社会において、キャリア（仕事）で重要なことは「貢献」だと語る。貢献することによって私的成功を遂げ、公的成功につながるからだ。

「グレート・キャリア」とは、偉大で有意義なキャリアということを意味する。しかし、偉大である

ことは、肩書きや収入、会社の規模ということではない。両者は、長年の調査から「偉大なるキャリアを築いている人は、際立った貢献を果たすとともに、強い忠誠心や信頼感を周囲の人々に感じさせる」ということを発見し、これは「誰でも実践できることだ。肩書きやポスト、職種など関係ない」と語る。

一昔前の産業時代には、職務記述書に従って、与えられた仕事をただこなしたり、ひたすらモノを生産したりすればよかったが、知識情報時代ではそういった仕事はコンピューターや機械にとってかわられる。貢献の質、あなたにしかできない貢献を考える必要がある。「自分にできる貢献は何か?」そして「どのように貢献するか?」が問題となる。あなた自身の貢献とは何かを、発見しなければならない。

本書は、あなたにふさわしい仕事を手に入れることと、一生を通して偉大なるキャリアを築くことの両方の課題に応えてくれる。キャリアの本質的な部分のみならず、履歴書や送付書作成の心得といったさまざまな即効性のあるツールを用いることで、あなたの現在の課題にも対応している。

スティーブン・R・コヴィーの至言

2010年5月25日発売
本体 1,700円+税

『7つの習慣』がアメリカで発刊されてから二〇年以上経つが、今なお、組織を越え、国を越え、文化をも越え、世界中の人々に親しまれている。コヴィー博士はその後も、『7つの習慣』だけでなく、『第8の習慣「効果」から「偉大」へ』、『7つの習慣 原則中心リーダーシップ』など、人生の羅針盤として多くの人々に愛され続けている書籍を提供してきた。

『スティーブン・R・コヴィーの至言』は、『7つの習慣』『第8の習慣』『7つの習慣 ファミリー』『7つの習慣 最優先事項』『原則中心 リーダーシップ』『子どもたちに7つの習慣を』『偉大なる選択』というコヴィー博士の代表作から、テーマごとにそのエッセンスを抜粋し、『スティーブン・

R・コヴィーの至言』として再編集・再翻訳をした。

いずれの言葉も、私たちの内面に今なお迫り、まさに「至言」と呼ぶにふさわしい内容となっている。毎日少しずつ学べるように一ページごととし、英語も併記した。原則に基づいたそのメッセージを探求し、ビジネスや生活に取り入れ、継続的に取り組んでいただくことができれば、より本質的な「意義ある」人生に導かれるに違いない。

▼主な内容

第1章　成功の原則
第2章　流れを変える
第3章　内なる声に従う
第4章　リーダーシップ
第5章　セルフ・マネジメント
第6章　タイム・マネジメント
第7章　信頼関係を築く
第8章　Win-Win
第9章　コミュニケーション
第10章　組織をマネジメントする
第11章　エンパワーメント
第12章　バランス
第13章　偉大なる人生

❖ スティーブン・R・コヴィー博士著作年譜（日本での発行順）

7つの習慣 成功には原則があった！（完訳 7つの習慣 人格主義の回復）
一九九六年一二月二五日

7つの習慣 名言集
一九九九年四月二〇日

7つの習慣 最優先事項 ～「人生の選択」と時間の原則
二〇〇〇年八月一〇日

7つの習慣 原則中心リーダーシップ
二〇〇四年三月一日

7つの習慣 ファミリー新訳
二〇〇五年三月二五日

第8の習慣「効果」から「偉大」へ
二〇〇五年四月二三日

7つの習慣 演習ノート
二〇〇六年一月一〇日

7つの習慣 実践ストーリー1〜4
1：二〇〇六年二月二五日、2：同年四月二五日　3：同年六月一〇日、4：同年七月二五日

第8の習慣 演習ノート
二〇〇七年五月二五日

偉大なる選択
二〇〇八年一二月二五日

子どもたちに「7つの習慣」を〜リーダーシップ教育が生み出した奇跡
二〇〇九年二月二五日

結果を出すリーダーになる
二〇一〇年二月二五日

グレート・キャリア〜最高の仕事に出会い、偉大な貢献をするために
二〇一〇年五月二五日

スティーブン・R・コヴィーの至言
二〇一〇年九月二五日

第3の案　成功者の選択
二〇一二年二月二五日

永遠の知恵〜未来に遺す　よりよく生きるための18の原則
二〇一三年八月一〇日

本書は2013年7月、ダイレクト出版より発行された『リーダーシップ・エッセンシャル』（ISBN978-4-904884-51-5）を『完訳 7つの習慣　人格主義の回復』の内容に基づき改編したものです。

リーダーシップ・エッセンシャル

個人、人間関係、チーム、そして組織へと広がる
コヴィー・リーダーシップの全貌

2014年2月28日　初版第一刷発行

著　者　スティーブン・R・コヴィー
編　者　フランクリン・コヴィー・ジャパン
発行者　竹村富士徳
発行所　キングベアー出版
〒102-0075
東京都千代田区三番町5-7　精糖会館7階
Tel：03-3264-7403（代表）
Url：http://www.franklincovey.co.jp/

印刷・製本　大日本印刷株式会社
ISBN978-4-86394-026-0